汪盛科 编著

大国商帮

宁波乡情精神探究

吉林大学出版社

·长春·

图书在版编目（CIP）数据

大国商帮：宁波乡情精神探究 / 汪盛科编著 . --
长春：吉林大学出版社，2020.8
ISBN 978-7-5692-7047-1

Ⅰ . ①大… Ⅱ . ①汪… Ⅲ . ①商人—研究—宁波
Ⅳ . ① F727.553

中国版本图书馆 CIP 数据核字（2020）第 169817 号

书　　名	大国商帮：宁波乡情精神探究	
	DAGUO SHANGBANG：NINGBO XIANGQING JINGSHEN TANJIU	
作　　者	汪盛科　编著	
策划编辑	黄国彬	
责任编辑	殷丽爽	
责任校对	王　蕾	
装帧设计	紫金港	
出版发行	吉林大学出版社	
社　　址	长春市人民大街 4059 号	
邮政编码	130021	
发行电话	0431-89580028 / 29 / 21	
网　　址	http://www. jlup. com. cn	
电子邮箱	jdcbs@jlu.edu.cn	
印　　刷	广东虎彩云印刷有限公司	
开　　本	787mm×1092mm　1/16	
印　　张	27.5	
字　　数	212 千字	
版　　次	2020 年 8 月第 1 版	
印　　次	2020 年 8 月第 1 次	
书　　号	ISBN 978-7-5692-7047-1	
定　　价	158.00 元	

自　序

　　本书为宁波大学软实力与中国精神研究中心研究成果，本书的出版得到了宁波市委宣传部和宁波大学马克思主义学院共建资金的资助。

　　出版这本书是为高校思想政治理论课提供一个校本读物。不了解高校思想政治理论课的人，对此往往有许多误解，认为这门课程照本宣科、枯燥乏味，认为课上只有理论与说教、史料与术语。而事实恰恰相反，思想政治理论课是所有课程中内容更新最快、方法创新最多、对学生影响最深远的系列课程。思想政治理论课的魅力在于，它把课堂与社会、理论与实际紧密地联系在一起，最讲究时代性、针对性、实效性。宁波大学在思想政治理论课教学中，重视把区域文化传统，特别是"宁波帮"精神和校史校情作为教学素材，取得了良好的成效。

　　宁波大学的创建与发展，离不开海内外"宁波帮"人士的鼎力相助。据《邓小平年谱》记载，1984 年 8 月

1日，邓小平同志在北戴河对世界船王包玉刚先生说，"把全世界的'宁波帮'都动员起来，建设宁波"，于是就有了包玉刚先生出资捐建宁波大学的伟大创举。此后多年，近百位海内外"宁波帮"人士捐资助建宁波大学，总金额累计已超过7亿元人民币。

"宁波帮"对于宁波大学的影响，不仅仅是捐建大楼、捐设奖助学金，更在于精神上的激励。"宁波帮"精神成为宁波大学建设"双一流"大学、建设高水平综合性研究型大学的动力，也成为宁大师生自强不息、奋力拼搏的源泉。可以这么说，"宁波帮"精神已经融入宁大人的血脉之中。

把"宁波帮"称为"大国商帮"，并非沽名钓誉，恰是实至名归。1916年8月，孙中山先生来到宁波并做了一场演讲，他盛赞宁波风气之开，在全省之先，"宁波人对工商业之经营，经验丰富，凡吾国商埠莫不有甬人事业，即欧洲各国，亦多甬商足迹，其能力与影响之大，固可首屈一指也"。毛泽东第一个用文字明确提出"宁波帮"的名称。他在1949年5月的一份电文里明确提出"在占领绍兴、宁波后，要注意保护'宁波帮'大中小资本家房屋财产……"1984年8月1日，邓小平发出了"把全世界'宁波帮'都动员起来建设宁波"的著名号召。

我们把"宁波帮"精神概括为爱国爱乡、创新创业。江泽民同志为宁波大学包玉刚纪念馆题词："爱国爱乡、造福桑梓"。从晚清和民国时代的上海滩到 20 世纪八九十年代香港回归之际，"宁波帮"都发挥了重要的作用；到如今，在海外创业有成的"宁波帮"都把回馈故土作为人生责任，而宁波大学更是海外"宁波帮"人士情系桑梓的生动范本。一般认为，中国自明清以来有十大商帮，影响力最大的莫过于晋商与徽商，但唯有"宁波帮"是真正实现向近代化转型的商帮，其三四百年长盛不衰的原因在于有一种求真务实、勇于创新的精神。回顾历史，我们可以发现，宁波商人善于学习借鉴，勇于改革创新，不断进军新领域，不断创造新业绩，有着与时俱进的创新精神。

长期以来，宁波大学重视"宁波帮"精神的传承与弘扬，曾启动实施"宁波帮"文化宣传与研究工程，出版《"宁波帮"与宁波大学》等一系列著作。笔者曾有幸从事校园文化管理工作，陆续整理了一些有关"宁波帮"的资料，也写了一些文章，可以作为高校思想政治理论课程的参考读物。

　　编入本书的文章是近年来陆续写成的。根据内容分为四辑：第一辑是对"宁波帮"精神内涵的研究与思考；第二辑是对"宁波帮"人物的介绍与评析；第三辑是对"宁波帮"与教育的资料搜集与整理；第四辑是宁波相关的戏剧人物与掌故。此外还附录了近现代宁波籍人物相关的三篇文章。

　　对于自己整理或者写作的文章，难免会有一种敝帚自珍的感觉。但对于读者来说，却是要看这些文章能否带来新的信息、新的感悟。如今，这些文章要真正摆上读者案头，听候读者评判，内心自然忐忑不安。期待读者朋友们的批评指正。

汪盛科

2020 年 2 月 11 日于宁波大学

目　录

第一辑："宁波帮"精神

传承"宁波帮"精神与践行社会主义核心价值观 / 003

创新：海外"宁波帮"崛起的奥秘 / 027

"宁波帮"创业成功五要素 / 037

大学生眼中的"宁波帮"精神 / 046

"宁波帮"精神：爱国爱乡、创新创业 / 055

镇海"厚德"之源：沈焕的生平与思想 / 058

一部爱国创业者传奇

——读谭朝炎教授长篇小说《上海绅士》 / 065

第二辑："宁波帮"人物

严信厚：近代"宁波帮"的开山鼻祖 / 071

朱葆三：中国近代金融业重要开创者 / 081

富而好行其德

——读钱茂伟著《一诺九鼎：朱葆三传》 / 094

虞洽卿：中国近代航运业开创者 / 100

秦润卿：上海钱业第一人 / 110

是旧商人，却有新思想

  ——读孙善根著《钱业巨子秦润卿传》 / 123

秦润卿家训：勤俭持家 / 129

刘鸿生：实业大王的创业之路 / 132

上海滩"名董"金宗城 / 146

向金宗城学人生规划 / 157

邵逸夫：影视大王的创业之路 / 160

邵逸夫先生的养生观 / 176

董浩云：船是他的第二生命 / 179

一生与海洋结缘

  ——读《董浩云的世界》 / 192

张敏钰：台湾工商界经营奇才 / 196

做人要学叶澄衷

  ——读马雪芹著《"宁波帮"的先驱叶澄衷》 / 207

宋汉章的处世之道

  ——读孙善根著《金融翘楚宋汉章》 / 211

创业成功后的包玉刚

  ——读包陪庆新著《包玉刚：我的爸爸》 / 215

从宁波大学龙赛理科楼命名说开去 / 225

天命之年仍可创业

　　——读王耀成著《希望之路：赵安中传》 / 228

吃得苦中苦，方为人上人

　　——读戴光中著《梦的追求：张济民传》 / 235

梦想开启人生

　　——读戴光中著《浙江籍港台巨商》 / 241

第三辑："宁波帮"与教育

斐迪大学：宁波人曾经的大学梦 / 249

甬上办综合大学的近代记忆

　　——四明大学筹建始末 / 257

宁波府师范学堂的红色记忆 / 265

宁波高工的艰辛发展历程 / 272

浙东抗日根据地的最高学府

　　——浙东鲁迅学院史略 / 280

明州大学往事 / 288

邓小平与宁波大学 / 295

一位创建宁波大学的功臣

　　——纪念卢绪章先生诞辰 100 周年 / 302

目
录

张寿镛的办学理念

　　——读俞信芳著《张寿镛先生传》 / 308

陈裕光与金陵大学

　　——读王运来著《诚真勤仁光裕金陵

　　　　——金陵大学校长陈裕光》 / 314

杨永清：东吴大学首任中国籍校长 / 319

执掌北大最久的校长

　　——读孙善根著《走出象牙塔：蒋梦麟传》 / 329

台湾中国文化大学的创立者

　　——读《凤鸣华冈：张其昀传》 / 333

004

第四辑：宁波人与戏剧

越剧流派中的"宁波帮" / 339

中国越剧改革的先声

　　——记浙东抗日根据地的越剧改革 / 346

宁波人与海派京剧 / 357

京剧名票金如新 / 360

越剧人家真情厚（之一）

　　——读傅骏整理《戚雅仙表演艺术》 / 364

越剧人家真情厚（之二）

　　——读金采风《越剧黄金：我与黄沙共此生》 / 367

徐进与《红楼梦》

　　——读徐进越剧作品选集《天上掉下个林妹妹》 / 370

展现百年"宁波帮"风云

　　——话剧"四明三部曲"创作思路 / 373

附　录

第一届全国人大代表中的"宁波帮" / 379

春蚕到死丝方尽

　　——新中国首任浙江省省长沙文汉 / 383

怀念朱枫与陈修良 / 416

参考文献 / 421

后　记 / 423

第一辑：
"宁波帮"精神

传承"宁波帮"精神与践行社会主义核心价值观

创新：海外"宁波帮"崛起的奥秘

"宁波帮"创业成功五要素

大学生眼中的"宁波帮"精神

"宁波帮"精神：爱国爱乡、创新创业

镇海"厚德"之源：沈焕的生平与思想

一部爱国创业者传奇

　　——读谭朝炎教授长篇小说《上海绅士》

传承"宁波帮"精神
与践行社会主义核心价值观

1984 年 8 月 1 日，邓小平同志与谷牧国务委员在北戴河会见包玉刚先生，指出："要加快宁波改革开放的步伐，把全世界的'宁波帮'都动员起来，建设宁波。"派卢绪章去宁波，帮助搞好宁波的对外开放。

根据邓小平的指示，在包玉刚、卢绪章等"宁波帮"人士的大力推动下，促成了宁波市的计划单列，促成了港口开发、工业发展、机场建设等大事要事，为宁波的发展奠定了良好的基础。

邓小平同志为什么会如此重视"宁波帮"？这是因为，邓小平同志充分认识到了"宁波帮"人士在宁波改革开放中的积极推动作用，充分认识到了"宁波帮"人士在香港回归祖国和两岸和平发展中的积极推动作用。

"宁波帮"精神作为一个区域性的商帮文化，通过长期的积淀和凝练，其思想内涵与社会主义核心价值观有着内在的一致性。在实现中华民族伟大复兴的进程中，在推进宁波又好又快发展的进程中，弘扬"宁波帮"精神成为培育和践行社会主义核心价值观的重要载体。

价值观的认知认同不仅要体现在理性的认知上，也反映在情感的认同上，真理的力量加上道义的力量，才能行之久远。这就需要找准宣传教育同人们思想道德情感的契合点，善于用讲故事的方式，宣传最美人物、弘扬最美精神，用身边事教育身边人，用小故事阐发大道理，做到深入浅出、情理交融。

讲好"宁波帮"故事，弘扬"宁波帮"精神，能激励广大宁波市民更好地体悟和践行社会主义核心价值观。

一、爱国爱乡

作为一个商人群体，宁波商帮形成于明清时期，已有四五百年历史。迅速崛起是在上海五口通商后，至民国初年达到鼎盛，至今仍然产生着重要的影响。宁波商帮是唯一整体成功实现近代转型的传统商帮。

海内外"宁波帮"人士大都少小离家，历尽千辛万苦，克服艰难险阻，才在各个领域创造了辉煌业绩。但是，无论他们离家有多远、成就有多大，总是把自己的前途和祖国的命运紧密联系在一起。特别是近代以来，面对饱经沧桑的祖国，许多"宁波帮"人士主动承担起振兴中华的历史使命和社会责任，在不同时期以不同形式报效祖国。从鼎力资助孙中山先生的革命事业到舍生取义于民族危难之中，从推动祖国统一大业到积极投身家乡建设，一代又一代"宁波帮"始终牢记自己是祖国的儿女，竭尽赤子之心，奉献能及之力。

邓小平同志于1984年号召"把全世界的'宁波帮'都动员起来，建设宁波"，这是小平同志对"宁波帮"爱乡之情的最大褒奖，没有一个商帮群体能让这位世纪伟人这样的重视与肯定。江泽民同志为宁波大学包玉刚纪念馆题词"爱国爱乡、造福桑梓"，把爱国放在第一位。"宁波帮"爱国篇章中最为亮丽的一页是20世纪八九十年代香港回归之际，在港宁波人发挥了难以估量的作用，包玉刚实际上成为中英联络的重要使者，王宽诚、安子介也是香港回归中的重要人物，董建华更是成为首任香港特别行政区行政长官。

董建华的父亲董浩云先生是浙江定海人，中国东方海外货柜航运公司的创办人，被誉为"现代郑和"，是"世界七大船王"之一。他一生的座右铭就是"以中国人为

第一辑：「宁波帮」精神

骄傲"，体现了强烈的爱国主义精神。

青年时代的董浩云是在"内忧外侮，交相煎迫"的险恶环境中步入商界的，他在《历尽沧桑话航运》中谈道："中国是亚洲大陆国，近百年受尽来自海洋方面的侵袭，这绵长八千余公里的海岸线，试看每一港，哪一处没有它被侵袭的创痕；从那些港口输入的西方文明，亦带给我们多少耻辱。"但也正是这些，锤炼了他的不屈意志，激励了他的民族自尊，使青年董浩云从商伊始，就不仅是一个勤勉经营的商人，还是一个怀抱强国之心、矢志开创中国现代航运事业的不屈的爱国者。"以中国人为骄傲"，这是董浩云一生引以自豪的声音，也是支撑和激励他的精神力量。

董浩云成为"船王"后，给他的每一条船都冠以"东方"二字，"东方巨龙""东方巨人"——从中已可洞察这个东方赤子对东方古国的无尽依恋和民族情怀。在为新船举行下水典礼时，他经常说的一句话是"我们航运界要负起繁荣中国、繁荣亚洲经济的时代使命"。

一次，董浩云同友人一起赴日本参加全球第一艘30万吨巨轮的下水典礼。在军乐、鞭炮、狂欢的声浪中，董浩云对友人说他想哭。友人不解其意，问他何以生出如此念头，董浩云说："刚才在下水典礼上演奏了日本、新加坡、利比亚的国歌，却没有演奏中国国歌。"不奏中国国歌而奏那三国国歌，原因是这艘船在日本制造，在新加坡贷款，在利比亚注册。这本是国际航运业内很寻常的情况，但他作为一个中国人，作为这艘巨轮的业主，在下水典礼上，却听不到中国国歌，足以令他这个热爱祖国的中华儿女凄然泪下。

董氏集团旗下的公司遍布全球，但基地始终在香港，再加上"东方海外"在英国有巨额投资，于是董浩云就成为英国的拉拢对象。董浩云与英国伊丽莎白女王、查尔斯王子的私交都不错。英国人一直游说董浩云加入英国籍，并欲授予他爵位和"太平绅士"称号，以表彰他的成就和贡献，董浩云却一一婉拒。经过多年的生意往来，董浩云与美国上层也建立了密切的关系。美国前总统里根、卡特、尼克松、福特在入主白宫后，都约请过董浩云共同进餐，他们曾经建议董浩云加入美国籍，也都被婉言拒绝了。"以中国人为骄傲"，这是董浩云的座右铭。作为一个中华儿女，他只身奋斗，把世界当作他的战场、他的课堂、他的领域，为中国人赢得了尊严和骄傲。

王宽诚先生于 1947 年到香港创业。新中国成立后，上海维大洋行仍正常营业，所属的工厂也维持生产，王宽诚先生本人常来往港、沪两地。抗美援朝时，王宽诚一马当先，捐献一架飞机等物资，从而带动各界爱国人士纷纷响应。不久，人民政府发行胜利折实公债，他首先认购了 7 万份，引起社会各界人士你追我赶的热潮，王宽诚先生追加认购达到 21 万份。王宽诚先生的一生是自力更生、艰苦创业并获得巨大成就的一生，是追求真理、热爱祖国的一生。临终时他还说："我岁数大了，就是想为国家多做贡献，其他无所挂念。"

宁波商人只要在外事业有成，都把回馈故土作为人生责任。海外宁波籍人士发扬自身的优良传统，以实际行动响应了邓小平同志的号召，表达了对故乡故土的浓浓眷恋。改革开放四十多年来，共有 650 多位海外宁波人在家乡兴办了各类公益事业 2500 多项，捐资总额超过 17 亿元人民币。

二、创新创业

创新创业，也就是"敬业"这一价值观的具体体现。

"宁波帮"是少数几个实现向现代转型的商帮群体

之一，其三四百年长盛不衰的原因在于它有一种求真务实、勇于创新的精神。以银钱业为例，晚清时期，传统的钱庄与票号都面临着如何向现代银行转型的问题，而宁波钱庄适应时代变化，逐渐转型，积极参与了中国第一家商业银行——中国通商银行的建立，勇于改革创新，不断进军新领域，不断创造新业绩，体现了"宁波帮"与时俱进的创新精神。

近代"宁波帮"能在较短的时间内在上海站稳脚跟，而且迅速发展壮大，其中一个重要的原因在于"宁波帮"实业家有创新的理念，实行制度创新、技术创新和管理创新。刘鸿生通过引进西方先进管理方法，对企业管理制度进行改革创新，制订中西结合的管理制度，在财务管理中成功地使用了成本会计的方法，起到了有效监督企业成本核算的作用。竺梅先、金润庠采用先进的现代企业制度——股份制的办法进行制度创新，组织民丰、华丰股份有限公司。项松茂的股份公司以及商会制度在当时也是新的制度。

创业需要灵气，需要天赋。面对同样的现象，在有的人眼中是财源和商机，在有的人眼中是创业路上的绊脚石。在"宁波帮"人士身上，我们发现太多"点石成金""转危为机"的故事，这也告诉我们，创业成功者往往是思维敏锐、经营天赋极高的人。

王宽诚大发"洋财"，主要靠两次外汇兑换。抗战后期，许多人认为国民政府的法币将升值，王宽诚通过仔细分析，认为战后法币必将贬值，而英镑数年不会贬值，于是抓住机会用法币大量低价购进英镑。同样的道理，他又买进许多港币，这两次兑换，使他的资产陡然跃增。王宽诚先生是较早在香港经营地产的人，这又让他掘得了大大的"一桶金"。

可以这么说，创业成功者往往从小就显示出经营的天赋。曹光彪在父亲的商铺里就有"大减价"的创意。张敏钰的第一笔生意是在 10 岁时，他赊了 20 个铜板买了一个西瓜，在井中凉透后切成 16 片零卖，每片 3 个铜板，他以这样的方式为自己赚取学费。

确实，创业成功者都有一种超乎常人的领悟力，能敏锐地感觉到商机并迎难而上。如果没有这种"沙里拣金"的判断力，也就不会有"点石成金"的创造力。对他们来说，危机往往就是商机，他人面临的困境恰恰是自己的良机。虽然创业成功需要时运相济，但更重要的还是面对时运抢抓机遇、迎势而上的领悟力。

"小富即安""知足常乐"从来不是创业者的追求，创业者要在不断进取中实现自己的人生理想。邵逸夫先生于20世纪80年代在电影业中与嘉禾电影公司竞争失利，但他果敢地转身投入电视业，接掌"无线"，开始与"亚视"竞争，不停地和对手争夺香港影视业的头把交椅，最终戴上了"影视大王"的桂冠。

包玉刚做出投身航运业的决定时，遭到亲戚朋友们的一致反对。他当时年近不惑，对航运一无所知，要押上身家性命，从零开始，值得吗？但包玉刚有着对世界航运业发展的独特领悟力，力排众议，固执己见，结果登上了"世界船王"的宝座。在航运业的经营中，包玉刚是以银行家的理念经营船队，他把自己的船队当作流动的银行来经营。正是这种突破，使得他成为一位成功的航运企业家。

任何时候，创业成功者对人生始终怀有梦想，只不过方向发生转变而已。邵逸夫投身于慈善公益事业，并设立"邵逸夫奖"这一东方的"诺贝尔奖"。王宽诚心怀"实业救国"梦想，待创业有成后，投身祖国建设事业。应昌期把围棋视为真正的事业，创业有成后，积极推广围棋，一生的梦想得以圆满。赵安中晚年一路播撒希望，在内地捐建上千所希望小学。

宁波人在创业之初，大多是白手起家，往往靠勤俭持业、艰苦创业而有所成就。在创业过程中，也强调稳健为主，多元经营，不冒大风险，不做大投机。在创业初成之后，仍能保持本色不变，少有奢侈浪费之风，也无竞富夸富之风。这种创业精神与一些奢靡成风的商帮群体形成鲜明的对照。

在"宁波帮"发展史上，有许多被冠以"大王"美名的人物，如"五金大王"叶澄衷，"实业大王"刘鸿生，"世界船王"包玉刚、董浩云，"影视大王"邵逸夫，"棉纱大王"陈廷骅，"毛纺大王"曹光彪，"水泥大王"张敏钰等。在这些称号的后面，也让我们感受到他们心怀梦想、从不知足、勇于创新、从不停步的创业品格。

三、仁义友善

宁波老话说："万贯家财勿算富，一分仁义值千金。"

"宁波帮"的仁义友善，植根于宁波的传统地域文化。宁波自北宋"庆历五先生"倡导教育和学术以来，诚信就一直作为伦理主题，历来受到学者的重视，如明代王阳明提出"致良知"，"商贾虽终做买卖，不害其为圣贤"。"宁波帮"在激烈的商业竞争中，仍旧保留着这种浓厚的传统经营作风，几乎每一个成功的"宁波帮"人士，都把"诚信为本、义中求利"作为经商的道德准则。

1922年8月，宁波发大水，平原之地一片汪洋，桥路坍塌无数，全市灾民14万人，死难479人。家乡受灾，游子心痛。旅居上海等地的宁波商人组织急赈会，广泛募集赈款。旅沪宁波同乡会致电各地宁波同乡协募相赈，他们针对三北大水、棉粮无收的情况，运来白米一批，捐赠大额资金。

对于国内各地发生的灾荒，宁波商帮也乐善好施，从不吝啬钱财。如创办上海大世界的余姚人黄楚九，对社会公益事业乐于慷慨相助。1919年夏，河南发生大水灾，数千灾民丧生，数万灾民无家可归，许多孤儿生存濒于绝境，黄楚九派人携款前往赈济。定海人朱葆三在上海23家慈善机构中担任董事以上职务，中原、两湖、黄淮、江浙等地的灾荒，总是让这位旅沪宁波籍巨商牵挂在心。

镇海柏墅方家是个企业型的大集团，是宁波商帮的一大成员。他的第一代早在鸦片战争前就来到上海，接下来四代人都是著名的企业家，在其第二、三代之鼎盛时期，曾被称为"执上海商界之牛耳""上海'宁波帮'中最有权势和最负盛名的家族"。柏墅方家积极开展慈善事业，在家乡兴建著名的宝善义庄。宝善义庄拥有良田 1200 亩，房屋 57 间，偏屋作义仓，里面堆稻谷粮食，每逢初一、十五开仓放粮，接济食物不足的族人和乡邻。冬天来临，义庄免费提供棉衣，施舍给受冻之人；夏天，义庄也为众人免费提供药物。至于本族鳏寡孤独废疾及贫困不能自给的人，义庄每月会送给口粮，其人死亡以后会给予棺葬。此外，义庄为族内婚嫁喜事添办嫁妆，分发喜钱。还为族内兴办了教育孩子的义塾，聘请教师为孩子们提供义务教育。晚清著名史学家俞樾称赞柏墅方家的宝善义庄和余庆堂义庄"意美法良"，即不但用意美好，令人赞叹，而且办法周到，可操作性强，足见用心良苦，不愧是宁波商帮的佼佼者所为。

捐资助学是宁波商帮的重要传统，其中最为有名的是叶澄衷创办的澄衷蒙学堂和叶氏义庄，吴锦堂创办的锦堂学校，包玉刚创办的宁波大学；在捐资助学方面功勋卓著的还有邵逸夫、赵安中、朱英龙等。

1871 年，叶澄衷在家乡庄市创办叶氏义塾，1906

年后改名为叶氏中兴学堂。学堂对族人实行免费教育，并顾及乡亲子弟。由于师资优良、设施齐全，闻名遐迩。日后享誉海内外的"宁波帮"实业家包玉刚、邵逸夫、包从兴、赵安中等都毕业于该校。

1905 年，旅日华侨吴锦堂在慈溪东条山购地 50 亩，创办锦堂学校。吴锦堂先后为该校捐资 28 万多银元。由于该校规模扩大、设施精良，一度被列为浙江省私立学校之冠。

"宁波帮"在家乡及祖国各地捐建学校数不胜数，而其中办学层次最高、规模最大的则是包玉刚先生率先捐资创办的宁波大学。

从 1987 年到 2007 年，邵逸夫先生在内地教育援建项目 5229 个，总金额达 34 亿港元之多。捐赠项目分布全国各地，成为捐资助学第一人。杨振宁这样评价他：邵逸夫先生多年如恒地对中国教育界、医疗界各阶层的慷慨捐赠是史无前例的壮举，他的慈善心肠和高尚情操是我们永恒的榜样。

赵安中先生在香港并不算大的企业家，但通过希望工程捐助了 3000 多万元人民币，其中九成用于资助贫困山区和偏远海岛的小学，被孩子们称为"一百多所学校的圣诞老人"。

香港棉纺大王陈廷骅是一位宁波籍富豪。他捐建了3600所希望小学，分布在全国 28 个省区，是中国希望工程最大的捐助者之一，但他处事低调，极少有宣传报道。

几十年来，几代"宁波帮"在上海、香港和海内外其他地区创业，大多事业有成，而如何处理自己的财富，更是体现出个人的智慧与人格。如果我们比较分析其他商帮和"宁波帮"处理财富的不同之处，会发现"宁波帮"总是用财富来开拓新的事业或献给公益事业，而不像有的商帮主要把财富用来享乐或置换土地。正是因为这样，邵逸夫先生被誉为华夏捐资助学第一人，他捐资设立的"逸夫奖"成为奖额可与诺贝尔奖相比的国际大奖。

叶澄衷，宁波镇海庄市人，著名的"宁波帮"先驱和领袖。他做生意很有天赋，头脑清醒，乐观时变，为人处事既诚且信，宽厚待人，被称为"首善之人"。在家中，叶澄衷是一位好儿子、好兄弟，中华传统美德在其身上得到完美体现。他幼年失父，待母至孝。他在上海创业初成，便接母亲到上海居住。后来母亲病重，医而不效，他甚至割股和药以进，以表至孝之心。他有一兄一弟，在老家无法生活之际，都随他到黄浦江上摇舢板经营贸易。兄长叶成义去世后没有留下子嗣，三年后，叶澄衷喜得长子，却首先过继为长兄之子。1878 年，叶澄衷在镇海老家修建新居，落成后，邀寡嫂和弟弟叶成孝一家共同居住，事寡嫂以敬，待弟弟和睦，传为美谈。

还有一件事，叶澄衷所为也令人敬佩。他初到上海当学徒的那家杂货店，老板因最终经营不善而投江自尽，留下老板娘无依无靠。叶澄衷得知此事后，颇为自责。在征得老板娘同意后，一方面在原杂货店基础上开办南顺记五金店，另一方面迎孤苦无依的老板娘到家中居住，为她养老送终。

多个朋友多条路，朋友多了路好走。在创业道路上，朋友的帮助也显得非常重要。但要赢得朋友的帮助，得到他人的尊敬，首先是自己要真诚待人，要有做人的骨气。

赵安中在日本江商洋行工作期间，有一位赴印度尼西亚谈判失利来到香港的同事神原，经理和原来的同事都有些冷落他。赵安中在交谈中，感到神原很有风度，便在神原最苦闷的时候接待他，请他吃大排档，请他看电影。神原见赵安中待人真诚，也愿意交流，他给赵安中介绍日本纺织家的做法，谈东南亚纺织前途和世界纺织史，令赵安中大开眼界。神原回日本前，赵安中还送了一点小礼物。一个人在最困难的时候，最需要的是理解，是慰藉，这个时候友情是最重要的。到日本后，神原得到重用，并成为日本江商洋行的社长。神原到香港来，对赵安中优礼有加，使得赵安中在江商的地位大为提升。在人与人的交往中，赵安中总是真诚相待，虽然这让他在早期的生意上吃过一点亏，但他始终没有改变这一点。

赵安中的立身之道、交友之道、行事处世方式是他创业成功的重要基础。他在日本江商工作期间，保持一种低调但有尊严的态度，硬硬朗朗做人，对上不卑，待下不亢，不像一些人那样服输做小、样样听话，赢得了大家的尊敬。他重友情，并经常教育儿子，"钱可以不要，路不能没有，宁可断财不可断路"。在与朋友相处时，他总是替别人着想。也正是因为他的这份真诚，使得他在生意场上得到大家的帮扶，迈过了一个又一个创业中的坎坷。

四、团结互助

今天在海外和港澳台地区，宁波同乡会或以宁波人为主体的社团组织多达 40 个，可见宁波人的团结互助精神非同一般。宁波人注重乡谊，团结互助，强烈的地域群体意识的凝聚力，并非一朝一夕形成。《鄞县通志》记载甬人"团结自治之力，素著闻于寰宇"。从宋代开始，宁波人就已经强烈意识到自己的意愿和目的，单凭个体是难以实现的，需要将与自己具有同样意愿和目的且可以协作的主体，或与在利益等方面可以互补的主体联结起来，通过整体性的活动，走向一定的目标，于是他们交游、结社，通过师缘、血缘和乡缘关系组成紧密的人际网络，彼此相互激荡影响。浓厚的政治经济上的利害关系与血缘乡情的融合，产生了强大的凝聚力。

两次四明公所事件，可以说集中体现出了宁波人团结互助的精神。清朝嘉庆二年（1797年），在上海谋生的宁波人发起"一文愿捐"，号召在上海的宁波人每天捐献一文钱，共同筹建公所。由于人多力量大，先后买进30余亩土地，建设了丙舍、坟地和关帝庙，并命名为四明公所。1849年，四明公所地块被划入法租界，经向法国驻沪总领事和清朝政府呈报并获得同意，四明公所墓地豁免一切捐税。1874年，法租界以筑路为名拟平毁墓地，千余名宁波人集聚四明公所商量对策。法国总领事竟然借口这里闹事，派兵向手无寸铁的民众开枪射击，打死7人，伤者无数。血案发生后，在上海的宁波人同仇敌忾，示威抗议，使法租界陷入一片混乱之中。在"宁波帮"团结御侮的强大力量下，法国驻沪总领馆不得不屈服，最终同意永远以公产尊重四明公所用地，公所将保留其免税地位。这一事件被称为第一次"四明公所事件"，也是上海乃至中国城市人民反抗外国殖民主义者的一次胜利。

到了1898年，法租界工部局再度背信弃义，以建立学堂医院为名，拟侵占四明公所地产。法国驻沪总领事毫不理会四明公所的交涉和地方政府的照会，下令80名士兵开赴四明公所，悍然下令夺取该地。在场的宁波人奋起反抗，有17人不幸惨遭杀害。法国士兵的血腥屠杀，激怒了在上海的30万宁波人，掀起了声势浩大的反抗斗争。四明公所发出传单，相约商人全体罢市。法租界里的宁波籍洗衣工、做饭师傅、车夫、佣工、娘姨等也纷纷罢工、怠工或辞职不干，连外轮上的宁波籍海员也参加斗争。在上海的宁波人万众一心，罢工罢市从法租界蔓延到公共租界，使那些洋人们的日常生活受到严重影响。

由于上海的宁波籍人士团结抗争，也由于各界的多方交涉，终于"民气压倒了洋气"，法租界当局不得不从四明公所撤兵，再次承认其土地所有权，并表示今后永不侵占。

"四明公所事件"是上海宁波人早期的民族意识、强烈的乡土观念和不屈不挠的斗争精神的一次集中表现。它第一次以具有相当声势的人民运动的形式，显示出旅沪宁波人是近代上海的一支强大的举足轻重的社会力量。

20 世纪初，上海到宁波的水上交通基本被外商东方公司、太古公司等控制，其他华商轮船公司不仅规模极小，而且没有海运能力。1908 年，宁波商人成立宁绍轮船公司，集资购买了一艘旧轮船开始经营，得以改变外商公司一枝独秀的局面。

当时，外商太古轮船公司的统舱票价一元，宁绍轮开通后，宁绍轮船公司将票价定价五角，并在轮船上树立铭牌"立永洋五角"，表示永不涨价。乘客见宁绍轮价廉物美，乘坐的人很多，太古公司的生意因此一落千丈。当时，绝大部分宁波同乡喜欢坐宁波人自己开办的轮船，加上宁绍轮服务周到，在轮上当差的船员都是宁绍老乡，一口乡音，使乘客有宾至如归的感觉，因此这条航线一直生意兴隆。

气急败坏的太古公司为了与宁绍轮竞争，不惜赔本，将船票价格直降到二角，还向乘客赠送毛巾、肥皂等物品，以拉拢客源，迫使宁绍轮破产。宁绍轮船公司经过与宁绍同乡协商，组织"船票维持会"，将票价定为三角，差额二角由宁绍同乡出资补贴，前后多达 10 多万元，而宁波乘客也甘愿多出一角乘坐宁绍轮，以此来支持宁绍轮船公司。时间一长，太古公司知道了宁波人的凝聚力不容低估。在这一事件中，也可以看出宁波人团结互助的精神。

日本社会活动家内山完造亲历的一件小事能使我们对宁波人的团结意识有更深切的体会。内山曾在上海开设一家内山书店，店内伙计全是宁波人。他在一篇文章中描写了对宁波人的印象：

上海有一家四明银行，是宁波地方的人开设的银行，有次也发生了纸币行使不通的谣言。那时我对店员们说："四明银行的纸币现有不兑的谣传，如果有客人来付四明银行的纸币，务必请他调换一下别的纸币才好。"有一个资格最老的店员说："没有那样的事，内山先生要是不喜欢四明银行纸币，我情愿调换。"遂把店里所有四明银行的纸币都选了出来，自己拿出别种纸币来调换。我也不知道说什么话才好。一听到同乡人（虽然并不熟悉，如同路人）所开设的银行信用动摇，便立刻维护同乡人银行的信用。自然金数可谓极少极少，但这种心理却支持着全体宁波人。

正如宁波人自己所评价的：我们宁波人事业必然成功，功效必然显著，是由于我们团结坚定、组织完备，一旦遇到什么事，就能互相呼应、踊跃争先，取得团结互助的成效。

📖 本讲小·结

"宁波帮"精神与社会主义核心价值观在内涵上是相通的。在宁波，传承弘扬"宁波帮"精神是践行社会主义核心价值观的重要载体和途径。要更好地传承和弘扬"宁波帮"精神，践行社会主义核心价值观，应该努力讲好"宁波帮"故事，凝聚"宁波帮"力量，弘扬"宁波帮"精神。

一是讲好"宁波帮"故事。"宁波帮"故事亲切、生动、精彩、感人，是宁波市和青年学生学习领悟社会主义核心价值观的重要素材。特别是结合"宁波帮"在家乡宁波的创业成就和慈善项目，更能让"宁波帮"精神深入人心。

在此，要特别重视"宁波帮"题材文艺作品的创作，用思想性、艺术性、观赏性相统一的优秀作品，弘扬真善美，贬斥假恶丑。宁波市先后创作了"宁波帮"题材的电视剧《向东是大海》、越剧《沈三江》、歌剧《红帮裁缝》等，取得了良好的社会效果。

宁波大学是由世界船王包玉刚先生率先捐资创建的，累计得到了六十多位"宁波帮"人士超过 7 亿元人民币的捐助。在宁波大学，每幢大楼、每项捐赠奖助学金的背后都有着生动的故事。近年来，宁波大学通过举办"宁波帮"文化，创排"宁波帮"题材的校园话剧来讲述"宁波帮"故事。他们精心打造了"宁波帮"题材校园话剧"四明三部曲"，从晚清团结御侮的《四明公所1898》到民国创业救国的《四明银行1938》，再到新中国情系故乡的《四明大学1988》，串联了一百年的历史，既是近代中国工商业风雨辉煌的遗梦，是宁波人民在历史文明中的骄傲，也是宁大学子追寻的精神之光。

二是凝聚"宁波帮"力量。就是要用"宁波帮"精神来感染和影响新一代甬商，培养新一代甬商的社会责任感，促进新一代甬商的创新发展，为宁波城市经济社会发展多做贡献，为实现中国梦贡献一份力量。同时，我们还要广泛团结和凝聚在海外的宁波籍人士，特别是第二代、第三代、第四代的宁波籍人士，推动甬商回归，弘扬"宁波帮"爱国爱乡、创新创业的精神，为居住地和祖籍地的建设多做有益的事。

三是要弘扬"宁波帮"精神。要紧紧围绕社会主义核心价值观，挖掘"宁波帮"精神与社会主义核心价值观相一致、相融合的精神元素，重点研究"宁波帮"为国家的富强、民主、文明、和谐所做出的努力，研究"宁波帮"在实现向近代转型中所形成的自由、平等、公正、法治的观念，大力弘扬"宁波帮"群体在爱国、敬业、诚信、友善方面的价值观。在弘扬"宁波帮"精神的过程中，我们不能等待"宁波帮"精神文化的自然传承，而应该把数代"宁波帮"恪守的传统价值观和义利观融入社会主义价值观建设中，发扬光大宁波精神并运用于现代经济活动，使之从过去软性的道德操守转化为现代刚性的行业规范和企业制度。

📖 参考文献

[1] 王凤山，冀春贤. 宁波近代商帮的变迁 [M]. 宁波：宁波出版社，2010.

[2] 宁波市政协文史委. 宁波帮研究 [M]. 北京：中国文史

出版社，2004.

[3] 王耀成.希望之路：赵安中传 [M].北京：北京大学出版社，2006.

[4] 宁波市对口扶贫协作工作领导小组办公室.爱与责任——宁波扶贫工作纪实 [M].宁波：宁波出版社，2011.

[5] 乐承耀.宁波帮经营理念研究 [M].宁波：宁波出版社，2004.

创新：海外"宁波帮"崛起的奥秘

　　"宁波帮"旧时泛指宁波府属的鄞县、镇海、慈溪、奉化、象山、定海（现在还加上宁海、余姚）六县在外地的商人、企业家及旅居外地的宁波人。鸦片战争后，随着外国资本的入侵，商人纷纷涌向经济较为发达的城市经商，就形成了商帮，当时较为著名的商帮有"广帮""徽帮""闽帮"等，但随着社会的变迁，有些商帮逐步衰落，以致销声匿迹，唯独"宁波帮"历久不衰，且不断发展、壮大，尤其是在香港、澳门、台湾等地，"宁波帮"的企业、实业人士，声名鹊起。

　　本文所言的海外"宁波帮"，主要是指 20 世纪中叶后活跃在港澳台地区和日本、美国、东南亚的宁波籍实业家。以 1967 年宁波旅港同乡会成立为标志，众多宁波商人开始在香港各个领域崭露头角，到 20 世纪 70 年代末，旅港宁波人已达 10 余万。台湾也成为战后宁波商人相对集中的地区。海外"宁波帮"主要代表人物有已故"世界船王"环球航运集团主席包玉刚、影视界巨头香港邵氏兄弟有限公司总裁邵逸夫、纺织巨头香港南丰纺织有限公司董事长陈廷骅、美国全美中华总商会永远总顾问应行久、日本孙氏集团有限公司董事长孙忠利、新加坡宁波同乡会会长水铭漳等。其中邵逸夫、李达三、曹光彪、王宽诚四人获得小行星命名的国际荣誉。1990年香港十大富豪评选中,包玉刚、邵逸夫、陈廷骅三位"宁波帮"人士入选。

研究和总结海外"宁波帮"崛起的原因,与历史上重要商帮(如晋商、徽商)的兴衰历程相比,为什么在众多的传统商帮中,唯独"宁波帮"能在20世纪初叶完成向近代化的转型并获得不竭的发展动力?我们不难发现,"创新"是其中最重要也是最具特色的一个因素。

一、勇于突破旧框框,开创新事业

在众多的中国商帮中,"宁波帮"是唯一一个实现了集团性或群体性近代化转型的商帮。19世纪末20世纪初在上海的"宁波帮",创造了近代中国经济史上许多第一。1897年,由叶澄衷、严信厚、朱葆三等创办的中国通商银行是国人自办的第一家银行。上海的第一家证券交易所、第一家五金店、第一家南货店、第一家绸布店、第一家火柴厂、第一家染织厂、第一家化学制品厂、第一家印刷厂、第一家国药店、第一家灯泡厂、第一家钟表店……都是宁波人创办的。宁波人在上海社会经济生活中至少创下了 50 个"第一"。这种勇于开拓、敢为天下先的精神被海外"宁波帮"所继承与发扬。这里所讲的敢为天下先的精神，并不是指一般性的对于商机的把握，而是指"宁波帮"对经济与政治发展大势的把握，并根据这种发展大势，及时调整经营理念，突破旧框框，开创新事业。也正是因为这样，使得"宁波帮"在世界与中国变化最深刻的一百多年中始终保持了良好的发展势头。

定海商人安子介，针对香港的特点，提出了香港的经济发展理论，成为整个香港经济发展的起点。他早年学经济学，1939 年到香港从事国际贸易工作。太平洋战争后，他回到重庆，完成巨著《国际贸易实务》。抗日战争胜利后，他先到上海而后又到香港，在各种场合，利用各种渠道，阐述香港的经济发展理论。他的理论要点是香港地处太平洋与印度洋之间的航海要冲，背倚中国内地，面临世界各国，在地理上具有独特的优势；香港是弹丸之地，资源短缺。如何谋求发展？他主张应先发展进料加工的轻工业，然后转向资本与技术密集型工业，形成以加工为中心的工业基础，从而带动交通业和金融业的起飞。安子介的理论逐渐成为香港人的共识。从香港经济发展过程看，恰恰是按照安子介所阐述的经济理论发展的。

20 世纪 70 年代末，内地刚刚开始实施改革开放，曹光彪先生就在珠海投资第一个私人工厂——香洲毛纺厂。这是 1949 年新中国成立后的首创，打破了在内地不能开办私人企业的限制。在邓小平、杨尚昆等领导人的关心下，这家规模不大的企业产生了很大的影响。

适应世界经济发展潮流是海外"宁波帮"经营活动的特点。随着世界经济的发展，海外"宁波帮"建立了大型联合企业集团和跨国公司，增强了企业的国际竞争力，如董浩云的金山船务公司（后改为东方海外）、包玉刚的香港环球航运集团、邵逸夫的邵氏兄弟有限公司、陈廷骅的南丰纺织、曹光彪的永新集团等，经营范围相当广泛。综合性的企业集团有新加坡的新马公司，经营建筑、玻璃等业；香港王宽诚的幸福企业集团，经营金融、地产、建筑、贸易等业；美国应行久经营地产、礼品和餐厅等业。

"宁波帮"在近代经济转型和经济重心转移的过程中，每一次都较好地把握了形势发展的趋势，并取得了成功。如20世纪初相对集中于上海，投身于近代工商业，实现向近代化的转型；20世纪五六十年代相对集中于香港；80年代后向大陆地区投资；此后，随着经济全球化的发展趋势，又逐步走向世界，建立大型企业联合集团和跨国公司，使"宁波帮"始终葆有生机和活力。"宁波帮"牢牢把握经济发展大势，及时转向，这是长盛不衰的奥秘。

二、善于投身新领域，进军新区域

对商机把握的敏锐度，"宁波帮"相比其他商帮更胜一筹。宁波人经商的习俗形成了今天宁波商人头脑灵活、长于思考、善于经营、富于机变的特点，这是宁波商人在激烈的商战中立于不败之地的资本。宁波商人善于捕捉商机，及时调整经营方针，这是他们的天赋，也是优秀的现代商人品质。在生意场上，宁波商人机敏善变，从不墨守成规，他们总是能够不失时机地调整经营业务和经营策略。

　　从政治形势的变化中灵敏地感受到商机，未雨绸缪，精心策划，是审时度势的重要方面。根据政治形势的变化而寻找商机、调整商机，这是许多商帮共有的特点，但像"宁波帮"那样能多次根据政治形势把握商机而不为政治形势所牵累的却不多。20世纪40年代末、50年代初的香港，机遇与风险并存，王宽诚先生以其丰富的经验和刻苦钻研的精神，锐意进取，大胆果断购入港币和发展房地产是最为引人瞩目的两件事。前者是指日本投降后，香港市面出现了低价抛售汇丰银行在日占领期间发行的港币的情形，当时绝大多数人认为，日本撤出香港后，国民党政府有可能收回香港，这种港币势必作废。一时谣言四起，人们唯恐弃之不及，币值直线下降。王宽诚先生经过认真思考后，以敏锐的眼光和超人的胆识，一次购进价值数百万元的港币。不久，英国政府宣布承认新港币，香港局势顿时趋于稳定，港币迅速回升，王宽诚先生的财力由此得到跃增。后者是指他以敏锐的眼光看到人民解放军发动全面进攻，在国统区的达官显贵必然南逃至香港等地。于是他审时度势，及时调整产业结构，指导设在香港的维大洋行低价购买地皮，建造高楼住宅，获得资产的再一次增值。王宽诚先生说过："一个生意人，光盯在具体业务上是干不出大事业来的。我这辈子最大的体会，搞经济必须要有政治头脑。就是说，要胸怀全局，要有战略思想、长远眼光，随时要耳听六路、眼观八方，善于适应各方面的变化，大胆果断地捕捉战机，把握机遇。"

居安思危，在兴盛中看到潜伏的危机，及时转变，是审时度势的另一方面。"世界船王"包玉刚，20 世纪 80 年代初正是他的航运业如日中天、红红火火之时，但他却做出惊人的决定：卖掉所有船只！因为预感到两伊战争对石油产量的影响必将殃及油船运输，他及时抽出资金，投资香港地下铁路和隧道，出任隧道公司主席。而后又投资由英国人控制的香港最大的国泰航空公司，出任董事长。

许多宁波商人还以香港为依托向世界各地发展，如镇海人包从兴于 20 世纪 60 年代赴非洲从事纺织业。鄞县人李关弟 1948 年去香港创业，60 年代转向西非大国尼日利亚创业，很快李氏家族成长为尼日利亚四大华人财团之一。李家继承人——香港华昌集团董事长李文龙积极向内地投资，并在上海浦东投资兴办多家企业。

三、开拓但不冒险，创新又能吃苦

宁波商人的商业资本的出路也充分体现其开拓精神。他们有了一定资本后，不是买田置地或存放到银行以求保险，而是把商业资本利润投资于产业，把商业资本与产业资本结合起来。相反，晋商和徽商在获利之后，一方面用于奢侈性消费，另一方面用于造房屋宗祠和办学，很少有投入产业领域的。王廷元教授曾经对徽商的衰落原因做过分析，是有一定道理的。他说："鸦片战争以后，中国逐渐进入近代社会。在新的历史条件下，一些沿海地区的大商人知道欲求增值资本，必须把商品经济和产业经济结合起来，投资于近代企业，走资本主义道路。而徽商的商业资本虽称雄厚，但始终停留在流通领域里，很少转向产业资本……因此，随着封建社会走向穷途末路，跟不上历史发展趋势的徽州商帮，其衰落也就势所难免了。"而海外"宁波帮"始终保持勤俭的作风，除部分用于报效桑梓和公益事业外，依然投入经营。

从"宁波帮"的崛起及其走向世界的历史来看，立足本行多元经营是"宁波帮"经营管理中一个成功的策略。实业家陈廷骅在纺织业中掘得第一桶金后，没有裹足不前，从 20 世纪 70 年代开始转而投资利润丰厚、回报率高的地产业、航运业和饮食业，走多元化经营之路。同时，"宁波帮"在多年的经营中扬长避短、因地制宜，顺应了当地经济发展的环境，在各地呈现出不同的特色。在香港主要以航运业、纺织业、房地产业、金融业等为主；在台湾有纺织业、建材业、电子、航运业等；在日本主要有餐饮、服装业、贸易等；在美国有餐饮、电子、航运业等；在东南亚各地主要有建筑业、木器家具业、洗衣业等。

勤俭建业、肯吃苦是"宁波帮"的一大优良品质，正是因为如此，给了"宁波帮"不断进取、不断创新的精神动力。包玉刚先生把"持恒健身、勤俭建业"作为自己一生的总结，并题词给他率先捐资创办的宁波大学。赵安中先生的创业历程可以概括为"凭勤俭建立根本，靠积聚而成小康"，他的资本积累过程就是勤劳苦做、省吃俭用的过程。

创新是一个民族进步的灵魂，是一个国家兴旺发达的不竭动力，也是海外"宁波帮"崛起和长盛不衰的根本原因。总结和研究海外"宁波帮"崛起和长盛不衰的原因，吸取其他商帮兴衰的经验教训，就是要发现其中具有规律性的因素，以资借鉴。我们一方面要吸取海外"宁波帮"文化中"创新创业"的精神因素为我所用，另一方面也希望海外"宁波帮"在新的历史进程中发挥更大的作用，为中华民族的伟大复兴做出贡献。

"宁波帮"创业成功五要素

　　创业越来越成为这个时代的时尚话题。在创业的道路上，确实有人创造了财富，成就了事业，品尝了成功的喜悦。也正因为如此，越来越多的人挤进了创业的征途。通过对一些"宁波帮"人物的创业经历的回顾总结，帮助我们走出关于创业的认识误区，以理性、智慧的态度投身创业。创业成功的喜悦，登上事业巅峰的自豪感，是人人都追求的。在创业成功者身上，总有着一些共同的特征，比如艰辛创业而又时运相济，勤奋过人而又天赋才华，勇猛精进而又谨慎细致等。当我们更多地了解和把握创业成功的共同特征时，也许我们离创业成功的距离会更近一些。

　　我们不停地在反思当今青年创业中存在的认识误区，努力去提炼总结"宁波帮"创业成功的要素，希望能以"宁波帮"创业经历和创业品质启示时下的青年。我们认为，以下五个要素可能是创业成功的重要因素。

一、白手起家，人脉相助

白手起家，从一无所有到成为亿万富翁、业界大王，这才是真正的创业。近现代"宁波帮"人士闯入上海滩学生意，都是两手空空，他们到钱庄或商铺做学徒，工作非常辛苦，收入极其微薄。虞洽卿在颜料行做学徒，秦润卿、王宽诚等在钱庄做学徒。再看当代甬商的创业历程，他们虽然如今身价几十亿，登上财富榜前几十位，但创业初期正逢改革开放初期，条件非常艰苦，也可称为两手空空。

早期的磨炼对他们创业成功具有重要意义，也许正是孟子所说的"必先劳其筋骨，饿其体肤，空乏其身……增益其所不能"，也许正是宁波老话"吃得苦中苦，方为人上人"，这三五年，甚至十余年的磨砺，使得他们具有了创业的意志力。

有许多人认为，创业首要的是资本。资本确实非常重要。但从这些创业成功者的身上，我们发现最重要的还是他们早期的积累，这种积累体现在立人以德、待人以诚，建立了良好的人脉资源；体现在经营理念和方法；体现在最初的资本积累。在创业过程中，还有一个重要的因素，就是人脉相助。

叶澄衷的故事广为人知，在黄浦江上摇舢板的他，兼做一些小五金生意。因为他把一位洋买办遗留在舢板上的装有贵重材料的包归还，从而得到了洋买办的赏识和帮助，使他弃舟登陆开设五金行，并成为上海滩上的"五金大王"。这就是叶澄衷的人生积累。

朱葆三在上海滩的发展，先是得到叶澄衷的提携帮助，后是得到好友上海道台袁树勋的眷顾，是他让朱葆三担任上海道署总账房，经管庚子赔款的存放。正是这样的机缘，朱葆三成为近代金融事业的重要开拓者，也赢得"上海道台一颗印，不及朱葆三一封信"的美誉。后来，朱葆三也引荐提携了许多同乡。

"宁波帮"对这一点有深刻认识。宁波人外出学做生意都是亲带亲、邻带邻，相互助一臂之力。秦润卿到上海学做生意，离不开表叔林韶斋的介绍和引路。吴锦堂外出闯荡，也依靠同乡的介绍和担保。宋炜臣在创业过程中，也得到过叶澄衷的帮助。

在这些故事中，我们认识到创业成功，既要靠自己的艰苦努力，又要积累良好的人脉资源，还要有良好的团队意识。"人脉相助"既是一种文化机制，也是一种文化机缘，更是自己的人生创造。

二、心怀梦想，勇于进取

在"宁波帮"发展史上，有许多被冠以"大王"美名的人物，如五金大王叶澄衷，实业大王刘鸿生，世界船王包玉刚、董浩云，影视大王邵逸夫，棉纱大王陈廷骅，毛纺大王曹光彪，水泥大王张敏钰等。在这些称号的背后，也让我们感受到他们心怀梦想、勇于进取的创业品格。

有梦才有追求，有梦才有方向。宁波大学戴光中教授以《梦的追求：张济民传》作为书名，描写了张济民因为有梦，所以才有三次创业，最终成为北美湾区首富、地产大王。梦想也许很简单，但却成为其一生拼搏奋斗的精神力量。

有了梦想，心理年龄就会永远年轻，就始终富有奋发向上的动力。许多人认为创业属于年轻人的专利，其实不然，创业只属于有梦想的人。赵安中创立属于自己的公司——荣华纺织有限公司时，年已48岁。张济民从日本先灵公司辞职，迁往美国再次创业，时年53岁。这样的年龄，也许会被人认为是退休养老的开始，但对有梦想的创业者来说，年龄从来都不是阻碍。只要有梦想、有追求，人生就永葆青春。

正是因为有这种不因年龄增长而却步的壮志勇气，他们才能在事业上不断猛进，越做越大，站到了业界的顶峰。"小富即安""知足常乐"从来不是创业者的追求，创业者要在不断进取中实现自己的人生理想。

创业难免遭遇挫折，良驹也会马失前蹄。如果心怀梦想，永不停步，挫折也会成为新的起点，成为创业加速度的推动力。邵逸夫先生于20世纪80年代在电影业竞争失利，但他果敢地转身于电视业，最终戴上了"影视大王"的桂冠。

哪怕是年届高寿，从创富舞台上转身而退，创业成功者对人生依然怀有梦想，只不过方向发生变化而已。王宽诚心怀"实业救国"梦想，待创业有成后，投身祖国建设事业。应昌期把围棋视为真正的事业，创业有成后，积极推广围棋，使一生的梦想得以圆满。

所以，我们永远不要埋怨创业的良机已经失去，不要埋怨青春的激情不会重来。我们真正需要的，是对事业的追求，是对人生的规划。心中怀有梦想，前进的脚步就不会停止，创业的动力就会长存。

三、思维敏锐，善捕商机

虞洽卿，人称阿德哥，他的创业第一桶金是这样来的：当时他在上海瑞康颜料行当跑街，到鲁麟洋行进货时，发现洋行有大批从德国进来的颜料被海水打湿，外包装受损但质量不受任何影响，洋行拟通过拍卖公司贱卖。虞洽卿一次性以极低价吃进这批颜料，三个月后全部出手，净赚二万两，是颜料行原有资本的20倍。在白希的《掘金战争：虞洽卿上海滩创富传奇》这一畅销小说里，极力铺陈了这一过程。

王宽诚大发"洋财"，主要靠两次外汇兑换。抗战后期，许多人认为国民政府的法币将升值，王宽诚通过仔细分析，以独到眼光认为战后法币必将贬值，而英镑数年不会贬值，于是抓住机会用法币大量低价购进英镑。同样的道理，他又买进许多港币。这两次兑换，使他的资产陡然跃增。

确实，创业成功者都有一种超乎常人的领悟力，能敏锐地感受到商机并迎难而上。如果没有这种"沙里拣金"的判断力，也就不会有"点石成金"的创造力。对他们来说，危机往往就是商机，他人面临的困境恰恰是自己的良机。虽然创业成功需要时运相济，但更重要的还是面对时运抢抓机遇、迎势而上的领悟力。

四、不拘成法，敢于突破

"创业有法，但无常法，贵在得法。"创业是有规律可循的，但创业并不都是在拘泥规律中成功的，恰恰相反，他们是在突破中获取成功的。

包玉刚做出投身航运业的决定时，遭到亲戚朋友们的一致反对。他当时年近不惑，对航运一无所知，要押上身家性命，从零开始，值得吗？但包玉刚有着对于世界航运业发展的独特领悟力，力排众议，固执己见，结果登上了"世界船王"的宝座。在航运业的经营中，包玉刚是以银行家的理念经营船队，他把自己的船队当作流动的银行来经营。正是这种突破，使得他成为一位成功的航运企业家。

秦润卿是一个旧商人，却有新思想。他作为上海钱业界领袖，看到钱庄存在的弊端，于是不断革新，使钱庄业逐渐银行化、近代化。他经营的钱庄在多次金融风潮中转危为安，直至新中国成立实行公私合营。

曹光彪将自己的企业命名为"永新"，寓意就是"永远创新"。他是第一个到内地投资办厂的香港资本家。

"宁波帮"在上海创造了许多工商事业的第一，在战后香港经济发展中也发挥了重大作用，改革开放后当代甬商也创造了许多奇迹，这都要归功于"宁波帮"一脉相承的创新精神。创新是"宁波帮"长盛不衰的秘诀。

五、多元发展，稳健经营

"是投资不是投机"，这是许多"宁波帮"企业家创业成功的经验总结。试看改革开放四十多年来，内地众多企业家人生沉浮、事业跌宕，其原因就是创业初成后沉不住气，用投机心理去创业，结果折戟沉沙，事业衰败。而一些刚刚投身创业的青年，也禁不住诱惑，盲目扩张，最终难以为继。

创业者需要激情，更要有理性。多元发展、稳健经营是事业长久的保证。实业大王刘鸿生，经营过多种产业，先后投资火柴、水泥、毛纺、煤矿、煤炭、码头、搪瓷、保险、银行和企业大楼等，每次都能做到顶峰，但他又能进退自如，留下了"火柴大王""煤炭大王""水泥大王""毛纺业大王"等称号。

稳健经营是"宁波帮"的风格。包玉刚常说："我是个银行家，不是个赌徒。"他面对充满风险的航运业，将自己最熟悉的金融业管理经验、精明稳健的作风运用其中，将风险降到最低。朱葆三的投资比较分散，也是基于多元发展、稳健经营的考虑。秦润卿主持钱庄，虽然不断创新，但以多元发展和稳健经营为原则。有人曾请教"地产大王"张济民经营的秘诀，他说："我只做投资，不做投机。"

有道是创业难，守业更难。初期，创业都以勇气去闯荡、去开拓，可以无所顾忌。但到创业有成时，闯荡的勇气固然不能衰减，但稳健的作风却需要形成。

对当代青年来说，既要有创业的自信，又要有创业的理性；既要有创业的激情，又要有创业的恒心。学习"宁波帮"和当代甬商的创业经验，是为了更好地指导自己的创业实践。我们真心地期待，青年朋友们在创业的征程中闯出崭新的人生道路，实现自己的人生理想。我们更希望青年朋友在创造财富神话的同时，凝结出当代青年的创业品格。

大学生眼中的"宁波帮"精神

"宁波大学,是一方饱含深情的土地,也是一方充满希望的土地,她承载着太多的来自'宁波帮'的深情与厚爱。"这是宁大学生对宁大的最深印象。

"'宁波帮'精神,不仅仅是捐资助学,更重要的是爱国爱乡、创新创业,是传承中华传统美德,是他们做人做事的品格。"这是宁大学生对"宁波帮"的最强感受。

"爱国爱乡、造福桑梓"是江泽民同志为宁大包玉刚纪念馆的题词,也是对"宁波帮"精神的揭示。

教师教育学院应同学是一位地地道道的宁波人。从童年开始,他就感受着"宁波帮"人士对家乡的回馈之情。他家就住在宁波市包玉刚图书馆旁边,他说,看着装修一新的图书馆面向全社会开放,有这么多的市民、这么多的中学生到这里来自修,就会让他想起包玉刚先生。

早在 15 年前，当应同学还是幼儿园小朋友的时候，他就来过宁波大学，如今考入宁大，往事历历在目，今日更感亲切。他说："当我看到学校的林杏琴会堂，我就会想起宁波中学的林杏琴教学楼，我真的体会到在宁波的各个地方都能感受到'宁波帮'人士对家乡的回馈之情。"

宁波大学就是众多海外"宁波帮"人士爱国爱乡、造福桑梓的生动体现。30 年来，有 60 多位乡贤为宁大提供了 7 亿多元的捐助。其中不但有捐建的教学大楼，更有各种类型的奖教金和奖助学金，宁大的师生就是在这样的关爱中，实现学校的建设与发展，实现自我的成长与成才。

通过校园氛围的耳濡目染，通过讲座的生动阐述，大家都被"宁波帮"的爱国之情所感动。教师教育学院叶同学说："爱国爱乡是每个人的责任，也是令人自豪的品质。"人文学院张同学说："在宁大这样一个环境中学习是幸运的，我们应该做到学有所长，将来也要热爱家乡，报效祖国。"

敢为人先，勇于创新，这是"宁波帮"长盛不衰的奥秘所在。

19世纪末20世纪初，在上海的"宁波帮"创造了近代中国经济史上许多第一。这种勇于开拓、敢为天下先的精神为海外"宁波帮"所继承与发扬。

王宽诚大胆购入港币和发展房地产业，包玉刚购入九龙仓股票，陈廷骅从纺织业转向地产业、航运业和股市，这些都是经典的案例。

"创新"是"宁波帮"精神的核心内容。在听了讲座以后，材化学院张同学说："凡事都要有自己的见解，大胆地提出来，敢想敢做别人想也不敢想的事情，这就是创新。"他还结合自己所学的化学学科，提出要以长远的眼光，从学科交叉的视野用心去审视，以取得新的突破。他决心好好利用大学四年学好专业知识，然后读研考博，在化学学科上闯出一番事业来。

科技学院赵同学说起自己大学一年多的生活体验，感到创新是大学生的基本素质，如果没有创新，就会落伍，就会被社会淘汰。她特别强调要在日常的学习生活中努力创新。

正如曹光彪先生把自己的企业命名为"永新"一样，

宁波大学的同学也表示，永远要以创新的精神去面对工作与学习。

"凭勤俭建立根本，靠积聚而成小康。"这是赵安中的创业经历，也是"宁波帮"的创业特色。

宁大人记住的一句经典语句是包玉刚先生的"持恒健身、勤俭建业"，这是包先生一生创业的总结，是他的人生座右铭，也是"宁波帮"人士的创业特色。宁大的同学对"宁波帮"知名人士的创业故事耳熟能详，法学院黄同学讲起董浩云、董建华父子的创业故事，他们是怎样把濒临倒闭的公司盘活并越做越强；人文学院张同学则讲起魏绍相先生历经几十年跌打拼搏后才创建香港恒丰喉业有限公司，事业有成后，依然克勤克俭。

"赵安中先生是在将近六十岁的时候才获得成功的。六十岁是退休的年龄，许多人五十岁一过便已是'无可奈何花落去'了，赵安中身上所体现出的生命张力，对久居计划经济羽翼下的中年人来说，或许有激活生命力的作用。"宁大的同学对王耀成先生撰写的《希望之路——赵安中传》书中的这一段话印象深刻。

自强不息是"宁波帮"的重要精神元素，也是宁大精神的重要组成部分。许多同学在参与学校"宁波帮"
文化活动后表示，生活中会有许多挫折，失败总是不可
避免，但我们应该知难而进、奋斗不止。

"白手起家，艰苦创业。"这句话刻画了相当一部分
"宁波帮"人士的创业轨迹。这种精神对今天的青年学生
显得尤为重要。材化学院王同学深有感触，"宁波帮"人
士在创业之初，往往难以预测成败，但他们能坚定信心、
艰苦拼搏，最终取得成功。对于我们青年学生来说，就是
要坚定地朝着自己的目标不断努力，最终必然会取得成功。
还有一位同学在谈到今后的就业趋势时，虽然感到压力很
大，但在"宁波帮"人士身上寻找到一种精神力量，他说：
"想想他们在白手起家的基础上创出事业，我们只要肯干，
抓住每一个发展机会，就一定会做得更好。"

"宁波帮"人士慈善家的情怀给大家留下深刻的印
象，成为宁大人学会感恩的精神力量。

谈起"宁波帮"的故事，宁大的同学都能说上好几个，
但内容最集中的还是"宁波帮"人士捐助教育、卫生事
业的事例。教师教育学院梁同学说，印象最深刻的是包
玉刚先生率先捐资创建宁波大学的故事；在材化学院张

同学和法学院杨同学的印象中，赵安中老人最让人感动，是他把希望播撒在祖国各地，也是他发动众多"宁波帮"人士来共同支持宁波大学；对人文学院张同学来说，魏绍相先生捐助宁波大学的故事令他深为敬佩；科技学院王同学则说起锦绣活动中心和朱绣山先生的故事。

几十年来，几代"宁波帮"在上海、香港和海内外其他地区创业，大多事业有成，但如何处理自己的财富，体现出一个人的智慧与人格。一位老师在专题讲座中专门比较分析了其他商帮和"宁波帮"处理财富的不同之处，发现"宁波帮"总是用财富来开拓新的事业或献给公益事业，而不像有的商帮主要把财富用来享乐或置换土地。正是因为这样，邵逸夫先生被誉为华夏捐资助学第一人，他捐资设立的"逸夫奖"成为奖额可与诺贝尔奖相比的国际大奖。赵安中先生一再说，自己在香港是最小最小的老板，对祖国和家乡只是尽一点绵薄之力，求得心之所安而已，而实际上他的捐资额已达1亿多元人民币。

要常怀感恩之心，常行回馈之事，这是很多同学听了"'宁波帮'与宁波大学"讲座后的心声。人文学院王同学说："我们要饮水思源，以一颗感恩之心去体会'宁波帮'的真情。"教师教育学院叶同学说:"我们先要实现自我的发展,然后学习'宁波帮'人士的慈善家情怀,回馈社会,首要的还是在教育事业上做出一点自己的贡献,'我不能说我改变了什么,但我可以说我做了什么'。"

重亲情,讲孝道,"宁波帮"传承了中华民族的优良传统。

我没有想到,这个话题被十几位受访同学提及。赵安中先生出资捐助的大楼中,几乎全部是以母亲林杏琴的名讳命名。"母亲林杏琴是赵安中终生感念的亲人,也可以说是他人生的第一任教师,只不过她没有教鞭,没有戒尺,甚至没有一句教诲人的话。她给予安中的完全是一种无言之教。"这种感念之情伴随了赵安中先生的一生。

这样的事例有很多。1980年,包玉刚先生给当时的国家领导人写信,"我只有一个要求,纪念我的父亲,我父亲已经八十多岁了,饭店就叫兆龙饭店"。包氏家族捐建的项目,大多以"龙赛"命名,如镇海的龙赛中学、龙赛医院,宁大的龙赛理科楼等,"龙赛"二字,出自包玉刚、包玉书父母名讳包兆龙、陈赛琴。

在宁大，顾国华先生捐建的宗瑞航海楼，以其父顾宗瑞先生的名讳命名；范思舜先生捐资助建的教工活动中心以其父亲范桂馥名讳命名，捐资助建的建工学院大楼以其胞弟范思禹先生名讳命名；朱英龙先生捐资助建的工学院大楼以其父亲朱绣山先生的名讳命名；李达三先生的4位子女以捐建宁大外语学院大楼来庆贺父母李达三、叶耀珍的金婚之喜；李景芬小姐以母亲董玉娣名讳捐设奖学金；张菊英女士变卖家产捐设毛子水先生清寒奖学金以纪念丈夫，等等。

亲情、孝道，这种真情令宁大学子深深地感动。应同学说："我们要有一颗爱人的心，要爱自己的父母，作为子女要孝敬他们；要爱自己的同学，作为班干部要为同学负责；作为未来的小学教师，我们更要爱孩子。"

正是因为"宁波帮"有着这样良好的家庭教育，新一代的"宁波帮"人士追随父辈，既开创事业，又情系故里。在由曹光彪先生出资助建的宁波大学曹光彪科技楼奠基典礼上，曹先生率子孙三代参加，他深情地说："这次我把全家祖孙三代人带来，就是希望他们不要忘记家乡，别忘了自己是宁波人，将来他们要比我更加爱国，更多为家乡出力。"曹光彪先生的长子曹其镛则在宁大专门设立了学生科研奖学金以激励学生进行科技创新。

在宁大学习生活的岁月是短暂的，但是"宁波帮"精神给我们的感染却是长远的，它印在我们的脑海里，流在我们的血管里，它在今后的工作、学习和生活中持续地激励我们去追求成功。

"宁波帮"精神：爱国爱乡、创新创业

宁波大学把"宁波帮"精神概括为"爱国爱乡、创新创业"。我认为这一表述非常准确、非常形象、非常到位，把"宁波帮"的历史特征与时代特色简明扼要地表述出来，突出"宁波帮"区别于其他商帮的最大优势与亮点。

宁波商帮起源于明朝末年，至今有三四百年的历史，是少数几个能长盛不衰的商帮群体之一。对宁波商帮精神特质的概括有许多版本，但以我的眼光来看，还是"爱国爱乡、创新创业"最为深刻、传神。

关于爱国。江泽民同志为宁波大学包玉刚纪念馆题词"爱国爱乡、造福桑梓"，把"爱国"放在第一位。在晚清和民国时期的上海滩，"宁波帮"与洋人的抗争是出名的，两次四明公所血案就体现了宁波人团结御侮的精神。"宁波帮""爱国"篇章中最为亮丽的一页则是 20 世纪八九十年代香港回归之际，在港宁波人发挥了无法估量的作用。包玉刚实际上成为中英联络的重要使者，王宽诚、安子介是香港回归中的重要人物，董建华更是成为首任特首。与其他商帮相比，宁波商帮的爱国精神显得更为生动、更为具体。

关于爱乡。邓小平同志于 1984 年号召"把全世界的'宁波帮'都动员起来，建设宁波"，这是邓小平同志对"宁波帮"爱乡之情的最大褒奖，没有一个商帮群体能让这位世纪伟人这样重视与肯定。宁波商人在外事业有成，都把回馈乡土作为人生责任。如今在宁波，有多少"宁波帮"人士捐助的项目！宁波大学更是海外"宁波帮"人士情系桑梓、捐资助学的生动范本。海外"宁波帮"人士发扬自身的优良传统，以实际行动响应了邓小平同志的号召，表达了对故乡故土的浓浓深情。

关于创新。"宁波帮"是少数几个实现向现代化转型的商帮群体之一，其三四百年长盛不衰的原因在于它有一种求真务实、勇于创新的精神。以银钱业为例，到晚清时期，传统的钱庄与票号都面临着如何向现代银行转型的问题，宁波钱庄则能适应时代变化，逐渐转型，积极参与了中国第一家商业银行——中国通商银行的建立，宁波商人严信厚出任总经理。宁波商人善于学习借鉴，勇于改革创新，不断进军新领域，不断创造新业绩，体现了与时俱进的创新精神。

关于创业。包玉刚先生终生以"勤俭建业、持恒健身"为座右铭，生动形象地体现了"宁波帮"的创业精神。宁波人在创业之初，大多是白手起家，往往靠勤俭持业、艰苦创业而有所成就，在创业过程中，也强调稳健为主，多元经营，不冒大风险，不投机。在创业初成之后，仍保持本色不变，少有奢侈浪费之风，也无竞富夸富之风，在故地也没有豪宅大院，后代中也少有纨绔子弟。"宁波帮"的这一人生态度和生活作风尤其值得敬佩。

宁波大学以"宁波帮"文化节为载体，传承弘扬"爱国爱乡、创新创业"的"宁波帮"精神，是一件值得称道的事，也期待这种精神能影响更多的人，感染更多的人。

镇海"厚德"之源：沈焕的生平与思想

如今，宁波市镇海区正在积极推进厚德镇海建设，提升市民的文明素质与城区的文化品位。建设厚德镇海，要大力传承区域优秀传统文化。南宋淳熙年间的镇海人沈焕，为"淳熙四先生"之一，他倡全县诗礼之教，倡正心修身爱亲敬长，倡设四明义田庄，以其高尚的道德人格与道德实践被镇海南山书院和四明义田庄长期祭祀及立祠纪念，对当时和后世产生了深远的道德影响。

一、倡镇海全县诗礼之教

镇海，古称定海，包括今镇海区与北仑区主要区域。沈焕生于南宗绍兴九年（1139 年），字叔晦，世称定川先生，谥端宪，庆元府定海县崇邱乡沈家山下（今属北仑小港）人。其祖父沈子璘、父亲沈铢，均为进士出身。出生在这样一个诗书之家，沈焕从小便对读书求学充满了浓厚的兴趣。

绍兴三十二年（1162 年），沈焕 24 岁，他在乡举中以第二名的好成绩得中。隆兴元年（1163 年）补国子监，为第一名。在进入太学之后，遇到了陆九龄和舒璘、杨简、袁燮等人。沈焕与舒璘、杨简、袁燮均为四明人氏，被后世称为"淳熙四先生"，是宋代四明学派的代表人物。沈焕先与陆九龄为友，后来为陆九龄的精微学识所折服，于是以师礼事之。他在太学学习期间，认识到师友之间的切磨对提高学识的重要性，首倡师友讲学。他对杨简说："此天子学校，四方英俊所萃，正当择贤而亲，不可固闭。"

沈焕把讲学作为自己的乐趣所在，他于乾道八年（1172 年）登进士第。登第前后曾在定海乡里教学。据1984 年《镇海县志》所载："（沈焕）一度讲学于定海南山书院，倡全县诗礼之训。朱熹曾前来与之问辩探讨理学。"时人誉称"南山沈先生师严道尊"，为"浙中之梁木"。定海南山书院始建于淳熙年间（1174—1189年），位置在今镇海东长营弄一鉴池北，堂额为宋孝宗所题，明朝时曾重建，书院中祭祀沈焕，每年冬至由定海县令致祭。

淳熙九年（1182 年），沈焕因丁父忧，退居乡里，徙居鄞县，应史浩所邀，设馆讲学于月湖竹洲。与其弟沈炳一起教授子弟。后人评曰："其有功于道者，开后学师友讲习之端，得古人相劝为善之义。"沈铢、沈焕父子均以《礼记》之学著称，以此教授乡里，以学行为乡人所称颂。沈焕、沈炳兄弟互为师友，论讲切磨，期与古人同，友爱甚笃，里中言家法者推沈氏。士益信而归之，门人弟子决疑请益者自远而至。由此可见，沈焕父子兄弟在乡里教学，倡诗礼之教，形成了良好的学风、家风，并在乡里产生积极影响。

二、倡正心修身爱亲敬长

道德修养，贵在正心诚意、言行如一。沈焕治学，注重根本，把正心修身作为立身之本，作为从事一切事务的根本所在。他说："吾儒急务，立大本，明大义耳。大本不立，大义不明，虽讨论时务，条目何为？"他将"正心修身、爱亲敬长"作为立身之本并守道而行，终身践履。

他官位虽然不高，但作风严谨、坚守原则，不被官场上的不良风气所影响。淳熙八年（1181年）春，被任命为太学录。关于太学生行艺优劣的考核评价，一直根据考试来决定，但沈焕认为应以誉望作为参考。此论与上司及定法相左，有人劝他姑安其职，不必行道。但沈焕认为，"吾岂不知诡随苟容，自取光宠哉！吾朝夕兢兢，沦胥是忧，故不为也。不愧友朋，去无所恨"。为此，他只任职八十余天，便被迫去职。袁燮评价他："考其平生大节，宁终身固穷独善，而不肯苟同于众。宁龃龉与时不合，而不肯少更其守。"

沈焕认为，君子居其位，必守其道。道之不行，便是自己的耻辱。社会上有些人无视做人的根本，只求个人私利的行为，为沈焕所不齿、所鄙弃。"朝廷之上不言功名大小，则问官爵之崇卑，利禄之厚薄，此何等风俗哉？"沈焕的一生，以忠义自许，砥砺名节，爱国忧君，视官爵为外物，这种气节，为时人所称赞。"行高才全，学富于海，道直如弦。"

他认为学者功夫要从家庭做起，正心修身的功夫要从日常生活做起。他说："昼观诸妻子，夜卜诸梦寐。两者无愧，始可以言学矣。"他对自己的日常言行要求极严。据《延祐四明志》所载，他担心自己性格刚劲不为父母所喜，便在壁上写下"深爱、和气、愉色、婉容"，对壁而省，勉励训诫自己。

士人学子一开始与沈焕相处，总会感觉他面目严冷，清不容物，很难接近，但如果相处久了，就会发现沈焕性格平和，可敬可亲。沈焕对自己的道德修养和践履十分严谨，常能痛下决心，知非改过，日进其德，务本趋实。他的好友袁燮这样评价，"然世之知君者如此而已，至于日进其德，骎骎焉自期于纯全博大者，鲜能知之"。我们今天加强社会公德、职业道德、家庭美德、个人品德建设，也要从正心修身做起，注重道德践履，做到言行如一，这也是沈焕所言所行给予我们的重要启示。

三、倡设四明义田庄

沈焕曾自豪地说："吾乡义风素著，相赒相恤，不待甚富者能之。"楼钥在汪大猷行状中也写道："四明素为义郡，至公而忠厚之风益盛焉。"沈焕是四明义风的积极推动者，是四明义举的积极倡行者。他与史浩、汪大猷等人设立的四明义田庄，影响后世百余年，对于倡导急公好义、扶危济困的社会风气产生了重要影响。

据《延祐四明志》《楼钥集》等所记，淳熙五年（1178年），史浩罢相回归四明里居。不久，奉命通判舒州、待次里居的沈焕，感到当时"乡间有丧不时举，女孤不嫁者，念无以助"，于是向史浩建言，认为临时的抚恤其惠有限，最好能参照史浩在会稽为官时设置义田的成功做法，设置乡曲义田，通过义田的设立取代临时性的救济。沈焕的建议得到了史浩、汪大猷的赞同，并由他来做劝募工作。沈焕不辞辛劳，奔走劝募，诚意感人，四明乡间的大族或捐己产，或输财以买，汪大猷就带头捐献了二十亩。劝募总计获田五顷有余，即五百余亩。每年得谷六百斛，米三之二，买田作屋十五楹于郡城西的望京门内，称为义田庄。义田庄于绍熙元年（1190年）正式运作。

义田庄主要用来推动地方公益事业，恤孤济贫，劝人为善。史浩认为，"是田之设，非止济人之急，而以崇廉耻之风，将使从官者清白自持，为学者专意学业"。王应麟在《义田庄先贤祠记》中说："始忠定（史浩）里居，笃于义，仕者勉以励廉隅，学者劝以修文行，乃为义田以济婚葬。而汪（大猷）沈（焕）二公，比善协心，闻者乐施，共规约密，其给授公，立义以为的，一乡莫不知义。"

义田庄自 1190 年至王应麟撰写先贤祠记时，已有 104 年，而先贤祠纪念史浩、汪大猷、沈焕也有 77 年了。

这种制度化、常态化的公益救济活动，持续了上百年的时间，充分体现了四明地区的良好社会风尚，体现了四明士人高尚的道德行为，也体现了人们对于守望相助、和谐相处的道德追求。沈焕等人倡设的四明义田庄，对整个四明地区，对当时后世都起着非常重要的示范作用。可以这么说，"宁波帮"爱国爱乡、造福桑梓是对四明义风的最好传承与发扬。

可惜的是，四明义田庄创置不久，1191年，沈焕因病去世，时年52岁。但他率先提出并倡设的四明义田庄由汪大猷、楼钥等人接力传承，造福乡里，对于发扬四明义风起到了推动作用。

我们认为，厚德镇海建设，倡导"爱、诚、孝、善"，这是对传统文化的礼敬，是对区域传统的尊崇。我们从沈焕的生平和思想中，可以探寻到镇海的"厚德"之源，也可以感受到"宁波帮"从中汲取的精神养料。倡导"厚德"，就是倡导诗书礼仪崇文尚学，就是倡导正心修身道德践履，就是倡导扶贫济困急公好义，这与今天的道德建设有着内在的契合性，值得我们好好学习总结。

一部爱国创业者传奇

——读谭朝炎教授长篇小说《上海绅士》

20 世纪上半叶的上海滩，洋人、买办、商人、流氓、革命家、投机者，各色人等粉墨登场，上演了一部历史的悲情剧，他们中的绝大多数有如历史大浪中的泡沫，早已消逝无痕，而宁波商帮却在创造上海滩传奇之后，成功实现了自身的转型，并昂首迈入新的历史时期。宁波大学谭朝炎教授在其出版的长篇小说《上海绅士》中，把宁波商帮在上海滩的风云传奇再现出来。

小说定位于宁波镇海蟹浦鲍氏家族，这当然是虚构的，其中主要人物是作者把若干个于上海滩创业的宁波巨商大贾综合而成的艺术形象。与我们通常阅读的宁波商人纯粹的创业故事有所不同，谭教授成功塑造了一个家族的创业历程，特别是把鲍氏家族投身革命与驰骋商场、坚守民族大义与灵活周旋各界传神地表达出来。

这部小说的主题究竟是什么？宁波大学人文学院霁云剧社曾在该书初稿的基础上排演话剧《四明银行

1938》，讲的是抗战初期，工厂西迁，以鲍氏家族为代表的宁波商帮满怀爱国热情，不惜自家产业遭受重大创伤而支持这一行动。因此，笔者把该剧的主题理解为"爱国救国、创业守业"。那么对于全书来说，时空背景虽然更加宏阔，但主题却愈显清晰，那就是"爱国"与"创业"，鲍氏家族的鲍升颐等人是宁波商帮爱国创业者的代表。

鲍氏家族自第一代鲍荣申到上海艰苦创业，到第二代鲍玉昆玉汝于成，再到第三代风云人物鲍升颐、鲍钧颐、鲍恩颐等人的守业与救国，完全是宁波商帮在近代百年的生动缩影，那就是创业必须救国，创业必须创新。

书中的第一主人公鲍升颐是爱国创业者的典范。他接掌鲍氏家族的庞大产业以来，虽然历经挫折磨难，却能在乱世中创业守业。他的人生中有两大勇猛的抉择，一是支持陈其美的革命，二是支持工厂西迁。如果说鲍升颐是一位指挥若定的决策者，那么他的弟弟鲍钧颐则是一位坚定而灵活的执行者。读这部小说，笔者感到，判别大商人与小商人之间的主要标准，不在于事业的大小和获利的多寡，而在于视野的高低与气度的宽狭。

而鲍恩颐的艺术形象，一方面诠释了爱国创业者的形象，同时也从另一个方面解释了宁波商帮成功地向现代化转型的原因。他是进士出身，担任过清政府官钱局总办，按理说是旧势力、旧官僚，而他却因支持陈其美的革命而遭受牢狱之灾，而后则进入德华银行做买办，支持近代工业和金融业的发展。

作者最终把书名定为《上海绅士》，说明了宁波商帮是上海滩风云的主要创造者，书中列举的种种商家实业、社会大事，相当一部分与宁波人相关，书中的许多人物在历史上也实有其人，如书中化学工业社冯秀安，让我们想起了方液仙；书中讲到鲍氏家族资助张寿镛办旦华大学，张寿镛是宁波人，旦华大学则是光华大学；书中罗列的上海闻人虞洽卿、五洲大药房项松茂、三友实业社陈万运等都是宁波人。同时该书也刻画了宁波人的儒雅风范，宁波商人不是只知自私，不顾公益，只知造屋，不知立德的旧财主，而是待人以诚、热心公益、热爱民族的新商人。在书中，作者多次借他人之口称鲍氏家族为代表的宁波商人是东方绅士、中国绅士。

读了这本书，笔者感到这一部"宁波帮"题材的长篇小说，既浓缩了宁波商帮百年创业历程和爱国情怀，塑造了鲜明感人的宁波商人形象，又铺陈了情感的描写

和心绪的抒发，剧情跌宕起伏，充满悬念。这部书既是
一部立意高远的宏篇大作，又是一部精雕细琢的雅致作
品，实在是一部难得的佳作。

第二辑:
"宁波帮"人物

严信厚:近代"宁波帮"的开山鼻祖

朱葆三:中国近代金融业重要开创者

富而好行其德

——读钱茂伟著《一诺九鼎:朱葆三传》

虞洽卿:中国近代航运业开创者

秦润卿:上海钱业第一人

是旧商人,却有新思想

——读孙善根著《钱业巨子秦润卿传》

秦润卿家训:勤俭持家

刘鸿生:实业大王的创业之路

上海滩"名董"金宗城

向金宗城学人生规划

邵逸夫:影视大王的创业之路

邵逸夫先生的养生观

董浩云:船是他的第二生命

一生与海洋结缘

——读《董浩云的世界》

张敏钰：台湾工商界经营奇才

做人要学叶澄衷

　　——读马雪芹著《"宁波帮"的先驱叶澄衷》

宋汉章的处世之道

　　——读孙善根著《金融翘楚宋汉章》

创业成功后的包玉刚

　　——读包陪庆新著《包玉刚：我的爸爸》

从宁波大学龙赛理科楼命名说开去

天命之年仍可创业

　　——读王耀成著《希望之路：赵安中传》

吃得苦中苦，方为人上人

　　——读戴光中著《梦的追求：张济民传》

梦想开启人生

　　——读戴光中著《浙江籍港台巨商》

严信厚：近代"宁波帮"的开山鼻祖

严信厚（1838—1907年），原名严经邦，字筱舫，又字小舫，号石泉居士。清末著名实业家、书法家、画家，浙江慈溪县人。幼年就读于乡里私塾。青少年时期曾在宁波城里当学徒，在上海任小职员，后去杭州做文书。同治初年，入李鸿章幕，后历任补道、知府、天津盐务帮办等。后致力于民族工商业、金融业，开创颇多，于民族实业有诸多贡献。他创办了中国第一批工厂，参与创办了中国第一家银行、中国第一个商会、中国第一家保险公司。"红顶商人"胡雪岩赞其"品格风雅，非市侩比也"，宁波人美誉他为"骄傲的巨子"。他就是近代"宁波帮"的开山鼻祖严信厚。

长芦发迹缘书画

庄桥人杰地灵，由费市、跃进、严家三个自然村合并而成的费市村更是人才辈出。清朝时期，严家出了一个了不起的人物——严恒。严恒曾结合七巧图及书法艺术，独创了"七巧书法"。所著《听月山房七巧书谱》自序"七巧书由来"及书中文字的笔画，实属罕见。严恒还著有《听月楼诗钞》，由曾任吏部尚书的书法家奎俊题写书名。

清道光十七年（1837年），严恒的儿子严信厚出生了。严信厚童年时代，就读私塾，受其父亲的影响和指导，也爱好书画，常临摹名家书法。

少年时代，严信厚像当时其他年轻人一样开始创业，他先到宁波鼓楼前恒兴钱铺当学徒。十七岁时，严信厚来到十里洋行上海滩，在小东门宝成银楼当学徒。他刻苦学习英语和古典诗文，特别钟情于书画，深得芦雁大师边寿民的真传。

一个偶然的机会，严信厚到杭州"红顶商人"胡雪岩开设的信源银楼任文书。严信厚勤学苦练，工书善画，画以芦雁沼泽名。严信厚曾作《题画芦雁》，诗云："暂依秋水宿汀州，终共鲲鹏变化游；衔得一枝输作税，不教关吏苦羁留。"有一次，严信厚将自己绘制的芦雁折扇赠与胡雪岩，胡雪岩收到后，称赞他"品格风雅，非市伶比也"。1872年，胡雪岩将严信厚推荐给当时正督军镇压捻军的李鸿章。李鸿章即委派严信厚在上海襄办转运饷械，后又保荐其为候补道，加知府衔。严信厚曾负责督销长芦盐务。

1885 年，严信厚任天津盐务帮办。随着交往日广，财富日隆，严信厚的经商理财天资得到充分发挥。后来，严信厚还在天津东门里经司胡同自设同德盐号，经营盐业，积聚大量家财。再后来，严信厚将上海寓所定名"小长芦馆"，并纂有《小长芦馆集帖》12 卷，以志其早年发迹于长芦。

机器轧花开先河

宁波是浙江省最早的商埠，更是浙东手工棉纺织业的中心。鸦片战争后，宁波被辟为全国"五口通商"口岸之一对外开放，西方传教士、商人接踵而来，洋货洋布充斥宁波市场，一斤洋纱几乎等于一斤棉花的价值，当时的宁波手工棉纺织业受到沉重打击。

为改变这种被动局面，具有强烈民族自尊心的严信厚几乎绞尽了脑汁。1887 年 3 月，机会来了，严信厚联络专做日本生意的新生泰洋布店老板汤仰高，集银五万两，把地处北郊湾头下江的一个原手工轧棉花的工厂改建为机器轧花厂，挂牌"通久源轧花厂"。

通久源轧花厂使小小的湾头在宁波工业史上写下了重重一笔。通久源轧花厂不仅是宁波的第一家近代工厂，更是中国第一家机器轧花厂。该厂使用日本造的蒸汽发动机和锅炉，厂内建有洋式砖楼，内设轧花间、晾干间、打包间及办事处等。轧花间内安装有 40 台日本新式大踏板轧花机。全厂有工人三四百名，并聘用日本技师指导生产。轧花厂每年从慈溪、余姚等产棉区收购大批籽棉，轧成布棉，大部分运往日本。

轧（棉）花是纺织业的先行，通久源轧花厂开办后，在上海陆续设立有棉利轧花厂、源记轧花厂、礼永和轧花厂等。1897 年，杭州通益公纱厂和萧山通惠公纱厂建成投产，与宁波通久源纱厂并称"三通"，是当时浙江规模最大、设备最先进、在社会上最有影响的三家民族近代资本工厂。以严信厚为代表的"宁波帮"企业家开始在家乡创办通久源轧花厂等首批宁波近代企业，从而开启了宁波经济发展的近代化之门。此后，大批"宁波帮"企业家纷纷效仿"通久源"，在家乡投资兴建了一批水、电、道路等基础设施项目和金融、保险、交通、轻纺等企业，大大促进了宁波社会的近代化进程。

1888 年 8 月 4 日的《捷报》曾提及此事："这件事有它的重要意义。……输进的是一些较大的机器与发动机器的蒸汽所需的锅炉和发动机。……它将是中国为工业制造而使用动力机器第一次成功的尝试。"

强强联手创大业

三江汇流的宁波是中国最早开放的贸易口岸之一。开放带来的商业文明，使宁波人拥有一种闯荡天下的勃勃雄心。

1894 年，严信厚又与周晋镳、汤仰高、戴瑞卿、周熊甫等沪甬巨商富贾集资 45 万银两，在轧花厂的基础上创设了浙江省最早的一家纱厂——通久源纺纱织布局，使轧花、纺纱、织布相连为一，但仍以纺纱为主，亦称"通久源纱厂"。

通久源纱厂在国内首先使用动力机器，生产的"龙门"牌棉纱十分畅销。拥有 1200 多个工人、1.1 万枚纱锭和 230 台布机的纺织厂投入生产后，年产棉纱 1.1 万件，成为洋布的有力竞争者。1894 年 11 月 16 日和 1895 年 4 月 26 日的《捷报》这样描绘宁波通久源纺纱织布局的建立，"一只大烟囱耸立在那里，和城市的宝塔一样惹人注目,强大的机器还在安装,前途充满希望"。该厂还取得一项特权,每年向清政府缴纳7000元"厘税"后,可免除每担七钱(关平银)的关税,直接通过浙海关出口。"龙门"牌棉纱畅销宁波、绍兴、温州及福建各地,生意畅达,获利甚丰,厂内设备也陆续增加,几年后又增产了6000枚纱锭。不幸的是,1917年该厂因清花间起火,遭到重挫。次年,宁波和丰纱厂以24万元的高价,把通久源余烬连同以前用来"包围"和丰的90亩地皮一起买下来。

创建第一家银行

严信厚在民族工商业、金融业的兴办方面,亦有不少开创性的贡献。他曾在天津开设物华楼金店,经营金银珠宝首饰;曾在上海南京路开设了著名绸缎庄老九章,并在天津设分店,久负盛名。他在天津估衣街开设的物华楼和老九章绸缎庄分店,为当时津门首创,吸引了许多顾客,营业十分发达,开办十余年间,积资以巨万计。

1905年,严信厚在上海创办同利机器麻袋厂,参与创办上海中英药房和华新纺织新局,并投资造纸厂、自来水公司、麦粉厂、榨油厂、内河轮船等工业事业,还曾投资兴办锦州天一垦务公司和景德镇江西瓷业公司等。

严信厚曾长期担任上海道库惠通官银号经理，掌管上海道的公款收支。他在上海创办过南帮票汇业中最具声望的源丰润票号，资本银为 100 万两。源丰润票号信用颇高，资力雄厚，在天津、北京及江南各省重要城市设立 10 余处分号，遍布大江南北，形成较为新型的钱庄网络。他创办或投资的钱庄还有上海恒隆、德源，杭州寅源、崇源，汉口裕源，兰溪瑞亨、宝泰，金华裕亨慎和宁波的信源、衍源、永源、五源、泰源、鼎恒、复恒、泰生，等等。为打破当时外国银行独霸中国金融市场的局面，他发起创建中国自办的第一家银行——中国通商银行，引进了国外金融制度和经营管理方式，于 1897 年任该行第一任总经理、总董，并参与创办四明银行和中国第一家保险公司——华兴保险公司。他曾长期担任上海四明公所董事，在 1898 年的四明公所血案中，为抵御外侮而据理力争。

开路先锋众人誉

在近代中国，上海总商会是一个足以控制上海金融贸易和影响全国商业的商人团体。在上海总商会内部，银行公会和钱业公会居于关键性地位，这两个公会控制了作为上海金融和贸易基础的货币、信用和汇兑。

1901年，盛宣怀为了扩张在上海的权势，筹划组织上海商会，严信厚"奉驻沪修订商约大臣盛宫保宣怀札委为总理，周晋镳为提调，驻所办事"，既得到盛宣怀的支持，周晋镳亦是盛宣怀按照严信厚的保荐选派的，于是先前行会性质的同业公所开始联合组成近代统一的商业团体，于1902年成立了上海商业会议公所，这是我国第一个商会组织。严信厚被驻沪修订商约大臣盛宣怀委任为上海商业会议公所首任总理。该所为国内首创，在近代中国有重大影响，故有"第一商会"之称。

会议公所成立之前，严信厚等人做了很多宣传和组织工作。1903年清政府商部成立，公布了《商会简明章程》，鼓励各省成立商会，并给予商会可向商部提出意见及建议的机会和权利。1904年1月清政府正式批准在各地成立商会，严信厚率先遵办，由会议公所筹款1.2万两作为经费，将上海商业会议公所改组为上海商务总会。

从1902年的上海商业会议公所至1904年的上海商

务总会，再到 1912 年的上海总商会，前后十年时间内三易其名，虽然名称更换了三次，但内部人事组织结构却变化不大，商会的领导权始终掌握在"宁波帮"商人的手中。

严信厚是中国现代企业的开拓者，在多年金融、工商活动中，把大批宁波籍人士吸引到自己周围，在金融及工商界形成了一个很有影响、很有势力的"宁波帮"，为"宁波帮"从一个旧式商帮转化成一个举足轻重的近代企业家群体做出了重要贡献，被公认为"宁波帮"的开路先锋，后人称为"宁波帮"开山鼻祖。

热衷公益育后人

致富之后，严信厚热衷社会公益事业，对培养人才和兴办教育亦卓有贡献。严信厚曾捐巨款修筑天津塘沽铁路和宁波铁路，对浙中、安徽、山东等地赈灾都曾捐款。他曾在天津建立浙江会馆，在上海办仁济、广益、元济诸善堂，还捐置田 97 亩、庐舍 18 楹、银 5000 元设立浙江富春义塾等。

故乡宁波更是受到严信厚的青睐，他曾捐资在宁波设清节堂、仁安公所。在费市村举办养正学堂、芝秀义塾、芝田义塾等义学机构及芝生痘局等医疗机构，使族人和姻亲邻里的贫寒子弟得以免费求学看病。严信厚发起创办的储才学堂（1904 年改名为宁波府中学堂），以"革新图强，储备人才"为办学宗旨。在第一批进校的学生中，就有后来成为中国近代物理学先驱的北京大学物理系首任系主任何育杰教授，爱国诗人、曾任《天铎报》主笔和北大教授洪佛矢，北大教授叶叔眉，南社诗人费公直，民国时期曾任财政总长的李思浩等。

（本篇由崔雨编写）

朱葆三：中国近代金融业重要开创者

朱葆三（1848—1926 年），名佩珍。1848 年 3 月 11 日生于浙江定海。朱葆三是一个具有传奇色彩的商界领袖、近代中国上海工商界的风云人物，他靠自己的努力从学徒一步一步成长为上海总商会的会长，为近代中国金融业的发展做出了突出贡献。他于 1926 年 9 月 2 日在上海病逝后，有 50 万人送葬，法租界公董局破例命名朱葆三创办的华安水火保险公司所在马路为"朱葆三路"。

在十里洋行崭露头角

朱葆三的父亲朱祥麟初任浙江平湖县乍甫都司，后调任定海县游击，虽然做这种小武官的收入并不多，但全家的日常生活能有保障，倒也无忧无虑。1859 年，其父开始驻守定海县城，朱葆三与其弟随母亲住在离县城 20 里的东乡北蝉村。14 岁那年，父亲去世，母子三人只得依靠变卖家中不多的东西勉强维持生活。朱葆三的母亲方氏一方面为家中生计所迫，另一方面也想让其子到上海碰碰运气，委托一位宁波熟人将朱葆三带到了上海。

初到上海的朱葆三在一家名为"协记"的五金店铺当学徒。朱葆三吃苦耐劳，手脚勤快，而且勤奋好学，在干各种杂活的同时，用心记住了各种商品的性能、价格及业务知识。他还在单调苦累的学徒生活中，挤时间学习珠算、记账、阅读商业尺牍。

当学徒期间，机敏的朱葆三看到上海是个十里洋场，华洋杂处，洋行势力很大，倘若会几句"洋泾浜"式的英语，与洋人做买卖大有益处。于是，他萌生了学英语的念头。但学英语要请老师，请老师就得付学费。即使只是晚上到实习学校上英语课，每月也需要缴付3元钱。对每月工钱仅5角的朱葆三来说，根本付不起这笔学费。然而他并不灰心，当得知邻近店铺的一位学徒每晚到实习学校学习英语时，他就找到这位学徒，倾其每月全部工钱，诚恳地请求这位学徒教他学英语，最终如愿以偿。

朱葆三的机敏和勤奋得到老板的赞赏，破例让他先后当跑街、进货员、会计员。1864年，朱葆三17岁，"协记"的总账房去世，老板将他升为总账房兼营业主任。

3年后，"协记"的经理也去世了，他又升职为经理。

1878年，"协记"老板病死了，家中子女年幼，无人继承，只得把店关掉歇业。朱葆三萌发了自己开店的念头，他用历年积蓄，再拉一点股子凑成5000两资本，在上海外滩新开河开了一个单开间门面的慎裕五金号，取名"慎裕"，寓"吃剩有余"之意。在颇晓经商之道的朱葆三的经营下，"慎裕"生意十分红火，利润甚为可观。

慎裕不同于协记，专营建筑所用的大五金。十里洋行，当时正起步兴建。朱葆三是行家里手，店伙又全是精心挑选的有用之才，请来富有经验的顾晴川当总账房。顾晴川为人精明，民国外交名流顾维钧就是他的儿子。朱、顾联手，改变以往"守株待兔"式的专靠门售办法，主动承接大建筑包工头批销。"店小生意大"，不到两三年，搞得红红火火，几千两银子的股本，一年中做出了几十万两的买卖，这在上海滩成了新闻。朱葆三由此掘得了"第一桶金"，引起了上海中外客商的注目。

在早期经营中，青年朱葆三就注意物色卓然超群的人才。"慎裕"挂牌不久，他闻悉顾晴川精通账务、德才兼备，马上通过熟人礼聘他为"慎裕"总账房，掌管全店账务。"慎裕"兴隆了，但才情卓越的朱葆三并不满足于眼前小富即安的小康经营。他领悟到要在十里洋场、强手如林的大上海站稳脚跟并把事业做大，光埋头自己那个经商小圈子是不行的，必须编织一张有利于经商发展的关系网。

他首先把结交那些经营有方且有一定社会地位的人士选为突破点。清末上海著名企业家叶澄衷是朱葆三结交的一个挚友。此人系浙江镇海人，14岁到上海，后来一次偶然的机会结识了美孚洋行"大班"，从此平步青云，开设老顺记五金店，经销美孚汽油，从中积累了巨额资本。叶澄衷比朱葆三大8岁，"老顺记"开业比"慎裕"早16年。与叶交往中，朱葆三从他的发迹轨道中得到了启迪。在叶的劝告和支持下，朱葆三将"慎裕"从新开河迁移到商业闹市区四马路（今福州路）13号，这所大厦是叶所置地产之一。新"慎裕"的气派和规模顿显改观，朱葆三的身份和名望也随之攀升。此后朱葆三经营范围逐步扩大，一跃成为申城巨贾显贵，其崛起的过程与叶澄衷极为相似。

朱葆三另一位莫逆之交是袁树勋，系湖南湘潭人，曾在上海县衙中任主簿。20世纪初，袁树勋在政界步步高升，先后出任苏松太道、江苏按察使、顺天府尹、民政部左侍郎、山东巡抚、两广总督。袁任苏松太道时，朱葆三忍痛割爱，将手下得力的财务总管顾晴川推荐给他，担任道台衙门的会计员兼争库出纳。朱葆三这一招妙棋让他后来获得一笔普通商人梦寐以求的收益。当时，苏松太道经手庚子赔款，款项由各通商口岸海关关税等收入作担保。朱葆三通过袁树勋身边的顾晴川，经手这笔在交付给上海口岸海关之前先由上海道库暂行保管的巨额赔款，拆放到上海钱庄里去生息。袁上缴的利息以官利计算，而钱庄利息一般都高于官利，中间的差额则归于袁树勋、顾晴川和朱葆三。与此同时，朱葆三开设的"慎裕"也就成为当时上海众多钱庄要求拆款的追逐热点。每天清晨，地处福州路的"慎裕"二楼会客室高朋满座，那些钱庄"阿大先生"（经理）竞相等候朱葆三拆放头寸，"慎裕"由此成了当时掌控上海各钱庄拆放权的"领头羊"。

朱葆三长袖善舞，既与袁树勋、顾晴川共享巨额经济利益，又提高了自己在工商界和金融界的地位。值得一提的是，上海各银号和钱庄利用这笔公款经营存放业务，推动了上海金融市场的运转、流通和调剂，促进了上海工商业的发展。

上海开埠之后，各国洋商纷至沓来，开办洋行和银行。为便于与中国本土商家进行贸易和开展相关活动，洋行和银行都需要聘请中国人做买办。朱葆三未曾想过要担任买办，但垄断上海打包业务并兼做皮革进出口贸易的英商平和洋行选中了朱葆三。朱葆三当然明白兼任买办职务有利于发展自身的业务，遂满口应允。自此之后，朱葆三的家庭即成为买办之家，他的四个儿子都曾担任过买办。朱葆三尽管做了买办，但很在乎中国人的尊严，他不住租界，也不去洋行上班，洋行有事，总是洋大班到慎裕五金商行找他商议。每年朱葆三只去洋行一次，就是洋人的圣诞节。

成为上海金融工商巨擘

周转庚子赔款让朱葆三对金融产生了浓厚的兴趣，但真正进入近代意义上的金融业，要等到1897年。

1897年，清政府以官商合股方式开办的中国第一家新式银行——中国通商银行在上海成立，创办人是财政邮电大臣、商行大臣盛宣怀。银行一成立，盛宣怀便聘请朱葆三、叶澄衷、严信厚、张振勋为董事，他们都是上海商界的头面人物。朱葆三以商股大股东身份出任总董，另一位"宁波帮"商人严信厚出任总经理。中国通商银行还是我国第一家发行纸币的银行。银行设在上海外滩7号，在摩肩接踵的洋行丛中，居然有了一家中国人开的银行，朱葆三的名字也震动了上海。

1907年，他作为主要发起人之一，参与投资创办浙江兴业银行，这是我国最早的商办银行之一。1908年，他又与人创办了四明商业储蓄银行（简称四明银行），这是我国创立最早的商办银行之一，朱葆三出任董事长。银行的发起人、主要投资者和管理者均为宁波籍旅沪巨商。1909年，清浙江省衙门改官钱局为浙江银行，朱葆三是商股第三大股东，任该行董事。1912年，浙江银行改名中华民国浙江银行，朱葆三任总经理，但所任时间不长。

1911年，陈其美、朱葆三等人在上海组织成立中华银行，原为配合辛亥革命军需的金融机构，总董事者为孙中山，朱葆三任常务董事，后任董事长。1912年奉令管理军用钞票。1915年完全商办，改名中华商业储蓄银行，朱葆三出任总董。

此外，他还投资了江南银行（1922年，朱葆三曾出任江南银行董事长）、中孚银行、中华懋业银行（是历史上中美合资的第一家银行，朱葆三以上海总商会会长的身份列名中方发起人）、浙江实业银行等，朱葆三堪称中国近代金融业的开拓者之一。

伴随着银行业的拓展，朱葆三开始涉足上海近代保险业，在中国近代金融事业上用力更多更深。1905年，华兴保险股份有限公司由朱葆三、傅筱庵、严信厚、周金箴等人在上海创设，总公司设于静安寺路，在杭州、宁波、南京、营口、镇江、温州设代理处。董事长傅筱庵，总经理厉树雄，资本50万元，经营火险和汽车险。

同年，华安水火保险公司由朱葆三发起创办，朱任总董，这是近代中国创办较早的民营保险公司之一，后为股份有限公司。资本金60万元，分4万股，每股15元。董事长沈联芳，总经理傅其霜，经营水险、火险、汽车险业务。

1907年，朱葆三创办华成保险公司。同年，朱葆三创办中国第一家保险业团体——华商火险公会，并任会长。1912年，朱葆三投资华安合群保寿有限公司，并担任董事。1921年，中易信托公司在上海创办，是我国第一家信托公司，朱葆三任董事长。

朱葆三还投资轮船航运业。1897年，朱葆三联合同乡李云书等人发起创设东方轮船公司。1906年在上海创设越东轮船公司，1915年又创办了镇昌轮船公司和顺昌轮船公司，1918年再创同益商轮公司。后将这四个公司合在一起组成朱葆三航运集团，共有六条轮船，航行于长江、浙闽沿海、上海至浙江沿海。除此之外，朱葆三还曾投资舟山轮船公司、宁绍轮船公司等多家航运企业，在其中担任董事长，或出任总经理、常务董事等要职，成为航运业的巨擘之一。

朱葆三广泛投资工商和公用事业。从1897至1923年，由朱葆三创办或参与投资的工商业方面企业有上海大有余榨油厂、同利机器纺织麻袋公司、丝织公司、华商水泥公司、和兴铁厂、龙华造纸厂、中兴面粉厂、立大面粉厂、上海绢丝厂、华丰造纸厂、上海第一呢绒厂、上海水泥公司、宁波和丰纱厂、江苏海洲赣丰饼油厂、上海祥大元五金号、柳江煤矿公司、长兴煤矿公司、马来西亚吉邦橡胶公司、定海电器公司等；公用事业方面有上海华商电车公司、上海内地自来水公司、舟山电灯公司、广州自来水厂和汉口利济水电公司等。

到20世纪20年代，朱葆三兴办实业涉及的领域包括五金、钢铁、航运、金融、纺织、水泥、造纸、榨油、保险等，构建了一个庞大的企业群体，其中有不少属于开创性的企业。他在这些企业的总投资额达到规银二三百万两，成为当时国内金融实业界众所瞩目的巨头之一。

总的来看，朱葆三投资顺序是通过经商办实业到发展金融业，再转回来支持工商业进一步发展。由于他是白手起家，原始积累较少，在创业中以参与投资、合伙为多，独资企业较少，投资比较分散。

上海道台一颗印，不及朱葆三一封信

朱葆三之所以享有如此高的声望与地位，除了他创办众多企业具备了很强的经济实力之外，还在于他积极参与工商界各项公共事务，在许多有影响的社会活动中发挥了重要的作用。

商会是清末成立的新式商人社团，上海商会又是全国成立最早、影响最大的商会，号称近代中国"第一商会"。上海商会的前身上海商业会议公所于1902年创立时，朱葆三即担任总董要职。1904年上海商务总会正式建立，他又出任协理（副会长）。民国时期上海商务

总会改组为上海总商会，朱葆三接连担任数届会长，成为名副其实的上海商界领袖。

1916 年，中华全国商会联合会改选，他当选为这一全国商界最重要社会团体的副会长。这表明朱葆三不仅在上海商界，而且在全国商界都颇具威望与影响。凭借商会这个重要的舞台，在清末和民国时期许多重要事件发生时，朱葆三都作为商界代表人物出面表达商界意愿并开展相关社会活动。

朱葆三还曾在辛亥革命时期担任重要职务。辛亥革命光复上海之后，革命党人于 1911 年 11 月 7 日建立了地方革命政权——沪军都督府。初建的沪军都督府面临严重的财政困难，都督陈其美等领导人为了缓解财政危机，考虑到朱葆三与金融界联系密切，遂公举他为财政部长。朱葆三临危受命，在担任财政部长期间不领薪水，纯尽义务。

辛亥革命前，上海道库公款存于各钱庄，上海道台刘燕翼在上海光复后躲避到租界，并将存折交外国领事，不让沪军都督府提用。各钱庄以无存折为由，拒绝向都督府付款。情急之下，陈其美将上海钱业会商处总董事朱五楼扣留，导致与钱业的关系十分紧张。关键时刻，朱葆三多次出面斡旋，上海钱庄同意由朱葆三核给收据，先后向沪军都督府提供现金 36 万两，从存于钱庄的上海道库公款内抵付。当时的上海曾流行这样一句话："上海道台一颗印，不及朱葆三一封信。"除此之外，朱葆三还帮助沪军都督府从多家外资和华资银行取得借款，并获得工商各业的许多捐款，使沪军都督府渡过财政危机。

在商海打拼成为上海商界领袖的朱葆三，越来越感受到民族兴旺发达的重要，所以他除了兴办实业外，还大力兴办教育。从担任买办开始，他经常与洋人接触，当中德两国政府支持在上海建立德文医学堂（同济大学前身）时，他便大力支持，并以上海商务总会协理的身份出任首任华董，表现出了一个中国商人的远见。此后，他一直与这所学校同舟共济，直至去世。

他晚年致力于社会公益事业，先后创办和投资的社会福利事业有中国红十字会、华洋义赈会、济良所、广义善堂、仁济善堂、惠众善堂、四明公所、定海会馆、四明医院、吴淞防疫医院、上海公立医院、上海孤儿院、新普益堂、普益习艺所、妇孺救济会、同义慈善会、联义慈善会、贫民平粜局、上海时疫医院等。除了参与创办德文医学堂外，他还创办了定海公学、尚义学校、宁波益智学校等。

富而好行其德
——读钱茂伟著《一诺九鼎：朱葆三传》

关于早期"宁波帮"代表朱葆三，留下了许多说法、雅号或遗迹，至今仍为后人追念。最有名的一句话是"上海道台一颗印，不及朱葆三一封信"，说明朱葆三在上海滩的影响力和信誉度；有一个雅号"买办中的买办"，流传于定海的《挖花调》唱词中"牛头朱葆三，平和当买办"，许多宁波籍买办是通过他引荐的；他死后，租界的一条小马路被命名为"朱葆三路"（今为上海溪口路），这是上海以中国人命名的第一条马路。

朱葆三（1848—1926），名佩珍，定海（旧属宁波府）人。14岁赴上海做学徒，1878年自设慎裕五金号和新裕商行，从事进出口贸易。1890年起长期任英商平行洋行买办。辛亥革命时期担任沪军都督财政总长，之后历任上海总商会会长、宁波旅沪同乡会会长等职，参与创办了众多的工商企业、金融企业和公用事业。朱葆三是"宁波帮"重要人物，他的人生历程体现出了"宁波帮"

创业的基本轨迹，而他"富而好行其德"的作为更使他成为"宁波帮"的优秀代表。

由宁波大学钱茂伟教授与宁波天一阁博物馆应芳舟先生撰写的《一诺九鼎：朱葆三传》是属于史学范畴的人物传记，2008年2月由中国社会科学出版社出版。全书史料翔实，叙述清晰，勾勒了朱葆三创业、处世、为人的全景，让我们对这位"宁波帮"知名人物留下深刻的印象。其中最让我感慨良多的是朱葆三"富而好行其德"的菩萨心肠。他七十大寿时，就有人送上一副寿联"南海普陀，公是诸天佛子；东方曼倩，人称陆地神仙"。

近现代"宁波帮"人士有一个共同的优点，就是创业成功后，回馈故乡，报效社会，乐于从事扶贫济困和慈善公益事业。从早期的叶澄衷到晚期的邵逸夫，莫不如是。朱葆三也是其中的杰出代表，他的为人处世之道也成为后辈"宁波帮"学习的标杆。阅读《一诺九鼎：朱葆三传》，笔者在以下几个方面对朱葆三产生了深刻的印象。

一是乐于助人、相互提携，这是朱葆三走向创业成功的重要因素。朱葆三在创业过程中得到宁波同乡叶澄衷的大力帮助，叶氏不顾"同行是冤家"的忌讳，邀请

第二辑：「宁波帮」人物

同样经营五金业的朱葆三到他新买的大楼营业，使朱葆三获利更加丰厚。同样是在叶澄衷的引荐推举下，朱葆三成为上海英商十大洋行之一的平和洋行的买办。事业有成后，朱葆三也同样引荐宁波同乡到各大洋行当买办。

朱葆三好结交朋友，为人热情，人缘好，逐渐建立了广泛的社会关系和人脉资源。人脉变商脉，朱葆三一诺九鼎的社会影响力，使他的名字成为金字招牌，有他参与或入股的企业得到社会极大的认同和信任。一些民族资本企业为了扩大影响，招徕资本，就借重朱葆三的名声，请朱葆三出任发起人。从朱葆三从事的工商活动来看，他的投资面非常广，但实际资本还是有限的，不排除一部分是借重朱葆三的名声而请其担任董事等职。

其二，朱葆三有一颗热心公益、对社会事务当仁不让的责任心。《一诺九鼎：朱葆三传》称其为"一个关注社会事务，一身侠气，富有正义感的社会贤达"。朱葆三担任过上海总商会会长（1915—1920）和宁波旅沪同乡会会长（1921—1926）等重要职务。他利用自己深厚的人脉资源和雄厚的经济实力，以强烈的社会责任意识，在社会活动、公共事务、商业纠纷中起调解作用，不但架构起工商界和政府沟通的桥梁，而且在华洋杂处的租界游刃有余。

由于朱葆三讲求信义、主持公道、言出立断，给人"朱先生公正，不会欺负我们"的可亲、可信任的感觉。"其处理各事，以公正言诚挚为主，故为全国商会所推重。"他牵头调解了许多社会事务，赢得了社会的尊重，也为他拓展事业创造了良好的环境。1904 年，他调解了"周有生案"；1905 年，他参与调解了"大闹公堂案"；1914 年，他主持调解了"甬兴"轮事件等。

朱葆三虽然捐得二品衔候补道，但他与大多数"宁波帮"企业家一样，对从政兴趣不大，而是积极利用工商活动有关的社会资源。他与提任两广总督的李兴锐关系甚笃，但谢绝随李做官。朱葆三的好友袁树勋 1901 年起担任上海道台，次年他受邀担任上海道署总账房，负责庚子赔款的保管存放业务，掌握上海公款存放处置之权，使得他大大提升了在金融界和实业界的地位，这也为他一诺九鼎的社会知名度打下基础。辛亥革命后，陈其美拟提用上海道台存放在各钱庄的庚子款，受到种种阻挠，最后朱葆三以个人信誉担保，发函请各钱庄划款，于是就有了"上海道台一颗印，不及朱葆三一封信"

的说法。

第三，朱葆三认为积财不如积德，乐于从事慈善公益事业。朱葆三自己生活俭朴，但对于社会公益事业非常热心，他对后代讲得最多的话是"做人要重德，不要重财"。他关注家乡定海的救灾活动，也关注北方的灾害，如参与组织河南驻沪义赈会、湖北义赈会等，为之不遗余力募捐灾款，凭自己的声誉和威望，号召绅商捐款，为此清廷赏其"勇于为善，乐善好施"匾额。在辛亥革命前，由于朱葆三工商业起步不久，财力不显雄厚，限制了捐赠力度，所以主要开展施舍为主的救助活动。辛亥革命后，由于军阀争雄征战，政府财政不足，无法为社会提供足够的资金来履行社会救济责任，以朱葆三为代表的工商实业界和金融界人士担当起时代的使命，依仗自己的满腔爱心和雄厚财力，积极从事扶贫济困的慈善公益事业。据统计，朱葆三在 1915 至 1925 年间在上海 23 家慈善机构担任董事以上职务。

"积财不如积德"，"财富赚之于民、用之于民"等观念是有爱心和责任感的企业家的理念。在这一点，朱葆三比同时代的其他人更加积极主动，并与具有相近人生选择的"宁波帮"同道共同塑造了良好的社会风气。

《一诺九鼎：朱葆三传》为我们阐释了一位实业家创业成功的必备要素，也为我们规划了创业成功后的必然选择。一个人，无论是从政、经商还是治学，立人以德、待人以诚都是第一位的。书中说，"朱葆三事业上的成功，最显著的特征是做事先做人"，"富而好行其德"正是朱葆三做人做事的鲜明风格。

虞洽卿：中国近代航运业开创者

虞洽卿，1867 年生于浙江镇海龙山（现属慈溪市龙山镇），1945 年卒于重庆，是近代中国航运界巨子。这是一个近代历史上颇有争议的人物，但不管其阶级属性、政治立场如何，他作为上海滩的"闻人"，在中国近代航运业上的贡献却不可小视。我们在回顾虞洽卿参与中国近代航运业的过程中，可以感受到他抢抓机遇、勇于创业的品格，也可感受到他与外商竞争和投身抗战的爱国精神，感受到他热爱家乡、造福桑梓的嘉言义行。

主持创设宁绍商轮公司

在沙船航运基础上，"宁波帮"创办了近代民营的航运业，其中著名的商人有虞洽卿。1909 年虞洽卿集资创设宁绍商轮公司，资本 100 万元，实收资本 28 万元，先后购置了"宁绍""甬兴""新宁"三轮。为反对太古、立兴两大洋行在沪甬航线上垄断客货运输，抬高运价，这家公司在初期亏蚀的情况下，仍坚持在沪甬间行走轮船，打破了外资轮船公司对我国航运事业的垄断，并进一步发展，开辟通往汉口的航线。宁绍商轮公司是我国当时最重要的民营航运公司之一。

自清道光以后，外商轮船便出现在中国的沿海航线上。至19世纪末20世纪初，我国最主要的一些航线都掌握在外国人手中。虽然有政府支持的轮船招商局始终在与外资轮船公司竞争，但实在是力不从心。以沪甬线来说，1907年，该线有太古、东方两家外轮公司派船行驶，招商局虽然亦有船派驶该线，但已与他们签订了齐价合同，只能被牵着走。以太古为首，该航线任意抬高票价，来往沪甬百姓大受其害。据说当时虞洽卿曾与三家公司谈判，要求他们降低票价，否则将自办轮船公司以图抵制，但对方只是一笑置之。于是虞洽卿会同严信厚等甬籍绅商发起筹办轮船公司。1908年5月，虞洽卿等人以每股5元，集资40万元发起成立由宁波人组织的宁绍商轮公司。宁绍公司额定资本总额为200万元。以所购轮船介入沪甬航行，与招商局及外商轮船公司展开竞争，得到宁绍同乡的广泛支持。两个月后，第一期股本14万元收齐，依商律开股东会议，虞洽卿被选为总理。1909 年 7 月 9 日，宁绍公司的"宁绍""甬兴"两轮正式下水，换班航驶于沪甬间。

为了与外商轮船公司竞争，公司降低票价，但外商公司也随之降价，同乡闻讯后，组织航运维持会对公司进行贴补再度降低票价，终使外商公司退出竞争，宁绍轮船公司就此站稳了脚跟。

虞洽卿担任宁绍公司总理职务直至 1917 年。这期间，宁绍公司不但抵抗住了外商轮船公司的倾轧，而且规模不断扩大，并打入了由外资严密控制的长江航线，成为一家实力雄厚的民族轮运企业。

创建三北轮埠公司

1913 年，虞洽卿为便利家乡物产运输，购置了一艘小轮"镇北"号行驶于龙山、镇海间，独资在家乡龙山创办"三北轮船公司"。1914 年，正式创办"三北轮埠公司"，其宗旨是"便利商人旅行，振兴小民生计起见，原非专为贸易"。建造龙山码头之缘由，虞洽卿有过说明："吾甬土产出口，因通商口岸关系，须纳出口税，其可以作为内地口岸者，仅为悬岛之定海，及穿山两埠，而穿山不能容火轮入，故经营龙山轮埠。"可见，虞洽卿为方便乡亲是不吝资财的。

公司创办后，最初两年发展并不快，虞洽卿还担任着宁绍商轮公司总理，仅以"镇北""慈北"轮行驶于宁波、镇海、沥江、龙山一线，衔接宁绍公司沪甬航线。1916 年，公司购入"姚北"木轮，又投入上述航线。其中"镇北"轮，90 吨，钢壳平底，行驶于龙山至宁波间；"慈北"轮，120 吨，行驶于舟山与宁波间；"姚北"轮，97 吨，行驶于沈家门与宁波间。

虞洽卿因承租宁绍公司的甬兴轮，转租给洋商，大获暴利，与该公司董事会发生龃龉，于 1917 年被撤去宁绍商轮公司总经理职务，从此退出宁绍公司，全力经营自己兴办的航业。虞洽卿利用其在荷兰银行当买办等有利条件，通过增加资本，扩大规模，船只陆续增多，航线扩展到长江、南北洋沿海和南洋群岛一带。

三北轮埠总公司设在上海，分公司设在宁波、镇海、龙山、舟山沈家门、天津等地，小轮船可以从龙山出发，直抵宁波、上海，三北地方的土特产借此可以输往外地，有力地促进了家乡的经济发展。后来，又在上海增购远洋客货轮、长江客货轮，建立机修厂，使三北轮埠公司发展成为我国最大的民族航运企业，到抗战前夕，已有大小船只 82 艘，总吨位 9.1 万吨。

虞洽卿在伏龙山下建码头、铺铁路、购轮船，同时引进了电报、电灯和自来水，为龙山镇赢得了"浙江第一村"的美誉。三北轮埠公司旧址，当地称为"下码头"，在虞氏的公益事业中，可算是最大的工程了。它起自天叙堂，沿着门前镇龙浦直抵海边，全程铺就的基石全部开采于伏龙山脚下。费时三四载，总耗资 80 万元。龙山码头工程于 1914 年完成，由上海营造厂工头承包建筑。码头筑在 1.5 里外的海上，工人们先填海筑堤，再在堤上修建铁路。1916 年，为便利三北轮埠公司营业，虞洽卿又在轮埠上铺设电轨，设"龙山铁路"，并把 1910 年在南京劝业会场用过的轻便火车运到此地行驶，有 5 节小火车，以便装载来往的客、货。筹筑期间，虞洽卿曾先后 3 次亲临工地督察指导。

同时，他又在龙山办电报局，由龙山直至甬上，竖杆 496 支，计程 58 里。电话通宁波、镇海和观海卫、范市，除三北公司业务使用外，山下居民可以免费借打。电报局覆盖东起蟹浦镇，西止范市，除公司业务外，也可为居民服务。电报局内附设邮政代办，送报员兼邮递员。为在能源上有保障，虞洽卿还在电报房旁边办起了小型火力发电厂，以提供码头及其他设施所需电力。建立"龙山通惠"银号，提供金融服务。建立保卫团，负责地方治安和消防。这些让人耳目一新的事物，正是三北现代交通、通信、金融、电气业的开端，极大地开拓了人们的眼界。

成为中国最大私营航运企业

第一次世界大战期间，外商轮船回国，一时船少货多，三北公司获利很大。虞洽卿再为三北公司添资百万，购置江轮五六艘，发展沿海及长江中下游航线。1915年，独资成立鸿升公司，资金30万元，并兴建码头堆栈。到1916年，三北公司买进了"宁兴轮"，参加沪甬航线，公司的资金从20万增到100万。1917年由其子出面创办"宁兴轮船公司"，拥有轮船2艘，行驶沪甬线及长江下游航线。1917年变卖大量房地产作为"三北"的资本，并盘下英商"鸿安轮船公司"，经营南北洋航线。至1918年，三北航业集团（包括鸿安、宁兴、鸿升）产业共值500余万元，均为他独资经营。

一战结束后，欧美轮船重返中国，沿海运力增多，竞争激烈，运价暴跌，许多轮运公司亏累不堪，经营困难，几难维持。虞洽卿设法改善经营管理，低价出售吨位小、亏损大的旧轮，利用其荷兰银行买办的身份向银行贷款，更新船舶，增辟航线，一面与外商对抗，一面扩充了自身实力。到1919年，三北公司资本增到200万，后来又增到250万。以后盘进肇成机器厂，改名三北轮埠公司机器厂，专门修理三北、鸿安、宁兴公司的船只，也能制造一些小型船只和拖轮铁驳及长江各埠的浮码头趸船。他利用四明银行的贷款，购买旧轮翻新再进行抵押借款，由此规模逐渐扩大，1921年三北航运集团已拥有18条轮船，行驶上海—天津、大连—福州、上海—广州三条航线。

1927年起，虞洽卿担任航业公会理事长。1929年，得到当局批准两次发行公司债券，资金来源较之前充实。其所经营的沿海航线也随之扩展，北达青岛、烟台、威海、天津、营口、大连，南至宁波、福州、香港。远洋航线直达安南（越南）、暹罗（泰国）、缅甸、印度及南洋各埠，分公司遍布长江各埠及沿海天津、青岛、福州、宁波等地。至抗日战争前，虞洽卿三北航业集团已发展为国内规模仅次于招商局的一家航运公司，跃居中国三大民营航业（重庆民生公司、烟台政记公司、上海三北公司）之首位。

抗战时期艰辛创业

在抗日战争时期这样一个中华民族最危急的时刻，虞洽卿作为上海市商会会长、宁波同乡会会长，带头投入抗日救亡的潮流中，通过参加援助海外华侨组织，宣布对日经济绝交，组织抵制日货运动，拒绝日军的拉拢，维护了自己的民族尊严，为中国的抗日救亡事业做出了重大贡献。而他的三北轮埠在期间也做出了巨大牺牲，并发挥了巨大作用。

抗战前夕的 1935 年，当时的三北轮埠公司已经拥有轮船 65 艘，共 9 万余吨，占当时全国轮船总吨位的 13%。1937 年卢沟桥事变爆发后，中国进入全面抗日战争。不久，上海、南京先后沦陷。三北公司在战争中受到了巨大损失，有 3 万吨船被政府征用炸沉，用来封锁江阴要塞，另有 2 万吨行驶长江的船，因吃水较深，不能进入长江三峡，又因江阴堵塞不能回到上海。留在上海的 4 万吨船，一时也无法活动。

"八一三"事变后，日军封锁了上海沿海交通，中国轮船不能在自己的沿海航线上行驶。虞洽卿经营的三北轮埠公司留在上海的 4 万吨船队承担了特殊任务。经意大利驻沪领事的同意，这 4 万吨船队，挂上意大利国旗航行，以完成输送难民、接济粮食、疏散物资、流通资源等任务。同时，虞洽卿借自己是上海难民救济会理事长之便，借战时上海租界粮食紧张之机，募集大笔款项，用三北轮埠公司轮船到西贡、仰光运大米到上海，获利颇丰。此外，他向香港汇丰银行借款，在香港向挪威华伦洋行购进 3 艘远洋轮船，以"华伦银行"代理的名义，让这 3 艘远洋轮船挂上挪威和巴拿马国旗搞运输。这样，虞洽卿经营的三北公司船队重又活跃起来。

1941 年夏，虞洽卿经陆路到达重庆。一路上，他看到陆上运输在大后方的重要地位。到重庆后，即与王晓籁、朱联馥等组织"三民运输公司"，经营水陆运输，水路有原三北轮埠公司在川江行驶的几只轮船，陆路是汽车运输。以后，他到昆明与龙云接洽，和西南财阀缪云台合资开办了"三北运输公司"，购到美国道奇牌卡车 3 百辆，从缅甸仰光贩运国内很需要的汽车零配件、五金器材等到四川。虞洽卿还弄到一张蒋介石的"手谕"，写明此即"抢运物资"，沿途军警不得加以留难。这样，虞洽卿在自己获利的同时，对抗战中促进物资流通做出了贡献。

1945 年 4 月，虞洽卿因患急性淋巴腺炎，医治无效，于 26 日在重庆逝世，终年 78 岁。在弥留之际，他嘱赠黄金千两给国家，以支持抗战。

秦润卿：上海钱业第一人

2007 年 10 月，中国社会科学出版社出版了宁波大学孙善根博士所著的《钱业巨子秦润卿传》一书，全面展示"上海钱业第一人"秦润卿的创业经历和经营理念。复旦大学余子道教授在序中写道，"在中国传统的钱庄业向新式银行发展的过程中，秦润卿是筚路蓝缕、披荆斩棘的一位先驱者"。秦润卿（1877—1966 年），名祖泽，晚年号抹云老人，慈溪（今江北区慈城镇）人。15 岁进钱庄当学徒，开始了钱业生涯。1920 年秦润卿当选为上海钱业公会会长和上海总商会副会长，又先后出任中央银行监事、上海交通银行经理、四明银行常务董事、上海垦业银行董事长和上海银行公会理事等职。抗日战争爆发后，秦润卿辞去各种社会职务隐居。抗战胜利后，复任上海钱业公会理事，1947 年被推为全国钱商业同业公会联合会理事长。新中国成立后，曾任公私合营银行上海分行副董事长、上海市政协委员。

经营福源钱庄取得非凡业绩

　　1891年，15岁的秦润卿由表叔林韶斋介绍，到上海协源钱庄学做生意。这家钱庄由苏州典当业巨商程卧云（1805—1882年）的孙子程觐岳（1858—1923年）所办。当时，钱庄里伙计分为多个档次，学徒是最低的一档。秦润卿从当学徒开始，干的都是杂活，诸如打扫店铺、刷洗碗盆、收拾饭具、擦净灯罩等，对于这些繁重的工作，他都乐于承担，努力去做。每天早晨他总是第一个起床，晚间从不外出游荡，而且善于抓紧时间学习，晨则习字，晚则学算，从不怠忽。两年学徒期内未曾回乡，待人接物敦厚谦恭。他的这些表现，既受到众人的称赞，也引起店主的重视。

　　学徒期满后，他逐步升职，先后由账房、信房升至外场（俗称跑街）。外场在钱庄中处于重要地位，其职责主要是在外面招揽生意，接洽存款业务，直接关系到钱庄经营的成败。秦润卿任外场几年，不仅始终恪尽职守，而且注意在实践中积累经验，提高自己的业务才能，还善于约束自己，从不接受非分之财。因此，深受客户信任，由他经办的业务，未曾发生过"倒账""滥账"

等情况。一次，他只身往烟台、营口等地收账，途经山海关、秦皇岛，一路上土匪绑票极多，而他却历尽艰险，耗时半年，安全返沪，将数十万两银子的账款交给店东。店东对他的才干与品德十分赏识，决定把钱庄内的资金悉数交给他经营，并破格委任他为副经理。

19 世纪末 20 世纪初是上海钱业发展较为兴盛的时期。在此期间，秦润卿所在的协源钱庄曾有过多次变革。1893 年协源改组为协大钱庄，1897 年改组为延源钱庄，1906 年改组为豫源钱庄，1919 年再改组为福源钱庄。

此时同行业中有的老板已看中了秦润卿这个人才，想把他挖走。福源钱庄店东程觐岳不仅诚心把秦润卿留下来，聘他为经理，尔后还把自己属下的另两家钱庄（福康、顺康）也托付给秦润卿管理，使他实际上成了程氏集团三大钱庄的"总裁"。为了不辜负程氏集团的信任，秦润卿在钱庄经理任职期间十分重视对旧式钱庄实行改革，使之顺应时代的潮流。他采取的主要措施如下。

坚持多做"多单"，不做"缺单"。当时钱庄业务的收入主要依赖于存贷款之间的差额利息。"多单"是指放款不超过客户存款及本庄资金；"缺单"是指放款额大于客户存款额及本庄资金，不足部分向同业或外资银行拆借，甚至做投机生意。秦润卿认为钱庄既是授受信用的机构，就必须保持稳健经营的方针，确保信誉。为此，他坚持做"多单"，即对钱庄吸收的存款决不全部放出，也不向外商银行或同业拆借，宁愿放弃眼前小利以求长远发展。当时有人曾怂恿他做些"缺单"，都被他一一拒绝。

改革钱庄旧式宕账制度。旧时钱庄职工薪金菲薄，因而规定除学徒外，每一职工都可透支若干，名为宕账，不计利息，年终分红时扣还，或每三年分派盈余一次，作为结算。而经理则可在店东的默许下，透支数万，甚至十余万，划为私款存到钱庄生息或从事投机生意，一旦经营挫败便会殃及钱庄。秦润卿任经理后，先从自己做起，取消经理宕账，适当调整职工工资，并与店东商定，改三年一次分派盈余为一年小结一次，预先分派部分盈余，扣还宕账，然后三年届期合并进行结算。此外，还规定股东和经理不得向钱庄借款或宕账，不得进行投机买卖，钱庄本身也不从事此类活动。

改进钱庄外部形象。旧时钱庄对营业用房往往因陋就简，不甚讲究。秦润卿却认为钱庄的建筑形象是其财力的象征与标志，为了提高福源钱庄的商业地位，他就在宁波路、江西路附近筹款建造了一座钢筋水泥的福源营业大楼，其气派与规模可与几处银行大厦相媲美。此楼落成后，福源的信誉大为提高，当年年底的存款余额竟增至500万两，跃居同业之首。

在秦润卿的锐意经营下，钱庄的业务不断发展，存放款业务日见发达。1925—1933年的9年间，各项存款总数增加了一倍左右，各项放款总数也逐年增加。他自己也因业绩卓著而深得同业的称赞和东家的赏识。1923年程觐岳临终前，将程氏钱庄（包括福源、福康、顺康）全盘托付给秦润卿。秦润卿以福源经理兼任福康、顺康督理，统一领导三庄的业务经营，在同业中被称为程家"三联号"。秦润卿主持程氏钱庄30余年，年年有盈无亏。

学习银行业长处　推进钱庄近代化

随着上海外贸、商业的发展，钱庄那套封建家族式的组织经营方法，越来越不能满足社会需要，在与银行的竞争中渐渐处于劣势。秦润卿清醒地认识到，钱业要生存和发展，必须改革业务，以增强竞争力。他虽然是一个在传统行业经营的旧商人，却有着勇于创新的精神，积极推进了钱庄业的银行化与近代化。

钱庄资本少而且历来都不注重吸收存款，存款利率也比较低。相比之下，银行不仅利息优厚，而且手续简便，故游资多为银行所吸收，钱庄原有的存款也大量流入银行。为了争取存款，1930年，秦润卿在福源钱庄增设了各种活期和定期的储蓄存款，以及"特种往来存款"，即不需熟人介绍，商店、行号、工厂及个人均可直接开户存款，利息每月结算一次。他提高存款利率，还废除了钱庄存款利息九五折扣的规定。

逐步向银行的经营方式靠拢。钱庄过去有只做信用放款的成规，由于这种方式缺少物质保证，每遇市场波动，容易发生倒账或放款呆滞，使钱庄受损。秦润卿主持钱庄后，逐步收缩信用放款，改做抵押放款，抵押放款的比例逐步上升至70%~80%。放款对象也从商业逐步转到以工业为主，并以纺织业为重点。这对当时民族工业的发展，起到了雪中送炭的作用。

借鉴银行之长，改进钱庄的管理方式。一是改进内部的管理机制。钱庄的账册种数很多，各种主账、辅账加起来有几十种，这也反映出钱庄制度的繁芜杂乱。秦润卿主持的福源钱庄率先采用新式簿记法记账。二是打破钱庄的资产和营业保密的惯例，公布营业报告和资产负债表，让钱庄人员了解本庄的实际情况，激发同舟共济的责任心，也有利于外界明了福源的信用，使客户具有信心。三是拓展钱庄经营业务。1930年，秦润卿率先在福源钱庄仿效银行，添设抵押放款、工厂放款、信托、汇兑等部，扩大经营品种。除存放款等主要业务外，钱庄还模仿银行的连带业务，设立存款抵押品额仓库，保管公债证券的保管库，代客买卖有价证券、保管贵重物品等，增加钱庄的营业量和利润。一些较有见识的钱庄业者也纷纷跟随秦润卿改革钱庄经营方式。据统计，1936年在上海钱庄中仿效银行办法的已占总数的2/3以上。

为适应金融机构的转变，秦润卿也参与了银行业务。他在1929年同王伯元接办垦业银行，任董事长兼总经理。他通过采取完善银行的内部管理、拓展储蓄业务、投资有价证券、扩展经营品种、整饬纪律等措施，改善了银行的营业状况。

迭经金融风险　屡闯钱业难关

20世纪初以来，上海的钱庄业曾迭经多次"风潮"，数度面临难关，秦润卿领导的上海钱业界和经营的福源钱庄，在这些金融风潮中有惊无险，屡闯难关，显示了他善于应变的能力。

1910 年的"橡皮股票"风潮，起因是英国商人麦边等人利用外商优势，在沪发行兰格志橡皮股票，并趁机哄抬股价，最后抛股潜逃，致使橡皮股票一文不值，变成废纸，由此酿成风潮。在这次风潮中，上海有 17 家钱庄先后倒闭，程氏集团的顺康钱庄也因收受橡皮股票 30 万两押款而吃了大亏。当时，秦润卿一面与人一起共谋对策，要求清政府办理善后；一面则注意从中吸取教训，采取多项防范措施。他所主持的福源钱庄就坚持不接受外商银行的资金拆放，不参与投机买卖，不做或少做"缺单"，因而有效地提高了抗风险的能力。

1921 年的"信交"风险，是因上海各信托公司和交易所建立后，其注册资金大大超过全国银行的总资源共享本额，又加上哄抬股票价格、搞投机买卖的行为所造成的。秦润卿此时已担任上海钱业公会会长，他看到钱业中人颇多卷入投机活动，当即召开会议，通告各钱庄禁止参与投机买卖，力劝同业勿贪图近利，勿收股票作押款。由于防范措施及时、有力，在这次风潮中，尽管不少信托公司、交易所倒闭，唯独钱业无一受累，安度难关。

1924年的江浙战争，又给上海钱业带来严峻考验。在战争未起之时，上海市民已纷纷提存取现，银根奇紧。这时正好有几家钱庄因亏损倒闭，更弄得人心惶惶。秦润卿深知如不妥善处置，必然会对上海钱业造成危害。因此，他一面积极协助有关钱庄进行清理，一面召开紧急会议，提议同业之间通力合作，查明一家一时"缺单"，由同业照数派垫，共同维护钱业信誉。这一措施落实后，市面即趋于平静。以后虽然战争发生，钱业照样安度如常。

1935年上海钱业界再次面临新的风潮。当时，美国通过《白银法案》，大量收购白银，上海的白银大量外流，加上世界经济危机导致市场萧条，各业清淡，上海又有十多家钱庄宣告倒闭，由此出现了空前的"钱业大恐慌"。为了挽救这一危机，秦润卿受钱业公会推派，进见国民政府财政部长孔祥熙，经过交涉，财政部决定从金融公债中拨出2500万元，由需款的钱庄凭金融公债券向放款委员会借款。由于实施了这个办法，这次风潮才告平息，上海钱庄又一次渡过了难关。

众望所归　出任钱业公会会长

上海钱业于 1917 年成立同业公会，秦润卿开始担任副会长。1920 年原会长朱五楼去世后，他众望所归，被推选任会长，一直到 1935 年主动辞职，前后任职 18 年。在任期间，他积极提倡改革，努力扩展钱业业务，留下了良好的声誉。钱业公会在 20 世纪二三十年代上海钱业的发展与进步中发挥了举足轻重的作用，其影响也超出上海，实际上成为全国钱业界的风向标。秦润卿以其在上海钱庄业的地位及其为上海钱业发展所做的贡献，堪称上海钱业第一人。

他推动制订钱业公会章程，修订钱业业规，并汇编成集，使公会有章可循，有规可依。他积极推动钱庄业的团结与合作，统一上海南北两个钱业市场；为了方便钱庄汇划，1925 年钱业公会成立了现金公库；为了应对金融风潮，1932 年成立了钱业联合准备误码，上海钱庄拥有了正式的集中准备金。秦润卿还力主成立"上海钱业业务研究会"，探索改革钱业的具体办法，增强钱庄与新式银行竞争的能力，改变钱庄的社会形象。

创办《钱业月报》，亲自在创刊号上撰写《发刊缘起》，积极向钱业同仁灌输新观念、新知识。此刊不囿于旧习，博采众议，刊登《同业录》，率先公布各庄股东、经理姓名、资本总额，被誉为上海钱庄业的喉舌。

引导公会坚持爱国立场，积极投入抗日战争。1919年五四运动中支持钱业界罢市一周，积极参加轰轰烈烈的抵制日货运动。1925年的五卅惨案发生后又支持上海各钱庄参加罢市，以示抗议。1931年"九一八"事变后，他发动上海各钱庄断绝与日商的往来。1932年"一·二八"淞沪战争期间他又组织钱业界捐募衣物钱币，支援十九路军。1939年"八一三"事变以后，他还积极支援困守四行仓库的谢晋元团。

关心银钱业职工业余生活。1936年10月4日上海市银钱业业余联谊会成立，这是以中下层职工为主组织起来的业余团体活动，秦润卿被聘为名誉理事。这个团体由小到大，经历了13年，团结教育和培养了一批职工队伍。

上海沦陷后，日伪曾企图胁迫秦润卿担任伪职，但他坚持蓄须明志，匿居他处，拒任伪职，显示了高尚的民族气节。

善于理财用财　严于克己律己

　　秦润卿自感幼年失学之苦，素有育材崇教之志，对办教育和社会公益事业特别热心。早在 1915 年，他就开始捐资办学，在家乡慈城镇内西营旧地购地一处，兴建"普迪学校"。数年后因学生人数激增，校舍不敷，又在慈城原考棚旧址另建"普迪二校"，两校共有学生 2000 多人，所聘教师多为饱学之士。秦润卿又与乡友共同捐资，在慈城原慈湖书院附近购地数十亩，创办慈溪县立中学。在上海，秦润卿也同样热心于捐资办学。1923 年，他在上海河南路塘沽路口原钱业会馆创办"修能学社"，专收钱业同仁子弟入学。1924 年 10 月，秦润卿又倡议钱业公会筹设钱业公学，并任校董事会主席。

　　除捐资助学外，秦润卿还热心造福乡邦。他曾积极帮助家乡发展蚕丝养殖；在家乡受灾之年，想方设法组织平粜粮，接助乡民。他还同陈谦夫等在慈城倡设保黎医院，并长期为之募集资金，增添设备，扩建房所。

　　为保存和弘扬民族文化，他还在家乡创办一所藏书楼，题名"抹云楼"，购置慈城冯氏"醉经阁"藏书及各种中外古今书籍共 4 万多册，后全部捐献给国家。

秦润卿一辈子从事钱银事业，不仅善于理财，也善于用财，还严于自律。在用财方面，他坚持的是"取之于社会、用之于社会"的宗旨，把自己身兼各种董监事的酬劳，大部分都捐献给了社会福利事业。在自律方面，他对自己的要求十分严格，坚持自奉俭约，不饮酒、不玩牌、不赌钱、不纳妾、不常添置衣服，且公私分明，不准家人乘其公用汽车。他平时生活极有规律，早眠早起，常阅读书报以消遣，并每日写日记，经年不断。每逢喜庆人家请他证婚，事后要酬谢他时，他都劝告人家去捐赠医院、学校等公益事业单位，而不要酬谢他个人。他这种严于律己的精神，在十里洋场的旧上海，堪称难能可贵。

1966 年 7 月，秦润卿因病在上海逝世，享年 90 岁。

是旧商人，却有新思想
——读孙善根著《钱业巨子秦润卿传》

看过话剧《立秋》的人，一定对民国初年晋商丰德票号如何存亡绝续的激烈争议留下了深刻印象，丰德票号总经理马洪翰坚守祖宗成法不变，拒绝副总经理许凌翔等人改票号为银行的建议。最后，丰德票号虽然在风雨飘摇中坚守了晋商的信义传统，但没有改变衰退的命运。《立秋》演绎了晋商的命运，主宰中国金融业五百年的晋商在民国初年无可奈何地退出了历史舞台。同在金融业占有一席之地的宁波商帮却成功实现了从近代钱庄业向现代银行业的转型，实现了从传统商人到现代企业家的过渡，体现了强烈的与时俱进的精神。这种创新精神也正是宁波商帮长盛不衰的根本原因。慈溪人秦润卿正是其中的一位代表性人物。

秦润卿（1877—1966年），号抹云老人，浙江慈溪（今江北区慈城镇）人。1891年到上海豫源钱庄当学徒，后当跑街、信房等，继而又当经理等职。1909年，豫源改

组为福源，仍任经理。1917 年至 1925 年，一直担任上
海钱业公会副会长、会长等要职，参与创建钱业市场、
现金公库和银钱业联合准备库等。1928 年任交通银行上
海分行经理、中央银行董事。1928 年任垦业银行董事长。
1935 年后任上海福康、福源、顺康、鸿祥、恒大等钱庄
的董事、监事和经理，交通银行董事等职，是上海正明
银行、上海天一保险公司发起人。抗战期间辞职隐居。
1947 年初选为全国钱业同业公会联合会主席。

宁波大学孙善根博士所著的《钱业巨子秦润卿传》，
在史料搜集上用力甚深，叙述则晓畅自然，关键之处更
是用笔精到，受到业界好评。该书于 2007 年 10 月由中
国社会科学出版社出版，列为浙商名人研究丛书。阅读
《秦润卿传》一书，被秦润卿作为旧商人但有新思想及
其种种作为所感佩。对于创业而言，勇于革新，不拘
成法，顺应时变确实是迈向成功、防备失败的重要精
神品质。

秦润卿是一个旧商人。早期走的是宁波商人闯荡上
海滩的传统道路，到钱庄做学徒，历尽艰辛，艰苦俭朴，
勤奋好学。他接受的教育，也是在私塾中获得的传统知
识。他所从事的钱庄业，也是本土的传统金融业。说他

"是旧商人，却有新思想"，是指他在传统的钱庄业中，稳中有变，稳中求新，积极学习借鉴现代银行业的成功做法，努力使钱庄业经营银行化、近代化，有效地抵御了多次重大的金融风潮，使他主导经营的钱庄不但没有被无情地抛出历史舞台，而且还能立于不败之地，直到新中国成立后实行公私合营。

首先，秦润卿有一种忧患意识。他对传统钱庄业的优势与弊端有深刻的认识，作为钱庄经理，他时时注意防备钱庄弊端可能产生的风险。晚清民国时期的中国正处于多事之秋，许多钱庄因没有顺时应变而被历史长河卷得无影无踪。话剧《立秋》所表现的丰德票号（票号与钱庄一样为传统的金融机构，但两者之间有所区别），就是大多数钱庄、票号无奈的结局。钱庄等传统金融机构实行信用放款，依靠私人关系开展金融活动，资本相对银行要少，且股东要负无限责任，遇到市场波动和金融风潮，往往难以应对。秦润卿主持福源钱庄，向现代银行业学习，逐渐收缩信用放款，改做抵押放款，使放款得到有效保障。同时在放款对象方面，也从以商业为主逐步转到以工业为主。

其次，秦润卿有一种开放的心态。他不保守、不消极、不拘泥，"未尝以旧观念自囿"，善于学习现代银行业的优点，大胆主动地取长补短。秦润卿仿效银行信托部，大力开展非信贷金融业务，如设立保管库、代客户管理房地产业和代收房租、代理保险业务、建立存抵押品的仓库等，这都是新拓展的金融业务。他还改革传统钱庄账务制度，采用新式复式会计等。通过积极的汰旧换新，逐渐建立了与现代银行业相关的经营业务，使他经营的钱庄始终有新的制度和气象来应对现代银行业的竞争，应对变化难测的时代。

126

秦润卿还把他的开放心态和创新行为引入上海钱业公会。他担任钱业公会主要领导职务近20年，有序地推进了钱业业务的革新，为钱业的发展拓展了空间，并与银行业建立了良好的协作关系。也正是因为如此，在相当一部分钱庄困难重重、时有倒闭的20世纪上半叶，仍有一些上海钱业的钱庄在上海乃至全国的经济活动中发挥积极作用。钱庄虽是传统的金融机构，有其弊端所在，但却也有适应中国工商活动的优势所在。秦润卿以开放的心态，兼取了钱庄业和银行业两者的优势。

第三，秦润卿具有稳健经营的作风。秦润卿不但有创新精神，更有务实精神，稳中有变、稳中求新的行事风格，使得他的新思想、新制度在传统的钱庄中得以推行实施，并且取得实效。如取消钱庄宕账制度，处理得非常稳妥，他一方面废除钱庄内经理及职员可以透支（宕账）这一陋规，另一方面调整职员工资，改三年一次分派盈利为一年一小结，预先分派部分盈余，这样做，既使钱庄的资金不因宕账而减少，又让庄内同仁能够安心工作。

许多读者对胡雪岩经营的阜康钱庄的倒闭有所了解，由于胡雪岩盲目经营，结果一代巨商的雄厚资产毁于一旦。秦润卿的做法与胡雪岩的做法完全相反，坚持稳中求进。20 世纪上半叶，市场常有波动，且惊涛骇浪、险象环生，不少钱庄在此期间倒闭破产。但秦润卿坚持稳健经营，不做"缺单"，多做"多单"，"缺单"即放出款大大超过本身资金及存入款，"多单"即放出款不超过本身资金和存入款，他认为钱庄是授受信用的机构，在资金运用上要留有余地，确保信誉。他不求眼前小利而着眼长远的做法，使得他经营的钱庄多次化解或规避了风险。从 1909 年的橡皮股票风潮，1911 年的钱业低潮，1921 年的"信交风潮"，1924 年的钱业动荡，1932 年的钱业危机，1935 年的钱业恐慌，每一次他都化险为夷。也正是因为他稳健经营的作风，获得了业界的广泛肯定与尊重。

勇于创新，又能稳健经营，最终确立在业界的至尊地位，这是秦润卿创业的基本特征，也是《钱业巨子秦润卿传》一书给我们的深刻启示。

秦润卿家训：勤俭持家

　　勤俭持家是中国许多家庭的家训家风，它真正体现了中华传统美德。许多家庭都是以此为价值观。

　　一代钱业巨子秦润卿是近代"宁波帮"的杰出代表，他从一个小学徒开始，经过不懈的奋斗，成为公认的上海钱业领袖，并为中国本土金融业——钱庄业的发展与进步做出了重大贡献。他一辈子从事银钱业，不仅善于理财，也善于用财，更善于自律。他对自己的要求十分严格，坚持自奉俭约，不饮酒，不玩牌，不赌钱，不常添置衣物，且公私分明，不准家人乘用他的公用汽车。

　　1947年，年已七旬的秦润卿"为教育子孙，务使其成为社会有用之辈"，将自己前四十年的经历及立身处世的经验叙写成《抹云楼家言》，由陈布雷作序后编印成册。其中的"抚孙日课"确为其一生立身处世的经验总结。《抹云楼家言》包括《自序》《自述示诸儿》《家庭座谈会纪录》《抚孙日课》等内容，其中《抚孙日课》

最为系统全面地体现了秦润卿的家庭教育思想。

在秦润卿的家训中，非常注重勤俭持家，可以说是他一生为人处世的总结。他在《抚孙日课·勤俭》一节中谈道："管子说，惰而侈，则贫；力而俭，则富。韩非子也说，力而俭者富。"所谓力俭，就是勤俭致富的意思。无论是古书还是谚语，都讲到了勤俭在富贵、业广唯勤、民生在勤。曾国藩还讲过，家败离不开一个奢字，人败离不了一个逸字。做人要不奢不逸，自然只有勤俭持家。一个人只要能做到克勤克俭，虽然不一定能够获得富贵，至少可以不愁贫贱，不愁饥寒。看那些富豪子弟，奢侈浪费，不知耕作辛苦，一旦家势败落，到那时没有办法持家，只能流浪街头。所以说，古往今来，中外多少大富豪无一不从勤俭中产生。世界成功人士的传记里，绝没有奢侈逸豫之辈。

要做到勤俭，还必须早起。"黎明即起，洒扫庭除，要内外整洁；既昏便息，关锁门户，必亲自检点。"这是中国最著名家训《朱柏庐治家格言》开篇的话，特别强调黎明时就要起床，洒扫庭院，使内外保持清洁整齐。秦润卿《抚孙日课·早起》中谈道，自古圣贤志士，无不早起。早起则心体清明，人事尚未牵缠，读书易于领悟，一切皆事半功倍。所以观一人一家之兴废成败，但观其早起晚起，不难立决。秦润卿在《抚孙日课》里特别强调清代曾国藩是实行早起最力的一个人。在军中也是如此，往往早餐完毕，天色尚未大明。秦润卿教育子孙以早起为兴家之本，晚起为败家之源。

刘鸿生：实业大王的创业之路

刘鸿生（1888—1956 年），浙江定海人。著名爱国实业家。1906 年考入上海圣约翰大学。靠自身的聪明与才智，以煤炭行业起家，10 年间便成为百万富翁，震动了上海滩，被称为"煤炭大王"。直接投资或间接投资的企业达 70 余家（总额达 500 多万元），并创办了银行、保险公司等，被誉为"火柴大王""水泥大王""毛纺业大王""实业大王"。1956 年公私合营时，企业资产总估值为人民币 2000 万元。曾任全国工商联第一届常委、上海市工商联第一届副主任委员、民建上海市副主任委员、第一届全国人大代表、第二届全国政协委员。原全国人大常委会副委员长、民建中央主席胡厥文对其评价：明察秋毫，恢恢大度；创业维新，不封故步；细大不捐，勤政所务；爱国心长，义无所顾。

独具慧眼、善抓良机

19 世纪 80 年代开始，"宁波帮"凭借雄厚的经济实力、广泛的社会关系、强烈的时代意识，在近代最重要的经济中心上海确立了霸主地位。这期间，"宁波帮"涌现出一批"大王"，书写了中国工商业史上的百年辉煌。

浙江定海（时属宁波府）的刘家世代经商。1888年（清光绪十四年），刘鸿生（本名刘克定）出生了。7 岁时，父亲去世。18 岁时，刘鸿生考进了上海圣约翰大学，校长看重他并准备保送他去美国留学，要把他培养成牧师。刘鸿生因拒绝校长而被赶出了学校。

1907 年，刘鸿生已出脱成一个办事沉稳老练、待人有礼有节的英俊少年。此时，清政府在政治上搞"预备立宪"，经济上更受制于外国。初涉社会的刘鸿生意识到了这一点，因此把谋生的着眼点放在租界。刘鸿生开始时不得已当起了月薪 40 银圆的公共租界巡捕房教员，不久他打听到由洋人控制的租界"会审公廨"（相当于现代的法庭）缺少一名月薪 80 银圆的翻译。刘鸿生想，如果当上翻译，不但薪水可翻一番，更重要的是有了接触商界的机会，便决定把它作为第二块跳板。尽管刘鸿生当上翻译几个月后薪水增加到100银圆，但他更清醒地认识到，要实现承继祖业、经商发家的宿愿，最有效的途径是借助外商企业。于是刘鸿生又开始寻找新的机遇。

功夫不负有心人。在一次闲谈中，有人说起当年"会审公廨"两次"四明公所案"的旧话。说者无心，听者有意。刘鸿生心里一亮：宁波人重乡情，凡是宁波人聚集谋生的地方，几乎都有"四明公所"。刘鸿生经过打听后得知，致力于实业救国的乡贤周仰山（宁波慈城人，旅沪实业家）与父亲有交往又在上海有一定的声望，经过充分的准备，刘鸿生给周仰山写了一封信，信中只是叩安问好，只字未提请其提携帮助。这封信托一位地位较高、声誉较好的同乡入周府办事时面呈。想不到的是，没过几天，周仰山便亲自到刘家来了。

通过周仰山的引见，刘鸿生很快拜见了英商开平矿务局上海办事处经理考尔德，从此跨进了煤炭事业的大门。考尔德对刘鸿生印象极佳，第二天，刘鸿生便成了一名"跑街"（相当于现在的推销员），月薪100银圆。同时每经手卖出一吨煤，还可得到佣金8钱4分银子。

"跑街"对于年仅20岁的刘鸿生来说，既是增长才干的好机会，又能帮助他实现借助外商以求发展的目标。一段时间之后，工作很细心的刘鸿生把考尔德的基本特点摸得一清二楚。刘鸿生处处顺着他，不露痕迹却又恰到好处。没过多久，考尔德不仅充分信任刘鸿生，而且完全依赖刘鸿生，甚至渐渐地对刘鸿生"委以全权"了。仅仅几个月时间，刘鸿生就得到了考尔德的充分信任，左右了开平矿务局上海办事处的业务。但刘鸿生没有大意，越来越多地把精力集中在业务上，事事留心、处处在意。

刘鸿生的勤奋好学和务实精神使开平煤的销量剧增，震动了开平公司的"大班"（相当于现代的总经理）司脱诺。1910年深秋，刘鸿生应召赴天津面见了司脱诺，说话间两个人好像已成为相交多年的老朋友。司脱诺盛赞刘鸿生一年来所取得的巨大成绩，接着摊开了这次召见的正题：公司决定在上海设开平煤的销售机构，拟聘刘鸿生为"买办"（相当于现在的经理）。这种"买办"，不但薪水高，而且社会地位也很高，是许多人梦寐以求的好工作。

刘鸿生年纪虽轻，却深知机遇难得，应抓住机遇牢牢不放，然后再不断发挥聪明才智，付出努力，一步步走向成功。刘鸿生十分郑重地将此行前已熟拟于胸的扩大销售方案拿了出来：需在上海沿江地带购置一块适宜的地皮，作为建造开平码头与货栈之用；设立煤炭化验室，将煤炭的各种成分化验成单，交给用户，便于按需订货；设一锅炉实验室，上海现用锅炉普遍陈旧落后，倘能帮助用户检查和改进，必可招徕大量用户。

刘鸿生的销售方案使经商多年富于此道的司脱诺心服口服——司脱诺站起身走到刘鸿生身边，拍着他的肩膀说："好，好！刘先生如果没有异议，咱们就签订一个 30 年的由你独家经营的合同！"刘鸿生来天津前所拟就的扩大销售的方案，原本是想在取得司脱诺好感后作为重大献策，根本没想到这么快就会成为开平在上海的第一号"买办"。

刘鸿生就是这样极善于运用自己的聪明才智，做什么都全副精力地投入的人。只要于事有益，就不计巨细，不辞劳苦，把精力与金钱都用在刀刃上。这也正是刘鸿生创业之初，既无家产殷厚的大家族作为经济后盾，又无显赫的达官贵人充当政治背景，而企业却大都获得成功的首要原因。

心系用户　财路大开

　　"处处为用户着想"一直被刘鸿生奉为座右铭，这也是刘鸿生企业获得成功的第二大原因。刘鸿生做了英商开平矿务局上海办事处的"跑街"后，又勤快又肯动脑子，干得如鱼得水。他还用心揣摩，总结出一整套增加销售的办法。一天，刘鸿生找准机会，对考尔德讲了自己增加销售量的办法。

　　一是设法保住老户头，不断开发新户头。办法是勤跑勤访，保持密切联系，多给老户头些方便，逢年过节再送点礼，加深感情，巩固关系。其中不可忽略的关键人物就是烧炉的师傅，别看是工人，可他说句烧谁的煤好，有着挺大的作用，而且同行多朋友，还可借此开辟新户。二是按质论价，坚守信用。现今市场上卖的都是统煤，好坏相混，一样论价，用户也很不方便。如今若把块煤与屑煤分开，分等出售，按质论价，虽费点事，却给用户很大方便，各取所需，销路必然大开，再用中国一句老话"童叟无欺"，绝不以次充好，回头客必多。三是及时供应。勤动脑、勤跑腿、勤访勤问，抓住一些用户的用煤时间，及时主动送达，真正将用户看成衣食父母，依实需做出计划，确保不积压、不脱销。

在刘鸿生的努力下，没过多久，开平煤便畅销上海滩，他的佣金也如滚雪球一般增加。刘鸿生还与淄博煤、抚顺煤、淮南煤、贾伍煤、焦作白煤、安南鸿基白煤展开激烈竞争，并跨出上海市场，在江浙皖及京沪铁道沿线诸要埠开设煤号和码头堆栈，形成了一个较完整的开滦煤供应网。不久，第一次世界大战爆发，民族工业进入大发展时期，工业用煤量大增。刘鸿生利用这难得的良机，将开滦煤年销售量猛增至 250 万吨，而他本人的年收入也大幅上升。

刘鸿生鼓足了风帆，一刻不停地在商海中疾驶，旺盛的精力、清醒的头脑、高超准确的洞察力，使他直接经营的煤炭销售量约占开滦矿务总公司（1912 年，英商上海开平矿务局与滦州矿务局合并，组建开滦矿务总局）年产量的四分之一，收益年年有几十万元，最高时达 100 万元。到 1919 年第一次世界大战结束时，刘鸿生身价剧涨，并结交黄金荣、杜月笙等沪上大亨，与太古、汇丰等洋行"买办"往来频繁。三十出头的刘鸿生成为名震上海滩的"煤炭大王"。

三顾华府　延请高参

刘鸿生企业获得成功的第三大原因应该是尊重人才并善于使用人才。20世纪20年代初，刘鸿生成为远近闻名的"煤炭大王"并着手兴办其他企业，开始用心搜寻一个既能理财又有智谋的人才，作为自己的助手与参谋。刘鸿生在广泛寻求的基础上，将目光落在曾留学英、日，当时在公共租界工部局任总会计师，精通法律又擅长会计的专家华润泉身上。

请华润泉出山不是一帆风顺的。第一次造访华府，尽管刘鸿生谈吐不凡、态度恳切，但华润泉还是觉得刘鸿生年纪太轻，根基不够牢，虽然没有谢绝，但也没有明确表态。第二次造访，虽比第一次效果好了许多，但还是没有最后敲定。第三次造访，刘鸿生不仅带来了重礼，还奉上了第一个月的优厚薪水，并重申承诺。华润泉见刘鸿生不仅心诚意切，而且所承诺的条件优厚，就毅然辞去收入丰厚的总会计师职务，决定帮刘鸿生一把。

华润泉果然不负刘鸿生的厚望，在刘氏的几大企业中发挥了很大的作用，成了刘鸿生的第一号智囊人物，被时人冠以"华太师""诸葛亮"的称号。1931年9月

18 日，日本帝国主义悍然发动了蓄谋已久的侵华战争，东北三省沦为日本帝国主义的殖民地。"九一八"事变后，日本毛纺织品来势凶猛，事变又引起了灾乱，民众的购买力降低，始建于 1929 年的章华毛织纺织厂困难重重。章华厂在 1931 年 11 月至次年 10 月不足一年时间内，四次更换经理仍无法收拾残局。刘鸿生与华润泉认真磋商后，果断采取了措施：刘鸿生辞去章华厂的总经理（继续任董事长），聘请程彭年（华润泉的外甥）为总经理、华尔康（华润泉的儿子）为襄理，并由华润泉出任常务董事。刘鸿生常说："用人要舍得花钱，也得允许别人赚钱。"刘鸿生是这么说的，更是这么做的。刘鸿生在对章华厂人事进行较大变动的同时忍痛割爱，砍出他的 80 万元股金的四分之一，交由华润泉分赠给程彭年 12 万、华尔康 8 万。

程彭年一接手章华厂，便解决了缺乏资金这一大难题。接着，他在企业的经营管理方面采取了一系列改善措施：建立起一套成本会计制度；聘了一些留学生、大学毕业生担任工程技术人员；招聘一部分有文化、有经验的管理人员，等等。如此一来，章华厂很快扭亏为盈。1933 年全国民众"抵制日货"情绪高涨之际，刘鸿生还发了一笔"时髦"财，他抓准了这一良机，组织章华厂立即生产一种新种类的毛织品。章华厂很快生产出一种新呢料，价格不高，男女皆宜，特别是那带有爱国主义色彩的商标"九一八"薄哔叽，销路极好。刘鸿生又通过宋子文、孔祥熙、朱家骅、杜月笙等人，全部承揽了国民党部队的军用呢料、上海邮电部门的制服用料，以及部分学校的校服用料，章华厂的生意日益红火。

不拘一格　善用人才

刘鸿生不但重用有知识、有专长的人才，而且善于使用各种各样的人才。把各种人安置在适当的位置，注意扬长避短，真正做到了人尽其才。曾做过租界"会审公廨"总翻译的谢培德，为人奸诈却门路很广。刘鸿生早在谋得翻译一职时就摸透了他的为人，后来特聘请他为中华码头公司的总经理。中华码头公司是 1927 年刘鸿生在原来的几个码头堆栈的基础上组建的，共计仓库 12 座，总面积 4 万多平方米。

谢培德可以说是当时上海滩的一个地痞头子，他身边笼络、豢养了不少流氓地痞。做了中华码头公司总经理的谢培德，享受着优厚的薪金，却从来不到码头上来。而他手下的那批地痞流氓经常在码头上作威作福，还勾结官府、警察、青红帮欺男霸女，更不断地盗窃码头和仓库的物资。刘鸿生的侄子刘念祖是个细心人，冷眼旁观，并暗暗做出估算，仅这两项一年下来就不下几千吨物资，价值在两三万元左右。刘念祖更探听到，他们的这种所得，谢培德独占七成，余下的三成分给了他的爪牙们。对此，刘念祖虽愤愤于怀，却鉴于堂叔对谢培德的倚重，就没有贸然说出来。后来，刘念祖发现了谢培德的更多劣迹，有的实在看不过，便于1929年夏天的一天晚上，趁送刘鸿生的四儿子刘念智赴英留学的机会，堂叔刘鸿生又顺便问起了码头情形的时候一股脑全说了出来。

刘鸿生对侄子和儿子谈起了自己捉摸出来的用人之道："世界上存在着各种人，只要你善于处理，各种人都有各种人不同的用处。好人有好人的用处，坏人有坏人的用处；全才有全才的用处，偏才有偏才的用处；文有文的用处，武有武的用处。关键在于你得善于使用，把各种人安置在适当的位置，注意扬长避短，才能发挥作用。"

对于重用谢培德，刘鸿生分析道："谢培德是个典型的坏人，可人们只看到了他不好的一面，却忽略了他有用的一面。他与官府、警察、青红帮有勾搭，手下有那么多可恶的流氓与包打听，这从正面看固然可恶，可那反面却可凭得当的处理变为有用。如今的上海，特别是码头上恶势力横行，没有个强硬手段，还不得日受其苦，不得安宁，甚至无法经营？正因为那些包打听消息灵通，正因为他谢培德在必要的时候对警察、巡捕可以随叫随到，是个'兜得转'的人，咱们的码头才得以平安无事。用人，特别是真正需要的人才，不但要厚酬，而且要宽宏。这样，人家才肯为你出尽全力。自己赚钱也得让别人赚钱，做买卖不要计较别人赚多少，只要自己能赚大钱，别的钱尽可让别人去赚，俗话讲'有财大家发'嘛！"

刘鸿生的一席话将细心的侄子刘念祖和即将赴英留学的四儿子刘念智说得心服口服，连连称道。

"投机生蛋"　壮大实业

第一次世界大战期间，我国民族工商业得以迅速发展，上海尤为显著。而战后，相对于内地及沿海其他城市而言，上海的局势是偏稳的，因而许多外地企业不断向上海渗透。开滦矿务总公司鉴于一战之初的困窘与以上海为中心的长江下游市场的日益看好，也加紧对上海的渗透，决心不再只依靠一个刘鸿生，另在以考尔德为经理的上海办事处的基础上成立了开滦煤矿上海矿务局。

刘鸿生早已察觉并关注着这一动向，敏锐地预料到上海的地皮必然走俏，尤其是沿江沿海的地皮势必越炒越少，越炒地价越高。基于这一判断，刘鸿生眼睛盯紧了沿海，心里盘算起了地皮。终于刘鸿生选准了两块地皮：一块在浦东，一块在浦西。浦西这块叫日晖港，在当时比浦东那一块要冷清得多，而价格却更昂贵，用了白银 35 万两，而且是托了人才于 1926 年末购置到手的。

对此，许多人感到费解。可是没多久，事实又一次证明了刘鸿生非凡的智谋和高超的远见性。原来仅仅过了几个月时间，地价便飞涨了起来。1928 年 4 月，开滦矿务局出于扩大销售的原因，急需一个沿海码头，而沿海地皮几乎售尽，现成码头谁还转卖？即使有价格也高得吓人，开滦矿务局只好转而"求助"于老相识刘鸿生。刘鸿生"慷慨"相助，将浦西这块地皮转卖给了开滦矿务局。"便宜"作价为90万两银子，并附加两个条件：延长十年合同、织呢厂的全套厂房与设备仍归刘鸿生所有。

这样，刘鸿生"投"准了这一次地皮之"机"，"养"了仅一年四个月，就为他下了三个大"蛋"：一、净赚白银55万两；二、延长合同期十年，保住了经营开滦煤的财源；三、兴建并开办了章华毛织纺织厂。

刘鸿生不愧为"天才实业家"。从20世纪20年代开始，刘鸿生开始崇尚实业救国，投身于民族工业的振兴，先后投资经营火柴、水泥、毛纺、煤矿、码头堆栈、搪瓷、保险、银行和企业大楼等，形成了一个集轻重工业、运输业、商业、金融业于一体的颇具远景的、规模巨大的企业集团。刘鸿生也由原先的开平煤矿的买办转变为著名的民族资本家，被誉为"火柴大王""水泥大王""毛纺业大王"，成为名副其实的"实业大王"。

（本篇由崔雨、汪盛科编写）

上海滩"名董"金宗城

金宗城先生以会计业务专长，长期服务于上海商业储蓄银行，于 20 世纪 20 至 40 年代，先后受邀担任了约四五百家企业的董事或董事长，成为上海滩有名的"董事长"，还担任过不少社会公共职务。他的人生规划与勤勉精神是"宁波帮"精神的生动体现，对后人也产生了积极的影响。

金宗城原名金水章，镇海县瀼浦袁家（三七房）村人，生于 1896 年 1 月 17 日。因其父亲在上海金融界工作，先生于 12 岁时到上海金业小学就读，17 岁毕业。求学期间，刻苦自励，勤奋攻读，特别注重商业知识如簿记、汇兑等，成绩优异。

金宗城于金业小学毕业之时，正是辛亥革命爆发与民国成立之时，担任江苏都督府财政司副司长的陈光甫创议设立江苏银行，1911 年底江苏银行总部迁到上海。金宗城在江苏都督府财政司长的业师龚子英介绍下进入江苏银行实习。江苏银行总经理为陈光甫，从此金宗城与陈光甫相识。在江苏银行期间，金宗城勤慎职务，认真学习银行业务，深得陈光甫等的青睐。此际，也就立下志向，不能因位卑薪微而心存不满，而要竭尽全力勤于工作，钻研业务，而求有脱颖而出之日。

1914年，陈光甫因与担任江苏都督的张勋发生矛盾，被免去江苏银行总经理职务，他决心自己筹设一个不依赖官府、不受官僚政客操纵，可以自由经营、自由发展的私营银行。1915年6月，上海商业储蓄银行（简称上海银行）在上海宁波路9号宣告成立，董事长为庄得之，总经理为陈光甫。1917年冬，上海银行增添新业务，邀请金宗城到上海银行任职。至次年春，金宗城辞江苏银行职务到上海银行就职。

致力于对内对外业务

从1918年进入上海银行到1941年请辞，金宗城在这家"南三行"之一，20世纪三四十年代被称为"中国第一大私人商业银行"的上海银行服务了20余年。根据金宗城自述，这20余年由四个"五年计划"组成。

从1918年到1924年，可谓第一个"五年计划"。

此时，上海银行创立不久，各项业务正在扩充，一切账目科目均须随时改进，各种规章制度也须规划厘定。金宗城对各项事务十分用心。一些白天不能赶办完毕的事，便要工作至深夜，直至完成为止。金宗城初任保管部主任，后提升为副会计。1918年，陈光甫感到国外汇兑是一项利润丰厚的业务，于是在上海银行设立国外汇兑部，这是中国第一家开办外汇业务的私营银行，委任金宗城为会计主任。当时，华商银行中办理国外汇兑者极少，金宗城参照国外银行之成规，根据本国商情，仔细规划，使此项业务有所成绩。1922年，陈光甫派金宗城到美国欧文银行实习一年半，实习期间，对于欧文银行的各种业务，他都悉心研究。1923年归国后，金宗城被任命为国外汇兑部襄理。同年8月，上海银行成立旅行部，由金宗城兼会计。这也是银行界创办的第一家旅行社，1927年改名为中国旅行社。

初进上海银行，金宗城求知欲强烈，自奋之志弥坚。有一件事对他影响很大，激励他不断奋进。1918年，上海银行召开股东常会之际，金宗城与几位同事为增长见识，进入会场旁听，被董事长庄得之看到，因他们不是股东，被责令退出会场。受此一激，金宗城立下二志，一是誓于一年之内至少购股份一股，待来年有股东资格进入会场；二是若干年后要当选为银行董事，使可与庄董事长分庭抗礼。不到一年，便实现第一个愿望。至1934年便正式当选为上海银行董事，实现第二个愿望。

上海银行为服务社会、惠泽平民，推出了不少服务，其中一条便是发行礼券。无论富商大贾，还是平民百姓，在婚丧嫁娶、红白喜事中，都要有所表示。上海发行的礼券，为红色与素色两种，金额多种，并且款式大方，设计多样，印制精良，深受各阶层市民喜爱。据金宗城自述，银行发行礼券始自上海银行，而其办法多由金宗城设计，当时上海老介福、老九章等绸缎庄及永安、先施等百货公司有礼券发售，可以便利顾客及推广营业，金宗城根据这一点进行设计，并将未兑现之礼券，视作存款，按年息四厘计算。

1925 年，金宗城开始任上海银行检查部襄理一职。设立检查部的目的是为稽核全行账目，管理全行业务。金宗城开始侧重于对外工作，亦可称为"第二个五年计划"起步。他自述，"凡有与本行有关系往来之公司工厂行号，率皆代其义务查账，整顿会计，遇有原任本行内部事务，不及兼顾时，则由各同事分任之。因对外查账之认真从事，颇能勾稽情弊，阐微掬聊，声气所至，委托者因以日众，余除对与本行有交往者，酌予假日办理外，余皆婉却。盖此项查账，原为增进本行对外之信用，兼谋放款之安全而已"。可见，在此期间他利用工余时间为一些本行有关的客户承办查账，开始兼任会计师业务。

致力于交际与社会事务

1931 年，上海银行为统一管理本埠分行，设立了本埠分行部，任命金宗城为该部监督。这也为"致力于交际"的"第三个五年计划"提供了职务的方便。1934 年，上海银行总行组织系统发生变化，在总副经理以下，分设管理与营业两大部分。金宗城改任本埠分行管辖部经理兼襄助总事经理，统辖营业部分各部事务。1937 年，调任营业部经理，同时担任董事一职。

自主管本埠业务以来，他一方面为各分行谋业务上的安全，另一方面为贯彻上海银行服务社会的行训，与各方联络日广。工商业界邀请金宗城担任相关企业的董事或监察等职，计有三友实业社、成丰纱管厂、公勤铁厂、新新公司、华美烟公司、华安合群人寿保险公司、中国旅行社、三兴烟公司、沙市纺织公司、家庭工业社、梅林罐头食品公司、大成公司、国华投资公司、杭州第一纱厂、富安纱厂、崇明大同银行、上海女子银行等。

1936—1937年，金宗城开始了"第四个五年计划"，即致力于社会事业。他以振兴工商业为职志，以造福人类为前提。他自陈"惜以时力所限，服务难周，虽尽心力，未臻普遍，深引为憾"。而实际上，他积极参与社会公益事务，颇为社会所肯定。当时的公益团体，如宁波同乡会、青年会、拒毒会、红十字会等，都推其担任理事。全面抗战爆发后，金宗城留在上海主持业务，对外除续任工部局华籍地皮委员，还任中西大药房、金门大戏院、民谊大药厂、新新公司等董事长或董事之职。因他担任董事长、董事之职甚多，社会人士喜以"董事长"相称，"chairman"也就成了他的别号。金宗城在外兼职，均由陈光甫特许或介绍，主要目的在于推广上海银行的营业。

"八一三"事变之后，英租界尚宁静，而公共租界如虹口、杨浦等地已被日军占领，上海银行在该地区内设有多间分行，并且承做仓库押款，一时均陷入无人监管之境，而货仓所在时有浪人串通军人毁锁盗运情况。金宗城因职责所在，一面设法请人向日军方面领得该区通行证，一面托人请宝丰保险公司的外籍人士每周驾车陪他巡视，发现了一些私盗事件。因巡查严紧，没有遭受损失。当时，银行界去敌伪占领区进行巡查的唯金宗城一人而已。

1940年起，金宗城又担任了上海难民救济协会常委兼财政委员、宁波同乡会执行委员等职。1941年，随着上海时局紧张，上海银行也紧缩业务，金宗城踌躇再三，向陈光甫提交辞呈。

全力创建五洲银行

到香港向陈光甫提出辞职后回到上海的金宗城，与王宽诚、张紫金、温酉璋、郑子荣等人集议创立银行。于1941年8月25日议决，筹资五百万，因发起者为五人，命名为"五洲银行"。9月起开始招股，10月底股款收足，11月9日举办创立会，次日举行第一次董监会议，金宗城被推为董事长。

创立会后，他将筹备处由江西路迁至南京路哈同大楼，一面置办公用具，一面试做营业，与各大公司商号等往来交易，至1942年6月底，结账略有盈余。五洲银行于1942年9月2日在江西路正式开张。

五洲银行在较短的时间内进展顺利、成功迅速，实力在新创银行中亦称雄厚，实赖金宗城的苦心经营，也仰赖金宗城在上海银行服务期间所获得的良好人脉资源及社会关系。

　　从 1941 年至 1945 年，上海在日伪统治下，形势颇为不堪。五洲银行在这个形势下，朝夕规划，努力经营，终于奠立基础，规模初具。抗战胜利以后，因五洲银行没有在重庆注册，只能宣告停业解散。

　　这一期间，邀请金宗城担任董事或董事长的工商企业有三四十家，计有崇明大同银行、国华工业投资公司、大公保险公司、裕康企业公司等董事长，新汇银行、富华银行、永兴地产公司、天丰化学制药厂等董事，一元织造厂、通华银行、药业银行等监察人。

　　在上海沦陷区，金宗城为个人名节计，尽量推却各类社会兼职。但对于提倡国货的企业，金宗城则努力协助振兴，如出口三角牌毛巾的三友实业社、出品蝴蝶牌牙粉以抵制日货金刚牌牙粉的家庭工业社、出品三五牌挂钟以抵制日货挂钟的中国钟厂、出品无缝被单床单以抵制日货的中国被单厂等。

　　1944 年底，是金宗城的五十大寿，但他把本拟做寿

的 100 万元，分别捐助四明医院 50 万元，申报、新闻
报贷学金、宁波旅沪同乡会教育经费、上海时疫医院及
幼幼教养院各 10 万元，体现了他服务社会、赞助公益
的心愿。

移居香港乐享人生

1950 年 5 月，金宗城移居香港。香港各银行慕其在
上海金融界的地位，力邀其担任董事。金宗城以初抵香
港对各方情事不了解为由，仅应允担任海外信托银行董
事、香港工商银行顾问、华侨地产公司董事长、兰宫酒
店董事等职。

到香港后，金宗城尤其注重养生之道，早睡早起，
食不过饱，且邀约友人创立金星步运团，每逢周日至郊
区远足，以增强体魄。如有闲暇，还遍游世界各国，保
持神清气爽。他没有不良嗜好，不赌博，不吸烟，不投机。
对于半退休的生活非常满意，尤其是儿孙受到良好教育
且已成家立业，因之心态平和。他对于香港社会的福利
公益事业也多有赞助。1995 年，金宗城在香港去世，享
年 100 岁。

其长子金如新，1918 年生于上海，1941 年毕业于

上海沪江大学商科，后任职于上海平安保险公司。1956年将所属企业申请公私合营，然后移居香港，在英国人开设的南英保险公司任副经理，负责华人方面的业务，直到1995年退休。曾担任香港南英保险公司顾问、香港浙江同乡会联合会名誉会长、宁波旅港同乡会永久名誉会长、香港甬港联谊会名誉顾问等职，对于宁波的建设发展非常关心。金如新还是知名的京剧票友，号称香港京剧三剑客之一，对于内地的京剧事业给以积极支持。金如新有3子5女，其中长子金维明是香港有名的青年企业家；次子金天任是著名的心脏病专家；三子金维屏是美国石油工程公司副总裁；女儿金天德是钢琴家。金宗城的次子金万新自圣约翰大学毕业后去美国深造，取得了7个学位，任职加州银行副总经理。

金宗城处世最高原则为忠诚为社会服务。他在自述中说，"余曾积极提倡国货，不遗余力，盖一可增强国力，二可培植较多人才，三可使我银行增加客户，兢兢业业，以此为立业之根本，冀能获社会人士之爱护"。

他一生以"勤俭自励，忠厚待人"为座右铭。热心的他好成人之美，数十年来，单是邀请他做证婚人或介绍人的，就不下数百人，而他操办这类事也乐此不疲。

他虽广交结纳，但自奉俭约，不喜铺张，无论婚寿喜庆，一概不发请柬。

他在自述中曾说，"事务无论难易，苟能专心一志，殚精竭虑，自有解决之方，事业之克底于成，尤非刻苦致力不为功"。从他服务上海银行 20 余年的四个阶段五年计划中，便可以感受到他立有大志，且有坚忍不拔之毅力。

参考文献

[1] 《金宗城自述》，未刊稿.

[2] 李瑊.上海工商界的"Chairman"金宗城 [M].上海：上海科学技术文献出版社，2003.

[3] 戴建兵.话说中国近代银行 [M].天津:百花文艺出版社，2007.

向金宗城学人生规划

在晚清民国时期，宁波人在上海的银行业中占有重要的地位，涌现了许多银行家，镇海金宗城先生便是其中一位。他在上海商业储蓄银行服务了20余年，并担任过四五百家工商企业的董事或董事长，足见他在工商业界的声誉与地位。

金宗城由一个普通的实习生成长为声名卓著的工商业者，促其成功的因素固然很多，但他的人生规划是最值得我们学习借鉴的。他在上海银行服务的20余年中，做了四个很有针对性的五年人生规划。

他于1918年进入上海银行之初，定下第一个五年规划，专事对内工作，用心学习熟悉银行各项业务，改进银行的账目科目与规章制度。在努力工作下，他的职位也不断提升。

1925年，他被委任为上海银行检查部襄理一职，开始侧重于对外工作，主要是为银行客户稽核账目，从事会计师业务，这就是他的第二个人生五年规划。

1931年起，金宗城开始担任上海银行本埠分行监督，开始了"致力于交际"的第三个人生五年规划。他经总经理同意，广泛兼任与银行业务相关的工商企业的董事或董事长，既为银行稳定和拓展客户资源打下基础，也大大提升自己的社会声望。当时社会人士均以"董事长"来称呼他。

1936年起，他更加关注社会事务，参与公益活动，担任了许多公益团体的职务，他把"服务社会"作为第四个人生规划的重点。

这四个人生规划是金宗城先生在晚年自述中表达的，说明他对自己的人生设计非常清晰有序。他给我们的第一个启示就是要规划人生阶段，立下明确志向，循序渐进，逐步成功。对于我们来说，无论是大学四年，还是未来人生，都应该有每个阶段的重点任务与奋斗目标，并一步一步去实现它。

金宗城在自述中说，他刚进上海银行时，去旁听董事会，被董事长责令退出会场，因他既非股东更非董事。受此一激，他立下两志：一是要在一年内购得一份股份，以有股东资格；二是要在若干年内当选董事，以与董事长共商大计。立下志向后，第一个愿望不到一年即实现；10余年后，第二个愿望也得以实现。这是金宗城先生给我们的第二个启示，人生要有志向，要立大志，并坚定去实现它。明确的志向既是努力的方向，也是奋斗的动力，这是我们所要牢记的。

金宗城对我们还有什么启示？他是一位享年100岁的长寿老人，规律的生活、良好的习惯、平和的心态、合理的养生，有一个非常圆满的人生。我想，这对于我们如何安排好学习、工作、生活也有启示意义。

邵逸夫：影视大王的创业之路

邵逸夫，百年中国电影的见证人。他开创了中国早期电影的新局面，从无声片到有声片，从黑白电视到彩色电影；他的资产超过 100 亿港元，多年稳居香港十大超级富豪榜；他自 1985 年以来向国内 31 个省、市、自治区的大中小学捐资共达 31.5 亿港元，被誉为"华夏捐资兴教第一人"。

初出茅庐遭围剿

镇海庄市人杰地灵，庄市朱家桥老邵村邵氏世代经商。1901 年邵玉轩在上海设立一家颇具规模的"锦泰昌"颜料号。邵玉轩不仅经营有方生意红火，而且大力支持孙中山的革命活动，在当时的上海工商界颇有名气。

邵玉轩一生共生育三女五子。五个儿子老大仁杰，老二仁棣，老三仁枚，老六仁楞，老八仁葆。仁楞排行第六（后人称他为"六叔""六老板"），生于 1907

年10月。仁楞自幼天资聪颖，对事物有过目不忘的本领，博得家人的喜爱。少年时代，仁楞来到中兴学堂求学，与包玉刚、包从兴、赵安中等为校友。多年后仁楞到上海美国人开办的英文学校"青年会中学"求学，练就了一口流利的英语。

后来，经得父亲同意，除老八外其余四兄弟先后改名。老大醉翁，老二村人，老三山客，老六逸夫。邵氏四杰从此更名，并在商场大显身手。只是邵氏兄弟无人继承祖业，几乎都进入了娱乐圈。

1924年，毕业于上海神州大学法律系的邵醉翁，一次偶然的机会与娱乐业结下不解之缘，创立了寓意"天下第一"的天一影片公司，开始闯入当时尚属初创时期的中国电影业。

1921年以前，中国电影都是拍纪录性的短片，没有人敢尝试拍一个半小时的剧情长片。直到1922年，影坛才出现剧情片，开始拍摄剧情片的公司只有明星公司、联华公司。随着"天一"的诞生，这3家公司成为20世纪20年代初上海拍剧情片的"三大巨头"。

醉翁里里外外一把手，操劳"天一"事务，总感到孤军奋战，力不从心。于是急将村人、山客、逸夫三个兄弟召至旗下，根据特点委以重任。逸夫虽年龄最小，但才智超群、勤奋好学，因此被委任为"外埠发行"。尽管逸夫受教育的程度不高，但他干一行学一行爱一行。他从最简单的工作做起，一步一个脚印，最终成为电影公司的大老板。

众人拾柴火焰高。三位兄弟的加盟使后起之秀的"天一"不多时就拿出创业之作。处女作《立地成佛》讲述一个军人机缘巧合成为大军阀后无恶不作，后因女儿战死沙场才大彻大悟，开始放下屠刀削发入山，终成正果。由于题材新颖、不落俗套，故事生动、情节感人，一经上映便大爆冷门，场场爆满。"天一"掘得了电影界第一桶金后乘胜追击，开拍第二部影片《女侠李飞飞》（中国第一部武侠片）。《女侠李飞飞》更为轰动走俏，几乎到了万人空巷的地步。邵醉翁因此便有了"中国武侠片的开山鼻祖"的美称。也就在这时，年仅17岁的邵逸夫对电影开始入迷了。

两部影片打响了，"天一"在上海滩可谓家喻户晓了。不知不觉地，"天一"对上海影坛老大"明星"公司造成严重威胁，业务抢去了许多不说，明星跳槽、导演出走，一下子让"明星"失去往日的威风。"明星"公司老板周剑云急得像热锅上的蚂蚁。他认为要彻底打败"天一"，就必须仿效美国八大公司的做法，联合起来逼走小公司。

久经沙场的"明星"一不做二不休，以自己为主联合"大中华百合""民新""友联""上海"及"华剧"五大电影巨头，成立六合影业公司，围剿"天一"。其中有一条最厉害的规定：任何发行商和他们签订了合同，就不准购买"天一"出品的影片。这便是中国电影史上的"六合围剿"。

卧薪尝胆走南洋

条条大道通罗马。被"六合"逼得走投无路的"天一"，卧薪尝胆，寻找崛起的机会。1926年3月，山客单枪匹马离开上海，带着"天一"的片子和一笔资金，踏上了远赴南洋的征程。

屋漏偏逢连夜雨。山客一到南洋就碰上了钉子。大戏院只放西片，小戏院又被"六合"绑住，对"天一"的封锁，使"天一"影片不能真正打进新加坡。不过山客毕竟是山客。他看准了新加坡的市场潜力后，马上另辟蹊径：先在新加坡周边城镇进行放映突破，再杀回市中心抢夺市场。这一招果然效果不错，短短一个季度业务就应接不暇。这时候，山客又一次想到了颇有电影天赋的逸夫。

1926年8月，年方19岁的邵逸夫刚刚中学毕业，正踌躇满志地准备报考大学深造。山客的一纸电报改变了他的人生。逸夫接到三哥电报，当即远赴新加坡助三哥一臂之力。逸夫从此与电影事业结缘。至此，邵逸夫正式登台亮相，同三哥山客联袂演绎"邵氏电影王国"的传奇故事。

创业是艰苦的。邵氏兄弟在南洋真可谓白手起家。创业之初，他们租不到戏院放电影，便租空地搭帐篷，放"天一"的影片。创业之初，兄弟俩以新加坡为基地，带着一架破旧的无声片放映机和数十卷"天一"影片，忍受着当地湿热的气候和毒蚊的叮咬，甚至冒着生命危险轮回放映，在举目无亲的国外开拓市场。每天拂晓时分，邵氏兄弟就忙开了。山客清扫场地，检查放映机，搭帐篷；逸夫写好海报，拎着浆糊桶，走街串巷张贴。待他们干完这些准备工作时，一轮红日才冉冉升起。他们就开始了早场的放映，迎接第一批观众。晚上送走最后一名观众，已是子夜时分，接着拆卸帐篷、收拾放映机，往往干到雄鸡报晓。至此，邵氏兄弟通力合作，致力电影事业，为日后驰名世界的邵氏电影王国打下了坚实的基础。

宁波人做生意脑子活络，不管千里路还是万里远，只要有市面就会有宁波人。由于邵氏兄弟的片源不断，生意越做越活，业务逐渐由新加坡发展到马来西亚。

1927年，邵氏兄弟从实际出发，对放映设备进行了一次小小的创新。他们买来一辆小型旧货车改装成流动放映车，过起了吉普赛式生活。这种吉普赛式流动放映院特别受欢迎，所到之处，人山人海，观者如潮。

这种穿梭于马来西亚大镇小街穷乡僻壤的巡回放映，虽说打开了市场，取得了效益，但其中的艰难困苦重重险阻，却是常人难以想象的。马来西亚属热带气候，长年炎热，毒蚊猖獗。每放映完一场电影，他们身上被咬得大包小包，红肿不消，奇痒无比，实在被咬得难受时，他们干脆就穿着长衣长裤把身上裹得严严实实以防止蚊蝇的攻击。三伏酷暑，每次收工兄弟俩都像从水里捞上来似的。七月的一天，天气闷热，逸夫因为连日疲劳，加上衣服不透气，渐渐地支撑不住了，倒在了放映机上……

贵人相助成大亨

一个人在创业过程中离不开朋友的大力支持和帮助。那么邵氏兄弟靠什么取得了朋友的帮助呢？一是他们具有百折不挠、锲而不舍的奋斗精神，二是讲诚信，三是人缘好。

邵氏兄弟依靠大篷车式的流动作业，日夜操劳一步一个脚印地稳扎稳打，换来了不菲的原始积累。随着时间的推移，他们的流动放映车已增至六部了。邵氏兄弟的足迹也踏遍了新加坡和马来西亚的山山水水，对大镇小巷和穷乡僻壤已摸得透熟，认识的人自然也就多起来。

邵氏兄弟的事业不久就得到了槟城首富王竞成的鼎力相助。王竞成肯挺身而出鼎力相助，正是看中了邵氏兄弟百折不挠、锲而不舍的奋斗精神。王竞成出面，许多困难迎刃而解。邵氏兄弟当下不惜重金包下了新加坡的"华英戏院"、吉隆坡的"中华戏院"、怡保的"万景台戏院"和马六甲的"一景团影戏院"，构成了邵氏兄弟最早的戏院和发行网络。企盼已久的目标终成现实，有了自己的院线，既不需再过吉普赛式的流浪生活，也不用再寄人篱下。他们可以堂堂正正地按照自己心中的夙愿勇往直前了。在逸夫和山客的努力下，"天一"在南洋站稳了脚跟，不但获得戏院的放映权，若干年后还购地建戏院，建立了完整的电影发行网。

就在邵氏兄弟交上好运的时候，他们又意外地在槟城遇上从上海过来的原上海明星影片公司的股东黄毓彬。此时黄毓彬已与"六合"不欢而散，负气之下携资远走南洋自谋出路，积聚力量以期日后再与"六合"决一雌雄。三人一拍即合，他们决定合作组织一个南洋的电影发行网反击"六合"。

好事接踵而来，不久邵氏兄弟又同当时新加坡的大富豪黄文达、黄平福兄弟交上了朋友。黄家兄弟在新加坡不仅开设了银行，而且拥有当年南洋一带最大的"新世界游乐场"。黄家兄弟独具慧眼，认定邵氏兄弟是不可多得的千里马，必成大器。他们豪不犹豫地同邵氏兄弟合作，将"新世界游乐场"大胆地交给邵氏兄弟经营管理。邵氏兄弟果然不负黄家兄弟的厚望，把"新世界"经营得锦上添花，全年的总收入超过黄家兄弟数年收入总和。得到黄家兄弟的真诚帮助后，邵氏兄弟事业日益壮大，再也无人敢小瞧他们了。

1930 年，山客和逸夫正式挂出"邵氏兄弟公司"的招牌,并先后收购了"新世界游乐场"和"大世界游乐场"。这时候邵氏兄弟在新加坡的三大游乐场中已占其二,成为名副其实的娱乐业大亨了。

勇往直前写历史

从 20 世纪 30 年代初开始,人们对无声电影渐渐失去了兴趣,影院的生意大受冲击。邵逸夫发现有声影片全是好莱坞和西方生产的洋货,而华人影片公司和自己公司生产的仍然是无声片。他意识到在美国和欧洲国家出现有声电影的情况下,如果不采取措施,无声片将面临绝路。邵逸夫要当勇往直前翱翔在时代潮头的海燕,要当勇立潮头大胆创新的弄潮儿。

1931 年,邵逸夫只身前往美国购买有声电影器材,这是一次生死历险记。位于西半球的美国,与南洋相距上万里,深不可测的洋面变化无常。刚才还是风平浪静,顷刻间狂风大作,轮船一会儿被推上峰顶浪尖,一会儿又跌入低谷。邵逸夫躺在船舱里,只觉得天旋地转,胃里翻江倒海般痛苦难受。轮船就在飘摇中艰难地驶出了马六甲海峡。随着夜幕的降临,海上漆黑一片,只有船上的照明灯泛着昏暗的微光。突然"轰"的一声巨响，轮船触礁了。海水从船底涌入船舱……逸夫动作敏捷，死死地抱住一块舢板不放，漂泊在茫茫无际的大海上……第二天上午，前来救援的船只终于将他救起。

邵逸夫深知货比三家的道理，他认真走访，仔细挑选，细细琢磨，终于买到一批物美价廉的电影器材，风风火火奔向码头，快马加鞭回到了新加坡。

"九一八"事变后，醉翁判断上海形势不稳，与村人商量决定把"天一"公司的主力从上海转移到香港。村人在上海继续做发行，以观风向再做定夺。醉翁自己则带上一大批制片人才来到香港，在九龙开设了"天一港厂"（后改南洋影片公司）。

1934年，逸夫和山客拿定主意生产自己的有声影片。同年，由醉翁执导，"天一"在香港的创业之作、邵氏兄弟联袂拍摄的第一部有声国产片《白金龙》问世，同时在香港和上海隆重推出，场场爆满，连续数月公演持久不衰，利润突破100万大关。《白金龙》不仅为邵氏创造票房奇迹，也使中国电影从无声片进入有声片的新时代。

邵逸夫在"天一"成立之初就被大哥委以"外埠发行"的重任，勤奋好学的逸夫自学摄影、编剧甚至学做导演。

1937 年，30 岁的邵逸夫编剧、导演了电影《乡下佬探亲家》，开始在电影界崭露头角。

1937 年，邵氏兄弟俩经过十多年的努力，在新加坡、马来西亚、爪哇、越南、婆罗州等南亚各地已拥有电影院 110 多家、游乐场 9 家。游乐场设有舞台、剧场，每晚可娱乐观众数万人，几乎雄霸了东南亚影业市场。当时，"天一"在上海，邵氏兄弟在新加坡，同舟共济，达到了邵氏家族影业发展的第一次高峰。

正当南洋影片公司事业如日中天的时候，太平洋战争爆发了。1941 年 12 月，南洋也沦陷失守成为日寇统治区。邵氏兄弟苦心经营十几年的电影事业几乎毁于一旦，邵逸夫本人也险遇灭顶之灾。1945 年，日本宣布无条件投降，二战结束。正当盛年的邵逸夫雄心不减当年，摩拳擦掌决心大干一场，重振邵氏家业。1950 年，他再次去美国、西欧、澳大利亚等地更新器材，学习和考察西方先进技术。

倾心打造邵氏电影城

邵逸夫并不满足在南洋取得的事业。

1956 年，即邵氏机构在新加坡创立 30 周年之际，邵氏兄弟在新加坡、马来西亚、越南、泰国、爪哇等国拥有 100 多家电影院和 10 多座大型游乐场。1957 年，正当盛年的邵逸夫决定重振邵氏影业。他从新加坡来到香港，耗费巨资构筑影城。邵逸夫又一次当起了拓荒英雄，也拉开了风云数十年的邵氏电影的序幕。

邵逸夫深知国产片水准不高的主要原因是没有拍摄场地。散兵游将流动作业或手工作坊式的小本经营，不能形成大规模集团力量，在国际市场上总是处于被动挨打的地位。邵逸夫胸怀大志，他要搞一个配套完备的拍摄场地，走好莱坞式"制梦工厂"的道路。20 世纪 50 年代的香港，电影业群雄并起，诸侯割据竞争激烈。这个时候，邵逸夫去香港重振邵氏影业，足见他的锐利的眼光、足够的勇气、巨大的魄力。

邵逸夫一到香港，顾不得洗去风尘立即动手开展工作。他先拿下清水湾 220 号地段的地皮准备建造电影制片厂。那时候，九龙清水湾远离香港闹市区，杂草丛生、交通不便、杳无人烟，要在这块废墟上建造一座现代化的制片厂，这需要何等的胆识与气概？但邵逸夫相中了这里的好环境：远离闹市区，正是制作影片的理想之地。邵逸夫说干就干，他每天不辞辛劳地往返于市区与清水

湾之间，筹划着片场的设计方案。他忙得连休息的时间
都没有，一日三餐也常常被遗忘，直到肚子咕咕叫才胡
乱找点东西填填肚子。有时实在太困了，就把头伸到自
来水笼头下，用凉水消除疲劳。

1958 年，"邵氏兄弟（香港）有限公司"创建，邵
逸夫担任总裁。同年 12 月 4 日上映的《妙手回春》标
志着"邵氏兄弟"正式融入影片当中。

清水湾影城 1957 年破土，历时七年终于建成，成
为亚洲最大的摄影厂。清水湾影城的建立，为邵逸夫荣
登影坛霸主、成为影视大王奠定了根基。"邵氏公司"
在影城崛起，每年要拍三四十部片子，累计拍摄了一千
多部电影，获得了几十项大奖。从这里拍摄的影片源源
不断地流向邵氏电影发行网，每年有四十多部影片，远
远超过香港其他电影公司的影片产量。邵氏影城全盛时
期，员工超过 1300 人，被外国传媒誉为"东方的好莱坞"。

值得一提的是，"邵氏影城"在推广中国文化上功
不可没。在每部影片里都印上中英文字幕，这是邵逸夫
的首创和发明，足见他的爱国心。

邵逸夫的座右铭："我喜欢不停地工作，工作是我
的嗜好。我永不会退休。成功之道要努力苦干，并要对

自己的工作有兴趣，运气只是其次。"邵逸夫的成功不仅在于他知人善任，拥有一大批各方面人才为其所用，更在于他有强烈的事业心和敬业精神。

邵逸夫喜欢看电影，在影视圈内是出了名的。一个重要的原因，邵逸夫工作非常勤勉，精力过人。有人曾说，邵逸夫是看电影时间最多的中国人，这话一点也不假。从20世纪60年代初起，他每天至少要看两三部电影，最高记录一天看过九部电影。

邵逸夫每天看电影的习惯与嗜好，使他能熟悉和掌握市场行情与规律，揣摩分析什么样的电影会受到现阶段民众的欢迎，从而决定他制订路线和应对方针，使"邵氏"出品的影片在强手如林、竞争激烈的市场上立于不败之地。邵逸夫就这样时刻把握着文化动向，分析着观众的喜好，以决定自己的选择，或许这正是他的成功之处。

他开始登上电视王国的宝座。

20世纪70年代末，香港电影业受到来自电视业的强大冲击。随着电视"飞入寻常百姓家"，人们去戏院看电影的次数越来越少了。电影行业的冷清萧条并没有影响邵逸夫的信心与士气，他临危不惧，大胆开拓创新。

邵逸夫看准电视转播业务。

其实，早在 20 世纪 60 年代中期，香港政府就公开招标竞投无线电视广播经营权。邵逸夫立即觉察出电视作为艺术的后起之秀，今后将有无限广阔的市场和不可限量的潜力。邵逸夫以其在电影业的积累，与几位志同道合的朋友一起参加竞标，结果一举中标。

1967 年，香港无线电视开始启播，邵逸夫那时已是股东了。1980 年，邵逸夫出任无线台董事局主席。至此，曾在电影王国中煊赫一时的邵逸夫，激流勇退淡出影坛，转而走上电视王国的宝座。邵逸夫正式领兵挂帅，执掌无线电视的大权后，在电视业务发展方面，大刀阔斧、锐意革新，无线台的局面大为改观。香港无线电视在邵逸夫的带领下好戏连台，《上海滩》《射雕英雄传》《神雕侠侣》《鹿鼎记》等剧红遍华语电视圈。同时捧出了"五虎将"黄日华、刘德华、梁朝伟、苗侨伟、汤镇业；女星则在汪明荃、赵雅芝、郑裕玲之后，捧出了陈玉莲、曾华倩、戚美珍、黎美娴、刘嘉玲等人。邵逸夫将邵氏影城的明星和香港艺术届的精英网罗到门下，制作了大量高水平、高质量的电视剧，使无线台的收视率节节攀升，不但在港岛独占鳌头，而且普及中国大陆及台湾、澳门地区和世界各地的华人社会。

　　几十年来，邵逸夫的影视王国不仅为他积聚了巨额财富，还创造了无数大明星、大导演和名编剧，更为亿万观众带来了无限欢乐。1977年，英国女皇册封邵逸夫爵士勋衔，他成为香港娱乐圈中获得爵士殊荣第一人。

　　　　　　　　　　　（本篇由崔雨编写）

邵逸夫先生的养生观

　　有影视大王美誉的香港"宁波帮"代表人物邵逸夫先生，镇海庄市人，享寿107岁。他的养生之道成为人们最感兴趣的话题之一。他在世时常有人问他如此高龄还那么健康的秘诀何在，邵逸夫总是笑着回答说："秘诀有三，一曰勤奋工作，二曰笑口常开，三曰每天练功。"

　　从养生的角度说，每个人的身心素质与生活环境不同，养生之法也各有不同，但其中一些规律性的东西值得总结与借鉴。在邵逸夫先生身上，"勤奋工作"是最大的秘诀，也是最值得学习借鉴的。

　　"勤奋工作"是邵逸夫先生最看重的。他说："我的最大乐趣是工作。人最怕无事可做，没有事做，就会生病，我永远不退休。"的确，邵先生在90岁之前，还在坚持每天上班。每天早上6点钟就准时起床，有时一天工作时间在16小时以上。在处理日常事务之外，他的主要工作就是看电影。有人说他是看电影最多的中国人。

　　为什么说"勤奋工作"是养生最大的秘诀？因为工作可以给人梦想和目标，振奋人的精神。心中有目标，天天有事做，就会感到有那么一股劲，那么一股力量，源源不断地生发出来。如果无所事事，必然情绪颓废、精神萎靡，也就容易生病。曾经看过这样一个故事，有一位老人，年老力衰，但他梦想用自己的双手建起一间房子，为此他每天用最佳的状态去面对生活，去打拼事业，去创造财富，竟然活到了自己意想不到的年龄。

　　现在的中青年一代，有着很强的事业心，对工作也非常投入，但在养生上总有所不足，媒体常有"白领过劳"的消息传出。他们要么是过于执着工作的成果，而不能很好地享受过程的美丽；要么是过于投入工作的过程，忘记了休息与健身。如何改变这种状况？勤奋工作、事业卓著的长寿老人邵逸夫已经做出了最好的回答。

　　养生，既包括养身，也包括养心。运动可以健身，境界可以养心，而勤奋工作既是养身，也是养心。邵逸夫对人说："我天生喜欢看电影。"这其实是一种对事业的投入与执着，是一种良好的工作状态。正是因为对事业的喜爱，所以能把身心统一起来享受工作、享受生活、怡情养性、笑口常开。

勤奋工作的前提是要热爱工作，努力去发现工作过程中的美好与乐趣。如果说把职业生涯看作无奈的选择，日常工作只是无趣的重复，那便不是养生，而是对生命的摧残，一天下来，只能头昏脑胀，不可能神清气爽。所以，学会养生，还得先发现工作中的美丽，不因为工作所带来的功名利禄，只因为工作的过程就是那么美好，有成就感。

当然，勤奋工作也不是对生命的无限透支，而应该劳逸结合。邵逸夫说晚年小劳有益健康，但应量力而行。其实在生命的不同阶段，也应量力而行，略感疲倦，便要休息。在邵逸夫的养生秘诀中，还有笑口常开和每天练功这两条。

对面临生活工作压力的中青年一代来说，如果真正懂得了勤奋工作的内涵，也就走出了养生的第一步，这也是事业卓著的长寿老人邵逸夫的养生观带给我们的启示。

董浩云：船是他的第二生命

董浩云是浙江省定海县人，1912 年生。他靠"勇于
竞争、大胆创业"的精神，几经努力，开创了中国、亚
洲和世界航运史上的多项"第一"，因而享有"现代郑
和"的美誉。他拥有各种船只 149 艘，总吨位达 1100 万，
是世界"风流船王"奥纳西斯的近两倍；虽不及"世界
船王"包玉刚的环球集团多，但其船舶的种类之多、单
船吨位之大、机械设备之新，均超过环球集团。董浩云
是"世界七大船王"之一，《纽约时报》称其为"世界
最大独立船东"。他留给世界一个最大的商船联合体，
留给年轻人"海上学府"的船上教学模式，也留给香港
一位最高领导人——他的长子董建华。

自幼对海洋产生兴趣

董浩云热爱海洋，他 70 余年的一生和占地球面积
71% 的海洋有着密不可分的关系。他仿佛就是为海洋而

生，就像他自己说的那样"以船为第二生命"。从不到
20岁踏足航运业起，他就在这一片蔚蓝的海洋中几经沉
浮，历尽磨难，虽九死而不悔。

他从小在海边长大，自幼便对海洋和航运事业有着
浓厚的兴趣。早在中学时，董浩云就听过历史老师讲述
郑和率领船队远航非洲东海岸，征服印度洋惊涛骇浪的
故事。课堂上，董浩云用地地道道的定海土话回答老师
的提问："地球表面四分之三是海洋，我应该像郑和那
样有雄心征服大海。"这句话成为他后来毕生献身于航
海事业的预言和印证。事业有成后，董浩云把一艘十五
世纪郑和下西洋的旗舰模型放在纽约办公室，时时激励
自己。董浩云也曾问他的一个小孙子："当你看见大海
时，你会想到什么？"小孙子一脸天真地说："游泳。"
董浩云于是用教导的口吻对小孙子说："爷爷看见浩瀚
的海洋，便会想到如何以这海洋成就一番大事业！"这
是董浩云一生的梦想，也是他一生孜孜以求的信念。

董浩云爱海洋，更爱船只。他对船舶的每个环节都
很熟悉，上至船员、码头，下至公司、顾客均无所不知。
董浩云还喜欢发问，为什么要这个尺寸？何以要用这个
引擎，这种蒸汽机，那副推动器？且寻根问底，对船只

的方方面面都去了解与熟悉。他还对船只的下水典礼十分重视，原赫伯罗德公司主席积克·克鲁斯说："下水典礼在赫伯罗德公司已经做了一百年以上，我们都当作例行公事，首先给船命名，随后便来个晚宴。"但董浩云总是会大肆庆祝，对他而言，每艘新船下水就像亲生孩子诞生般兴奋，他要迫不及待地向世人介绍，而且为新生命诚心祝祷。他曾说："我将它献给世人，我愿为世人谋幸福，愿此船能为社会服务。"他曾表示船并非单纯运载货物，也可作交流思想之用。确实，董浩云对下水典礼非常重视，每一次都有乐队，邀请命名人和副命名人，有时甚至有两位副命名人，而其他船东的船只下水典礼都只有一位命名人。他的这些典礼还十分隆重和堂皇，充满欢乐和喜庆的气氛。

　　船队是董浩云的最爱，就像别人收藏邮票一样，买了就不会再卖出去。他曾经买下4艘很有名的美国船，但很多时候买了没生意都是放在一旁，例如著名的"海上巨人"。人们不免怀疑如此大的船是否用得着。董浩云却另有看法，他说什么事都要由梦想开始。因此有人说，董浩云爱船队，爱航运，不惜违背传统的经济学原则，从废铁商处求出著名的古老邮轮。而其他船王则认为船只只是纯粹的生财工具，无足恋栈，这就显示出董浩云与众不同的气质。

董浩云对国际教育事业的贡献广受赞颂。1970年，董浩云花费330万美元，从美国拍卖商手中购置举世闻名的超级豪华客轮"伊丽莎白皇后号"，又用660万美元将船修复一新，改装成一座可以巡回五洋七洲的"海上学府号"。他还为"伊丽莎白皇后号"制作了一套纪录片，并荣获奖项。很多朋友到他的别墅去，总要一次又一次地被邀请观看这部纪录片。但一场香港历史上最大的火灾把"海上学府号"烧成废墟。在"海上学府号"意外失火、焚于一旦之后，董浩云又毫不犹豫购进一艘2万吨级的美国客轮，改建后命名为"宇宙学府号"，与美国科罗拉罗大学、匹兹堡大学合作，创办"海上进修学院"，继续肩负海上教育的使命。

他的一生始终与海洋和船只相连。他逝世后，骨灰一部分安厝纽约卡梅尔佛寺及香岛小筑的浩云堂，一部分撒在他所热爱的海洋里。这正暗合了董浩云的初衷："我本人自幼就对海洋产生兴趣，以船为第二生命！"

"以中国人为骄傲"

青年时代的董浩云是在"内忧外侮、交相煎迫"的险恶环境中步入商界的。他在《历尽沧桑话航运》中谈道："中国是亚洲大陆国，近百余年受尽来自海洋方面的侵袭，这绵长八千余公里的海岸线，试看每一港，哪一处没有它被侵袭的创痕：从那些港口输入了西方文明，亦带给我们多少耻辱。"但也正是这些，锤炼了他的不屈意志，激励了他的民族自尊，使青年时代的董浩云从商伊始就不仅是一个勤勉经营的商人，更是一个怀抱强国之心、矢志开创中国现代航运事业的不屈爱国者。"以中国人为骄傲"，这是董浩云一生引以自豪的声音，也是支撑和激励他的精神力量。

1935年底，董浩云从天津来到上海，自立门户，拓展事业。他当时雄心勃勃，计划建立自己的航业王国。1936年，年仅25岁的董浩云拟定了一份《整理全国船业方案》，呈送交通部。他提出这个方案，主要目的是希望在政府资助下，成立一个航运信托公司，以促成中国民营小公司的合并经营，充实本国航运力量，为今后收回沿海及内河航运权并筹备开通国际航线做准备。然而，这个方案没有得到政府的支持，于是，董浩云决定由自己筹建。他遍访亲朋好友，游说他们集资。后来，又得到银行家董汉槎的慷慨支持，终于得偿所愿，于

1937 年 4 月创立了中国航运信托公司。

多年后，董氏集团旗下的公司遍布全球，但基地始终在香港，再加上"东方海外"在英国有巨额投资，于是董浩云就成为英国的拉拢对象。董浩云与英国伊丽莎白女王、查尔斯王子的私交都不错。英国人一直游说董浩云加入英国籍，并欲授予他爵位和"太平绅士"称号，以表扬他的成就和贡献，董浩云却一一婉拒。经过多年的生意往来，董浩云与美国上层也建立了密切的关系。美国前任总统里根、卡特、尼克松、福特在入主白宫后，都约请过董浩云共同进餐，他们曾经建议董浩云加入美国籍，但也都被他婉言拒绝了。"以中国人为骄傲"，这是董浩云的座右铭。作为一个中华儿女，他只身奋斗，把世界当作他的战场、他的课堂、他的领域，为中国人赢得了尊严和骄傲。

"世乱更凭千里眼，霸王船队辟新天"

这是董浩云早年同事王辛笛为《董浩云：理想与成就》一书题诗中的两句，说明了董浩云在航运事业中的超凡能力与巨大成就。航运属于周期起伏性行业，与经济发展和贸易休戚相关。由于贸易要视当时经济情况而定，所以要预测国际航运未来二三年的情形是不可能的。但董浩云总是能紧跟形势，从中获利。女儿董建平说，父亲是一个与时俱进、紧跟时代潮流的人物。他十分关心国际间的政治和经济局势，居安思危，常常提出一些独到的见解。

抗战胜利后，国内对航运需求甚大，董浩云紧紧把握机会，尽情发挥才干，公司业务蒸蒸日上。当时的中国，远洋运输在民间航运界从来没有过，但董浩云坚定地认为，远洋运输才是中国航运业发展的重点。他从美国买入了3艘"胜利"型货轮，命名为"京胜""沪胜""渝胜"，与原来的"天龙""通平"等轮船一起从事远洋运输。董浩云旗下的船只"天龙号"首次远航至大西洋海岸及欧洲，另一艘"通平号"则航行到美国旧金山，开创了中国船舶远洋航运的先河。

在香港，董浩云遇上航运业的黄金机会。随着战后香港经济的迅速发展，他的航运生意做得越来越大，名下的货轮也越来越多。20世纪五六十年代，董浩云借助朝鲜战争、越南战争、中东战争等提供的货运机会，迅速拓展其航运事业，并配合日本提供的优惠条件，大力订造新船和收购"二手船"，使董氏船队进入一个大发展时期。1956年，中东爆发第二次战争，埃及凿沉船只阻塞苏伊士运河，苏伊士运河断航，来往欧亚的船只得绕道南非的好望角。航程增加，运费也跟着高涨，这导致国际上对远洋运输船只的需求大增。董浩云马上抓住了这一机会，使自己的实力得到壮大。1959年，他向日本订制七万余吨级油轮"东方巨人号"，该轮为当时世界顶级的十大油轮之一。1961年，董浩云的船队加入国际班轮组织，成为该组织中第一个华资航运集团。

20世纪60年代初，越南战争再次升级，美国军事物资需要大量的船只运输，又一次刺激远洋航运船只的走俏。董浩云在分析了战争的形势及石油航运的前景后，准确地预见到采用高速度、高载重量的新型集装箱货轮是航运业发展的趋势。他当机立断，积极更新船舶，及时订购多艘集装箱货轮投入使用，迅速扩大船队。1969年11月，董浩云在香港创立了东方海外货柜航运公司，成为亚洲首家使用太平洋航线的货运公司，提供定期的远东至美国西岸航线的货柜船，来往于世界各地的董氏船队对香港的经济繁荣做出了巨大贡献。

整个20世纪70年代是世界航运业的兴旺期，也是董浩云航运事业的巅峰阶段。这个时期，他适应航运业的新需求，大力发展集装箱运输，购进3艘豪华邮轮，成立邮船公司，成为世界上独一无二的兼营集装箱轮船和邮船的中国人。他同时利用杠杆融资方式，竭力订造超级油轮，争当世界最大船王。1970年前后，他终于以独资拥有1000多万吨的船队而成为世界最大的独立船东。从总吨位数来说，包玉刚是全世界最大的船王；而从独资所拥有吨位数来说，董浩云才是全世界最大的船王。

1973年10月6日，第四次中东战争爆发，成员国以石油为武器，采取石油禁运等措施，这对西方发达国家来说无疑是个沉重的打击。与此同时，世界航运业也发生了变化，董浩云的东方海外所开发的欧洲航线，正好赶上当时的西方运力不足。1979年，两伊发生大规模武装冲突，直接影响到中英航线，董浩云抓住这一机会，继续深化发展。

1980年4月，董浩云以1.125亿美元买下英国第二大船业集团佛奈斯维公司，成为第一个接管英国大公司的华人。12月19日，董浩云亲自主持了他向日本订造的载重量为56.7万多吨的"海上巨人号"油船下水典礼，轰动了世界航运界。到20世纪80年代中期，该油轮一直是世界上最大的超级巨型运油船。而在此之前，董浩云本人已是名副其实的海上巨人。

应该说，董浩云之所以能够成为世界级船王，主要在于他成功地抓住了各个时期世界航运业的黄金期，并借此发展起来。香港汇丰银行主席盖尔·沙雅说："董浩云是亲力亲为的经营者，每每可以掌握实际情况并关注其发展变化。"因此在20世纪70年代爆发石油危机时，许多油轮主都被拖垮，而他依然获得发展，例如开辟巴西作为新市场。他的管理经验是船越大，管理费越轻，收取运费可以越廉，竞争能力便会越强。

"郑和之雄心，忙碌知乐趣"

1982年，董氏家族已经拥有各类船舶149艘，总吨位已达1100万吨。有记者问董浩云成功的秘决，答曰："郑和之雄心，忙碌知乐趣。"

董浩云在航海训练班期间，紧紧抓住机会，非常珍惜。除了完成规定的课程外，他还自学英语。由于他记忆力惊人，几乎过目不忘，所以在训练班里，花同样多的时间，却能比别人学到更多的知识。在长期的工作实践中他不断刻苦自学，提高自己的各项技能，不仅中英文成绩优异，对远洋航运知识的了解更是达到专业水准。

董浩云工作异常忙碌，为了扩展他的航运事业便周游各国，一年中有很多时间都是在飞机或轮船上度过的，但他事必躬亲，十分勤奋，除了多年来坚持写日记以外，他还习惯亲自撰写书信。他的大脑似乎从未停止过，总是经常做一个又一个的计划、一桩又一桩的交易。

董浩云的友人、曾亲眼目睹他从几条破船发展成"船王"的著名美籍华裔学者、资深记者赵浩生把董浩云作为"宁波帮"中"大丈夫仁中取利、真君子义内求财"的典范提了出来，他说："我以为董浩云成功之道无他，就是讲信用，这可是一笔无形却天价的财富。就凭'董浩云'的一纸签名，日本最大的造船厂愿为他制造30万吨的大油轮；就凭'董浩云'三个字，中东的石油输出国愿和他签订10年的运油合同。"美国银行的程树滋回忆说："董浩云待人真诚友善，体谅他人，同时又果断利落。在我们长久交往中，我从来没有见过他忘记他的做人原则，也没有见过他因为逆境或变故而失去常态。"在他和银行的业务来往上，他的表现无可挑剔，所有的协定，他都按照细节如期兑现。这种君子作风令他的事业成功，也反映出他作为礼仪之邦中国人所具备的优良传统。香港汇丰银行主席盖尔·沙雅认为，声誉是董浩云事业成功的关键，他富有传奇性的航海事业发展得这么成功是依靠他良好的信誉和精明的管理。声誉往往是航海事业成功的关键，尤其是与油业公司、船厂打交道时，声誉的好坏更是决定性的因素。

能真正被人们尊称为"王"的人，必然在人格方面和各个领域都有过人之处，董浩云就是这样的一个人。他身价亿万，却和蔼近人，从不炫耀自己的地位和财富。他生活俭朴，饮食有度，不吸烟，不饮酒，最浓烈的饮料不过是一杯清茶或者是白开水加一两片柠檬。直到生命最后，他没有私人游艇，也没有劳斯莱斯汽车。

董浩云先生的一位挚友曾经说过一句意味深长的话："浩云先生不但崇尚郑和，也同样崇尚马可·波罗。"晚年的董浩云四方奔走，他不但关心年轻人，关心教育，而且关心能源、科技、国际冲突与和解。虽然遍及全球的航运事业，以及遍及世界的航运危机足以使他忙碌和忧心，但他仍然辟出时间出席许多重要的国际会议，会见各国政要，不计报酬地甘于充当一名国际使者、民间外交家。此外，董浩云才华横溢，兴趣广泛。他著有《民族与国籍》《苏伊士运河的危机》及《董氏航业丛书》等著作；他也爱好音乐、摄影、绘画，和著名画家张大千是莫逆之交。与其他同样成功、同样名扬四海的大企业家相比，董浩云先生的特别之处在于：他不仅是"在商言商"的杰出的实业家，更是一位事业家。

董浩云先生之所以不仅让人佩服，而且令人尊敬，既因为他是一代船王、一位富豪，又因为他同时还是一位爱国、守信、热忱人类事业、胸襟如大海般宽阔的人。

一生与海洋结缘
——读《董浩云的世界》

在"宁波帮"的历史上，有两位实业家被冠以"世界船王"的美名，那就是包玉刚先生与董浩云先生，这是中国航运业的骄傲，也令宁波商帮自豪。可能在我们印象中，包玉刚先生更富盛名，但就以与蓝色海洋的情感、对船队及航运业的心血倾注来说，董浩云则更胜包玉刚。

包玉刚先生是以银行家的眼光来经营航运业的，1955 年以一艘旧货船起家，他的船队总吨位在 20 世纪 70 年代中期位居全球第一。而董浩云先生一生以"现代郑和"为追求，视船队为自己的第二生命，是《纽约时报》所称的世界最大的独立船东，他虽比包玉刚年长 6 岁，但早 20 年就从事航运业，且一生以此为业，直至魂归大海。

读《董浩云的世界》一书，看到董浩云的文集、书信及同事朋友的访谈回忆文章，让我们对董浩云的人生历程和精神风范有更深的了解，也让我们真正感受到这位一生与海洋结缘的船王心路。

董浩云人生的起点与终点，都与"海"字相连。他原籍浙江定海，1912 年生于上海。1982 年逝世后，骨灰除由家属保存部分外，分投于太平洋、大西洋与印度洋。一代海洋巨人，以这样的方式表达了他对海洋的热爱。他的岳父顾宗瑞先生，于 1928 年从事航运业，此后创办泰昌祥轮船公司。顾氏也是著名的航运家族。

董浩云于 1930 年起供职于天津航业公司，这是他的第一份工作，此后便与航运业不离不分。20 世纪 30 年代末董浩云成立了中国航运信托公司，1946 年成立中国航运公司，1973 年成立东方海外货柜航业公司。虽然其间也曾涉足银行业等，但其主营与航运及造船未曾相离。

他少年时即以郑和为人生楷模，把目光投向占地球表面四分之三面积的蓝色海洋。他的船队日后也创造出许多令人自豪的记录。1947 年，他领导的中国航运公司派出"天龙"号首游欧洲；1948 年又派出"通平"号横渡太平洋到美国，成为一时盛举。当时欧美侨胞看到挂有中国国旗的轮船，惊喜交集，激动万分。20 世纪 60 年代，他的船队又开辟了中欧、中美、中南美的定期航线。董建华在《读父亲日记有感》一文中说，父亲在日记中一再表白，他建船造船不仅仅是为了个人或家族的事业，更重要的是要"培植与表现中国人之航海能力，并发扬光大"，最终的目的是"为国人航运开一新纪元"。

董浩云是一位真正钟情于海洋的航运家。对于航运的一切，他都用心去学习研究。他对船舶的每个环节都很熟悉。他喜欢发问，去了解船上的每个细节。他热爱船只，每艘新船下水，他都有新生儿出世那般兴奋，诚心祈祷。他重视航运教育与研究，创办了《航运》杂志，并撰写大量的文章与报告。他还把英国最大客船"伊利莎白皇后"买下来，改造为"海上学府"，可惜在装修期间毁于大火。但他并未灰心，又续买一艘大客船"宇宙号"成立海上大学。

他的长子董建华于 1980 年起开始接班管理公司，但此时"东方海外"已陷入严重危机。1982 年 4 月 15 日，董浩云因积劳成疾，猝然长辞。董建华后来在汇丰银行及内地的帮助下，渡过危机，重振雄风。

为了延续董浩云先生的海洋情缘，他的长女董建平在上海交通大学设立了董浩云航运博物馆。2007年又通过三联书店出版了《董浩云的世界》及《董浩云日记》共4大册。

张敏钰：台湾工商界经营奇才

张敏钰先生，1913 年出生于浙江省镇海县霞浦镇，早年在上海经营纺织业，历时 20 余载，先后创办兆庆染织厂、悦新纺织公司。1949 年后到台湾创业，创建益新纺织公司、嘉新面粉厂等，后又投资设嘉新水泥公司，被誉为台湾的"水泥大王"。张敏钰先生一生创业历尽艰辛，遭遇种种困难，但他始终坚信一句话："危机"后面就是"转机"。正是这种信念，让他克服了种种困难，获得巨大成功。

"当一个危机来时，往往是另一转机的开始"

张敏钰自小与母亲相依为命。由于家境清寒，张敏钰 9 岁才上私塾，可第二年就因交不起 2 块银元的学费而面临失学的危机。家里无钱，又想上学，他决心自己挣来学费。一个 9 岁的孩子，又身无分文，你看他怎样挣钱？

那年夏天，他向一位同学的父亲赊来一个西瓜，放在井水中凉透，均匀地切成 16 片，然后拿到路边的凉亭去叫卖，每片 3 个铜板。过路的商旅、挑夫，或是出海归来的打鱼人，天热难耐，纷纷买他的西瓜，居然卖得 48 个铜板。于是他赶快跑去付清瓜钱，所得余钱够买一个就买一个，买不起就再赊一个，一天下来，居然净赚了 50 个铜板。当时 300 个铜板等于一块银元，一个热天的西瓜卖下来，2 块银元的学费早就挣够了。说得夸张一点，这就是张敏钰平生掘得的"第一桶金"。就是这笔小得不能再小的买卖，让张敏钰自幼就懂得了"就近找机会"的道理，也让他第一次懂得了，原来"危机"的后面就是"转机"。

1927 年，在远房亲戚的介绍下，张敏钰进入上海绪元染织厂当学徒。由于聪明伶俐，勤奋好学，老板对他非常满意，三年满师后，升任跑街，推销棉布，显示出卓越的经商才能；三年后又被义生染织厂挖走，为该厂推销棉布，在短期内就把义生厂积压多时的存货销售一空，使之扭亏为盈。

1935 年，张敏钰任职的上海义生染织厂发生了无法调和的劳资纠纷。老板勃然大怒，横下心来关门大吉。

面对这样的变故，张敏钰和另两位中层管理者纷纷劝说老板继续办厂。不料，老板却说："既然你们对这份工作这样执着，我干脆把机器送给你们三人好了。"

张敏钰一听，怦然心动，办厂当老板那是自己梦寐以求的。不过，机器由老板赠送固然很好，可万一将来厂子生意好了，老板会不会又要收回呢？思忖再三，他对老板说："非常感谢你的美意，可是，送给我们总觉得不太好。我想，能不能将机器定个价钱，当作遣散费，发给我们？"老板一口答应下来，办妥手续，将机器设备转到三人名下。

然而，20世纪二三十年代，正爆发世界性的经济危机。为了摆脱危机，西方国家把中国当作竞销棉纱、棉布的大市场，再加上国内连年自然灾害、军阀混战，以及日本帝国主义的侵略，中国本土的棉纺织业几乎停滞不前。和张敏钰一同盘下机器的两位同事看到这样的现状，不免有些退缩。今后怎么办？三人的意见发生了分歧，于是他们将15台机器平分。另外两人将分得的机器拿去变卖，获得了一笔可观的现金。而张敏钰则决定以这5台机器起家，在上海滩创立自己的事业——兆庆染织厂，22岁的张敏钰成了年轻老板。

然而，创业之难真是难于上青天。当时国内适逢"白银风潮"，市场购买力急剧下降，张敏钰白手起家，一无资金，二无销路，要勉强维持都很艰难。幸亏他办厂自始就讲究质量和诚信，不久就赢得了一家大商店"信记棉布号"的信任，决定跟兆庆厂建立长期合作关系，而且当场预付定金500元。这区区500元，帮助他熬过了艰难的创业期。这一年，张敏钰获利8000多元，还清债务后，尚余5000多元。他以此为基点开始了传奇而又艰辛的商业生涯。

"与人方便，自己获利"

张敏钰先生在创业困境中的若干神来之举，看似灵机一动而得，实际上却是创业中认真思考与实践的结果。在创业道路上，有时只需要若干细微的创新之举就可以改变企业困境，获取巨大的效益。关键是创业者、经营者要有细致的观察和快速的反应，这是一种悟性，也是一种创新，与学历长短、学问高低没有必然的联系。张敏钰先生受教育时间不长，只接受过几年私塾教育，但他十分勤奋好学，又善于观察和思考，所以在创业过程中头脑灵活、手段敏捷。

当时，上海有一家名叫纶昌洋行的印染厂，其生产的布匹不但花样新颖，而且货色齐全，因此销路非常好。可是，他们不做零售，只肯批发。每一箱有三十匹布，区分五种花色，每一种花色各有六匹。当时，从全国各地到上海办货的布贩，许多人吃不下一箱三十匹布的货，有的人因为当地只接受少数花色，也不敢整箱买下。

见此情形，张敏钰灵机一动，马上想到赚钱的良方。他整箱整箱向纶昌洋行进货，而后化整为零，打散来卖。他让那些布贩随意挑选自己中意的花色，也不限制布贩购买的匹数，还协助布贩重新包装。而张敏钰只开出一个附带条件：每匹布加收五角手续费。这样，张敏钰每季大约可卖出纶昌洋行五百箱至一千箱的布匹，若以一千箱计算，一箱三十匹，一匹布赚五角，一千箱赚一万五千元，这相当于当时一个业务员两百个月的薪水。

从 1938 年到 1949 年，我国民族纺织业终于迎来了发展的黄金时期。这时的张敏钰，跟人合伙办起了更大的"悦新纺织厂"。一般的企业，一旦发展成熟走上轨道，都喜欢扩大企业规模。张敏钰却认为战乱期间，投资越多风险就越大。所以，他不主张扩大再生产。

但是面对偌大的市场，他又怎能不牢牢把握机会趁机发展自己的企业呢？张敏钰思索良久，想起刚到上海时的代工策略，构思出"联营生产"的方式。"联营生产"就是寻找一些质量有保证、品质信得过的小厂，与之合作，把生产任务交给他们完成。那些小厂由于本身力量单薄，在竞争中已经不堪重负，有了悦新这样的大厂为后盾，无不争相合作。这样一来，既满足了扩大生产的需求，又将风险降到最低，真是个好办法。

张敏钰采用"联营生产"，还考虑到了另一层风险——如果合作厂家学会了悦新厂的全盘技术，进而以低价偷偷外卖，那不就会扰乱悦新的正常经营吗？他又想到一个妙招：让每个厂家只生产一种颜色的布，而无法知道其他颜色布的生产工序。他对合作厂家说："你只做一种颜色的活儿，生产手续单纯，耗料又少，成本自然会低很多。"对方一听，果然有道理，还觉得悦新的老板处处为他们小厂考虑，无不尽心尽力。

"机非常来，常来非机"

创业之路人人可走，可是有人成功，有人失败，除了机遇和运气外，主要依靠创业者面对危机的那份智慧与决心。

1949年春，张敏钰本已买来大批美国产的纺织机械，但因上海战云密布，可能玉石俱焚，便决定南迁，将这批机械装上开往台湾的"太平轮"。不料没过几天，消息传来，"太平轮"竟在半途中沉没，他的财产也随之葬身大海了。可他已经没有退路，只好带着家小前往台湾，再一次赤手空拳闯江湖。

1950年秋，张敏钰在台湾创办的第一家企业正式开业，厂名仍是"悦新染织公司"。那时，为促进岛内经济的复苏，决定扶植较易发展的纺织工业，鼓励民间办纺织厂，政策相当优惠。经验丰富的张敏钰如鱼得水，驾轻就熟，事业一发而不可收。第二年，他与友人合资开设大东纺织公司，第三年又参与创办坤庆纺织公司，均任常务董事。1959年，他独资创办益新纺织公司，亲任董事长兼总经理，致力于科技革新，提高生产水平。

张敏钰还有一句名言："机非常来，常来非机。"说的是商机难得，电光石火，稍纵即逝。见微知著，独具慧眼，能从别人视而不见之处看到"商机"是一种本事，而能从商机一露头就一秒钟也不耽搁地紧紧抓住它，更是一种本事。

由于张敏钰有先见之明，为花布袋申请了10年专利，因此花布袋没有被模仿抄袭，始终独领风骚。直到晚年，张敏钰对他的花布面粉袋的创意仍津津乐道："我的花布面粉袋竟成了活广告，也使我的嘉新面粉在众多的品牌中脱颖而出，成了一个出众的品牌，牢牢地占有市场。"

"只要肯面对，没有困难解决不了"

　　1954年，张敏钰获悉尚未公开的四年计划中，政府有筹设水泥厂的打算，而台湾的矿藏以石灰岩最为丰富。于是，当年11月嘉新水泥股份有限公司宣告成立了，厂址在台湾南部的高雄县冈山镇，那里有取之不尽的石灰岩。

　　这是台湾第一家民营水泥企业，张敏钰自任总经理。他在晚年曾无限感慨地说："这项决定，真是让我吃尽苦头，其间所经历的千辛万苦，甚至是我一生之最，不足为外人道。"

　　面对危机，需要勇气和毅力，不能被困难所吓倒，因为任何成功都不可能是一帆风顺的，关键在于如何将困难看成机遇。张敏钰先生在台湾创办嘉新水泥公司时，所遇到的困难让他刻骨铭心，终生难忘。

首先是选址，辛辛苦苦选定的地址，地下竟然是流沙层，不适合建厂，但被他想办法克服了；接下来是购买机器和争取美援，也是历尽磨难；待到厂房建成，又遇到机器上不了冈山的厂房。

接下来的大难题是筹集不到办厂资金，一开始以为800万元足以应付，不料光是申请美援外汇一项，就需提供2000万元保证金；又因有人从中作梗，核准时间拖延了将近一年，致使动工时开办费竟已耗去7000万元。股东们非常绝望，断定这个水泥厂是"无底钱坑"，谁也不愿再予增资。但张敏钰不能半途而废，只好独立承受筹资重担，动足脑筋，费尽唇舌，并开出极其优惠的条件：活期存款，定期利息，甚至对方一旦交钱，他马上付给一张下个月的即期个人支票，金额是连本带利，一毛也不少。他说："我用这样的办法，陆陆续续地筹足了所需的资金。"

好不容易待到开工仪式，谁知水泥窑冒出黑烟，点火开窑没有成功。凡此种种，都在考验张敏钰的意志，如果轻言放弃，也就永远不可能取得成功。也曾有朋友问张敏钰："这么可怕的困难，你居然也解决得了？"他说："困难，是人说出来的，只要你肯面对它，没有什么困难是解决不了的。"

1957 年，第一套水泥生产设备安装试车完成，正式生火开工，年产五洲牌水泥 15 万吨。翌年，公司的营业额突破了新台币亿元大关。1960 年，第二套水泥生产设备建成投产，产量翻番。又过了 20 年，第四套设备也在冈山落成，年产总量达 220 万吨，为台湾单元工厂中第一大水泥厂。此外，张敏钰还成立嘉利实业公司，专营预拌混凝土事业，在冈山、桃园、中坜、台中、大肚等地设有 5 个预拌厂以及高雄纸袋厂。

1994 年，嘉新水泥集团已成为多元化、跨国性集团企业，拥有水泥、预拌混凝土、建筑、纺织、贸易、资讯、金融、航运八大事业，旗下有 20 多家附属公司和关系企业。这时，嘉新水泥集团开始到祖国大陆投资发展，而其首选之地就是张敏钰一生事业的起点——上海。它与上海建材总公司及上海港务局合资筹建上海嘉新有限公司。后来又在上海合资筹建三家公司，分别为上海嘉环混凝土公司、上海伊通公司和上海长新船务公司。

要创业有成，并非从教科书中学，而是要在时时处处中把握商机，这就要看一个人的悟性。这种悟性不是先天所得，而是一种敏锐，对细微之事也能感受出商机；

也是一种气度，"与人方便，自己获利"，拓展了商机；
更是一种胆魄，坚信"路是人走出来的，困难是要靠人
去克服的"。张敏钰就坚信，天下绝没有不经挫折、不
遇艰难而能成功的事业，也绝没有保守畏缩、听天由命
而能创造奇迹的人。

做人要学叶澄衷
——读马雪芹著《"宁波帮"的先驱叶澄衷》

叶成忠先生，字澄衷，镇海庄市人，出生于鸦片战争爆发的 1840 年，是早期"宁波帮"的领军人物和创业先驱。在巨商大贾层出不穷的上海滩头，留下了"做人要学叶澄衷"的美名，确实是非常不容易，这非但要在工商领域留下令人称道的业绩，更要在为人处世上留下值得世人惊叹的义举。

在民国时期的小学国语课本中，就有关于叶澄衷先生热心公益、捐助教育的课文；在《清史稿》中，也有叶先生的传略，使得他的高尚品德可以感染和影响更多的人。我读了杭州师范大学马雪芹教授所著《"宁波帮"的先驱叶澄衷》一书，对叶澄衷的品格有了更深的理解。

叶澄衷先生于 14 岁那年到上海一家杂货铺当学徒，开始了艰辛创业的历程，他凭着自己的聪明和勤奋，在上海滩头一步一步立足。在这个过程中，他不是依靠奸巧和虚伪，而是凭借诚信和无私闯出新天地。

17岁时，叶澄衷杂货铺学徒期满，因老板不善经营，使其感到失望，便主动离开了杂货铺，购买了小舢板，在黄浦江上售卖商品和食品，以供应停留在江上的外国轮船。在此期间，他注意观察商界形势，捕捉商机，又拼命学习外语，为和外国人打交道创造条件。一次，他捡到英国洋行老板哈里遗失在舢板上的公文包，里面装着巨资及各种证照，叶澄衷临财不苟，一直在舢板上等待失主，最后完璧以归，并坚决谢绝了哈里的谢仪。哈里被叶澄衷的高尚品德所感动，建议他日后经营五金，并愿意提供帮助。

这则故事流传非常之广，也正说明了好人得好报。叶澄衷的这一诚信之举，不但使他在上海滩留下美誉，并在数年后以全部积蓄开出一家"顺记五金洋货店"，这是华人在上海开设的第一家五金店。

叶澄衷似乎并不在意同行是冤家，而且还奖掖提携同行中的青年才俊。定海人朱葆三后来在上海也开设了一家慎裕五金号，在交往中，叶澄衷建议和支持朱葆三把商号迁到闹市区，新商号与叶氏商号相近。日后，朱葆三也成为"宁波帮"中的领军人物。可以这么说，朱葆三的成功崛起之路与叶澄衷有许多相似之处，深深受到叶澄衷的教益与影响。

　　还有一位在汉口的头号中国商人宋炜臣，也是镇海庄市人，他的成长发展更是离不开叶澄衷。叶氏慧眼识英才，不但把他带到上海滩，还委任其为火柴厂协理。在看到宋炜臣的才能后，更把他推荐到汉口创业。

　　在家中，叶澄衷更是一位好儿子、好兄弟，中华传统美德在其身上得到完美体现。他幼年失父，待母至孝。他在上海创业初成，便接母亲到上海居住。后来母亲病重，医而不效，他甚至割股和药以进，以表至孝之心。他有一兄一弟，在老家乡下无法生活之际，都随他到黄浦江上摇舢板经营贸易。兄长叶成义先卒而没有留下子嗣，三年后，叶澄衷喜得长子，却首先过继为长兄之子。1878 年，叶澄衷在镇海老家修建新居，落成后，邀寡嫂和弟弟叶成孝一家共同居住，事寡嫂以敬，待弟弟和睦。

　　还有一件事，叶澄衷所为也令人敬佩。他初到上海当学徒的那家杂货店，老板因最终经营不善而投江自尽，留下老板娘无依无靠。叶澄衷得知此事后，颇为自责。在征得老板娘同意后，一方面在原杂货店基础上开办南顺记五金店，另一方面迎孤苦无依的老板娘到家中居住，并为她养老送终。

　　叶澄衷在社会公益活动和慈善救济事业中的义举更是广为人知。他的人生经历和创业传奇说明，只有做到立身以德、待人以诚、处世以义，才能夯实创事业的道德基石。如今在商场上叱咤风云的人物，在创业中孜孜以求的青年，都应静下心来品味"做人要学叶澄衷"这句话。

宋汉章的处世之道

——读孙善根著《金融翘楚宋汉章》

近日，读宁波大学孙善根研究员所著《金融翘楚宋汉章》一书。宋先生在近代上海银行业中声誉卓著，长期担任中国银行总经理一职，而他在商言商、不为权贵所压服的气概也为时人所钦佩。而对我来说，印象最为深刻的却是书中最为简短的第八章《处世之道》，宋先生自奉俭朴、克己奉公、淡泊名利、宽厚待人的作风，深得中国传统处世之道。在我看来，这是兼通儒道的处世智慧，在今日尤其具有启示意义。

宋汉章先生为浙江余姚人，1872 年生于福建省，1968 年逝于香港，享年 96 岁。他自 1912 年在上海参与筹办中国银行后，一直在该行从业，先后担任中国银行上海分行经理，中国银行常务董事、总经理、董事长等职。此外还曾担任过中国保险公司董事长、中国保险学会理事长，另曾担任过一届上海总商会会长。

暂时撇开宋先生在银行业、保险业的卓著业绩不谈，以他的声望和地位，始终保持自奉俭朴、低调为人的作风而不改，确实令人敬佩不已。他一生都以银行薪资收入俭朴度日，衣食住行都力求简单。按规定，中国银行为他配备了汽车，但他平日由家到行、从行回家，习于步行，如非远道或要事，很少动用汽车。他的邻家看其如此俭朴，竟不知他就是权威赫赫的中国银行总经理。根据书中所载的材料，我们还知道宋先生衣着朴素，家中也很少使唤佣人，有些杂务还是宋先生亲自劳作。这不禁使我想起《老子》中的一段话，"我有三宝，持而保之：一曰慈，二曰俭，三曰不敢为天下先"。从宋先生的做派可以感受到他信奉的是"知足者富"。再来看看现在有不少人，铺张浪费、未富先奢，何尝知道"深藏若虚"四字，结果只能给人留下"浅薄""庸俗"的印象。

宋先生克己奉公，时时处处为公家着想，从不滥用公家分文，此种自律精神，在中行传为美谈。与宋先生长期共事的张嘉璈先生就极力赞誉他"爱惜公物，处处为银行节省，绝不滥用分文；公私分明，无论零星开支与业务往来，绝无假公济私情事"。宋先生参加各类应酬，几乎都是自掏腰包，外界所送的车马费、酬谢费均一概谢绝。他兼职担任一些社会职务，也不领各类报酬。据书中介绍，宋老先生在香港定居之时，租住在二房一厅没有冷气的住宅里，香港中行曾邀请宋老先生搬入中行的高层宿舍，他婉拒了，理由是无功不受禄。在我看来，这种修身自律之境界，确实是体现了传统处世之道中最精要的部分。而那些公私不分、假公济私、贪婪成性之徒，又怎能体会到坦荡荡的人生意境呢？

宋先生处世，淡泊名利，低调为人，宽厚待人，赢得了社会与同行的敬重。宋先生曾三次辞让上海总商会会长一职。1916 年 5 月，因宋先生此前抗拒袁世凯的停兑令而名声大振，被选为会长，但低调而敬业的宋先生两次致函辞职，会长改选朱葆三担任。1922 年 7 月，宋先生再次被选为会长，他又旋即函辞，但因总商会会董恳切挽留，才担任了一届两年的会长职务。他待自己严格，但待人却极宽厚，从不将恩怨放在心头。他曾于1912 年被陈其美设计绑架，1924 年朱葆三也曾向他发难，但他宽大为怀，去参加两人的追悼会。他淡泊名利，无欲则刚，从不曲意逢迎，并且敢于抗争，无论是袁世凯还是蒋介石，他都不买账，真可谓"柔弱胜刚强"。对于宋先生来说，所投入的、所计较的，就是脚踏实地、认认真真地把银行业、保险业的业务做好。他虽不计较个人得失，但对于自己的事业却是尽职尽责。

《老子》第9章有云："持而盈之，不知其已；揣而锐之，不可长保；金玉满堂，莫之能守；富贵而骄，自遗其咎；功遂身退，天之道也。"宋先生活了96岁，历经三朝，世事洞明，在他身上，可以体会到功成弗居、居功不傲的处世智慧，也可感受其为而不争、公而忘私的人生境界。其实在许多宁波商帮代表人物身上，也具有这种为人处世的智慧，如朱葆三"积财不如积德"；又如低调为人、慈善为乐的陈廷骅；还有朱绣山、朱英龙父子，都体现了这种品格。如今时代价值多元，但有些现象引人深思，那就是追名逐利成为人生追求、骄奢淫逸成为流行风尚。我们追慕宁波商帮宋汉章先生的处世之道，就是期待能把克己律身、淡泊名利、自奉俭朴、公私分明的精神传承下去。

创业成功后的包玉刚

——读包陪庆新著《包玉刚：我的爸爸》

20世纪70年代中后期，包玉刚登上了"世界船王"的宝座。1978年，包玉刚的环球航运公司有大型、巨型轮船170多艘，总吨位达到2000万吨以上，居世界航运业之首。此时，距他1955年开始投身航运这个陌生的行业也有20多年了。1979年更被推为国际独立船东协会主席。他奔波于世界各地，结交各国政经要人，成为当时最具有影响力的华人之一。

此时，也正是包玉刚年届花甲之时，站在事业的顶峰，如何继续推进事业，如何从航运业转向多元经营，又如何回报祖国、回馈故乡，成为创业成功之后包玉刚思考最多的问题。从创业延伸到守业，从爱国延伸到报国，这是晚年包玉刚的历史使命和时代责任，也为海外"宁波帮"人士树立了一个光辉的典范。

在包玉刚长女包陪庆新著的《包玉刚：我的爸爸》（香港商务印书馆2008年11月出版）一书中，我们以更亲切、细腻的情愫来感受他创业成功后的心路历程。

一代船王开始"登陆上天"

晚年的包玉刚，在事业上有两大重要的举措，一是从航运业逐渐转向多元经营，二是渐次安排交接班事宜。

事业有成的包玉刚，于 1980 年在香港经历了一场激烈的商战，也就是收购九龙仓股票。这场商战已被列为 MBA 经典案例，也有评点包玉刚在商战中惨胜。他的大女婿苏海文也说："参与收购九龙仓一战，在整个过程中学到很多东西，不过，下次收购大公司该少付一点钱了。"但在包陪庆的回忆中，我们可以感受到，此时的包玉刚已有一种非凡的气度和对利益相对超然的态度，与早年以银行家的基础投身航运时那种小心翼翼、放长线钓大鱼的心态截然不同。

收购九龙仓是包玉刚把庞大资产转移到陆地的一个好机会。九龙仓是一家有百年历史的英资洋行，由当时香港四大英资洋行之一的怡和集团控制（另外三行是和记、会德丰和太古），九龙仓名下有一些价值不菲的码头、酒店、仓库、电车、渡海轮等。购买股票比直接投资其他生意见效快，而九龙仓又是一家实力雄厚、有发展潜力的企业。

其间的风云变幻、激烈态势已广为人知，无须多说，但包玉刚内心的想法却值得追述。"怡和洋行气焰嚣张，我就不相信不能撼他一次！这次收购要百分之百成功。"而这一信念的背后则是香港市民的期待，香港市民都希望包玉刚能赢，因为他是中国人，是第一个华人"世界船王"，有崇高的威望。

更有一点，作为华人"世界船王"，站在事业的顶峰，所竞争的不仅仅是经济利益，还有胆魄、气度、责任。于是，市场这样评价这场收购："包玉刚以迅雷不及掩耳之势，打了一场漂亮、干净利落的世纪收购战。"包陪庆这样评价："爸爸自从成为第一位华人世界船王后，又创造了一次登陆奇迹！成为首位在股票市场中战胜英资大行的华人。"

1985 年，包玉刚又收购了英资会德丰股权，任会德丰主席。对这几年的"登陆"之战，他的大女婿苏海文也深为感动，以包玉刚的从商智慧，却肯做赔本生意，吃眼前亏，无非想为国家多做贡献。包陪庆则回忆道："回想当年，爸爸的确挑战了当时的四大英资，并一一地弱化了他们。一是把怡和旗下置地拥有的九龙仓买下，二是把他持有的和记黄埔股份转让给李嘉诚，三是买下会德丰，四是与太古旗下的国泰航空对立。即使不算仗仗全胜，也实在是一场勇战。在业务上，爸爸不但在海里称雄，是一代船王，还要上陆登天。其大胆果断，确为中国人争了一口气。"

1983年，65岁的包玉刚患上肺癌，虽经手术，但毕竟影响了健康。包玉刚也开始思考交班的问题。此前一年，他叫在英国居住的长女包陪庆回香港，让长婿苏海文进入环球航运集团担任副主席。到1985年，开始安排四个女婿分别接替他的工作，其中大女婿苏海文管理航海、航空业；二女婿吴光正管理九龙仓、会德丰等物业上市公司；三女婿渡申一郎负责Cornes这家日本贸易公司；四女婿郑维健管理环球投资有限公司。而包玉刚则把更多的精力放在内地的经济建设上来。

从爱国之情到报国之路

包玉刚于1949年离开上海到香港创业，1955年开始投身航运业，因为创业需要，他于1963年加入了英国籍，而且长期与日本企业建立合作关系。但在他的内心深处，却潜藏着炽热的爱国之情。包玉刚因为改入英国籍一事受到朋友和家人的误解。他自己说："对于我来说，这本护照是英国的，只不过是一个通行证件，是改不了我的心的。"

1978年，内地开始改革开放。10月28日，包玉刚夫妇受国务院侨办主任廖承志邀请飞赴北京，会见担任国家旅游总局局长的表兄卢绪章，并决定捐资1000万美元在北京建一家国际饭店和旅游总局办公楼。

首次北京之行，使包玉刚感受到了内地改革开放的决心。1980年他再次赴京，得到邓小平、华国锋、叶剑英等的接见，并与六机部柴树藩部长共同签订成立国际联合船舶投资有限公司的合同。此公司是改革开放后组成的首家中外合资企业，由于投资大，特别引人注目。该公司在国外注册，由包玉刚任董事长，以支持中国船舶出口。应柴树藩部长的请求，他还出资1000万美元，为时属六机部管理的上海交通大学建造图书馆。此后，包玉刚还陆续设立了国家教委包兆龙中国留学生奖学金、浙江大学包兆龙包玉刚中国留学生奖学金、中英友好奖学金等。

再次北京之行，更让包玉刚感受到更多的信心和决心，此后他几乎每年都要到北京一两趟，并与邓小平建立了深厚的友谊。在频频进京与高层领导接触中，他也为香港顺利回归祖国做出了独特的贡献。1981年12月8日，邓小平接见包玉刚时谈到中国要在1997年收回香港，包玉刚得到这个消息比外界早了七个月。

曾任英国外交大臣的杰弗里·豪对包陪庆说："你爸爸包玉刚先生，不但是邓小平的朋友，也得到英国首相撒切尔夫人的信任。他在谈判的几年中，两地穿梭，起了很大的作用，有如机器润滑剂，增进双方的信任。"

经包陪庆回忆，正当中英秘密谈判陷入僵局之际，包玉刚带着长女长婿去英国会见撒切尔夫人，当时撒切尔夫人正为英国轮船制造业衰退而烦恼。包玉刚说："我送给首相的圣诞礼物是向英国一家船厂订一条轮船，已谈妥签约，一年后，请您主持下水仪式，为它命名，祝福此船。"包玉刚的这一举动带动其他船东到英国订船，以改变英国造船业的困境。包玉刚还提出一个条件，"我同时在上海也订了一条同类的船，请首相您明年主持英国的船下水之后，就到中国去主持那条姐妹船的下水仪式。"这实际上也是以一种民间的方式邀请撒切尔夫人到中国看看。果然，1982年9月撒切尔夫人访华期间在上海江南造船厂出席了"世谊"号命名典礼。

为了帮助解决中英关于香港问题谈判出现的僵局，

包玉刚还通过美国总统里根去做撒切尔夫人的工作。包玉刚把一幅亲自研墨挥毫书写的"柳暗花明又一村"交给里根，请他转交给撒切尔夫人。他说："麻烦您，总统先生，请把这幅字亲自交给撒切尔夫人，告诉她中国将是我们大家发展的前途。虽然香港回归中国，英国看似损失一颗东方明珠，但中国未来的发展，将为英国带来更大的利益。"

1984 年 12 月 19 日，中英双方签署了联合声明，包玉刚作为贵宾应邀参加了签字仪式，成为这一历史的见证人。

开发宁波，振兴中华

自从 1978 年 10 月 28 日首次到内地，包玉刚迟迟没有回故乡宁波。一直到 1984 年 10 月 28 日，他才和自己的兄弟姐妹一起回宁波，但没有让第二代去。他是担心第二代人"对过去没印象，说不准就会被落后和贫困的现状吓走，可能对中国失望或产生什么负面作用"。但回到故乡以后，那份浓烈的被压抑太久的爱乡之情被激发起来。特别是镇海侨办为维修他们的故居，六次到海岛嵊泗找回他们的结婚新床，让包玉刚的夫人黄秀英尤其感动。这一次回故乡，包玉刚高兴地写下了"开发宁波，振兴中华"。

包玉刚对故乡宁波的最大贡献，一是促成建立国务院宁波开发协调小组，二是捐资创办宁波大学。

包玉刚把团结全世界的"宁波帮"回乡建设和帮助解决宁波改革开放进程中的难题作为晚年的主要任务。1985年10月，万里代总理在宁波召开会议研究宁波开放中需要解决的问题，包玉刚提出要成立工作小组专门研究宁波的问题，并请万里当组长。万里当即同意成立协调小组。很快，国务院批准成立宁波经济开发协调小组，由谷牧任组长，陈先任副组长，卢绪章、包玉刚为顾问。协调小组成立三年，开了六次会，包玉刚每次都参加。其中影响最大的是协调小组促成了宁波成为计划单列市。包陪庆说："有许多朋友对我说过，宁波如果没有包先生，就不会有宁波开发协调小组的诞生，如果没有这个协调小组，宁波成为计划单列市的可能性只能是零。"包玉刚自己也多次兴奋地说："我是宁波的大使，宁波的事也是我的事。我愿为宁波的百姓跑腿。"

1985年10月，他就带领全家回旧居镇海庄市钟包村"履安堂"。从此以后，他几乎每年都要回宁波。他每次回宁波前一个月，都会请人把他的行程和时间通报给在港的宁波籍企业家、专家，请问他们是否能一起回宁波，如果答复同行的，由包玉刚发邀请函。这样，包玉刚每次回宁波，都有一二十位海外"宁波帮"的朋友同行，一同为宁波的事出谋划策，一同为家乡建设出钱出力。

1984年10月28日至30日，包玉刚首次回乡访问期间，就表示了创办宁波大学的意向。同年12月19日中英联合声明签署仪式的当天晚上，包玉刚在北京与宁波市人民政府签订了捐资2000万美元（相当于5000万人民币）创办宁波大学的协议。1985年9月26日，邓小平为宁波大学题写了校名。

从1985年10月到1989年10月，包玉刚先后五次走进宁波大学校园，关心学校的建设，看望教师和学生。1985年10月29日，宁波大学举办了隆重的奠基典礼，万里与包玉刚等出席；1986年11月26日，包玉刚与万里等参加了宁波大学首届学生的开学典礼；1987年10月3日，包玉刚一行70余人到宁大访问，并向同学们提出："宁大还有很长、很艰巨的路要走，让我们大家同心协力，一定要为这所大学打下良好的基础，不但在国内成为一所第一流的大学，而且在国际也成为有地位的闻名学府。"1988 年 10 月 18 日，包玉刚到宁波大学参加了第一期校舍落成典礼；1989 年 10 月 27 日，包玉刚一行 32 人到校访问，包玉刚在运动场向师生发表讲话："希望同学们珍惜大好时光，刻苦学习，奋发向上，热爱祖国，热爱家乡，将来更好地为国家建设出力。"

为感念包玉刚对宁波大学的关爱之情，宁波大学设立了包玉刚纪念室，塑立了包玉刚铜像，并将他的座右铭"持恒健身、勤俭建业"镌刻在体育中心外墙上。

1991 年 9 月 23 日，包玉刚先生在香港去世。去世前，他曾要长女包陪庆包机送全家去夏威夷。最后，女儿们在夏威夷圣殿谷为包玉刚寻觅到长眠之处。夏威夷是包玉刚度假的地方，是他笑声最灿烂、精神最放松的地方，也是他全家温馨和谐相处的地方。包玉刚最终选择这里作为人生的最终归宿，不但可以遥望海洋回想曾经的海上风云，也可以享受轻松快乐的生活，弥补人生的缺憾，这也许是一位创业成功者最后的愿望。

从宁波大学龙赛理科楼命名说开去

　　宁波大学龙赛理科楼是由著名"宁波帮"人士包玉书先生捐资助建的。看到龙赛理科楼的命名，很多人还会注意到镇海区龙赛中学、龙赛医院，这都是由包玉书先生及其同胞兄妹们捐资助建的。

　　为什么以"龙赛"命名？"龙"字取自他们的父亲包兆龙的名讳，"赛"字取自他们的母亲陈赛琴的名讳，包玉书兄妹把自己的慈善义举归功于父母，来显扬家族的名声，来报答父母的恩情。

　　包玉书先生的胞弟，便是大名鼎鼎的包玉刚。包玉刚所捐赠助建的项目，大多以父亲包兆龙先生的名讳命名。如北京兆龙饭店、上海交通大学兆龙图书馆，又如在家乡庄市的兆龙路。包玉刚成名之后，在接受媒体采访时曾经多次表达他对父母的感激，"我的成功离不开我的父亲与母亲，离不开他们对我的教育，如果说我在这个世界上有最感激的人，那就是我的父母"。他在捐建北京兆龙饭店时，曾给当时的国家领导人写信，"我只有一个要求，纪念我的父亲，我父亲已经八十多岁了，饭店就叫兆龙饭店"。他就是要用这种方式来表达对父母的感恩之心。

在包氏兄妹的身上，我们感受到一份浓浓的感恩之情。一个人事业的成功，除了自己的努力打拼与不断进取外，还需要家庭和社会的支持，特别是家人的鼓励更为重要。包玉刚事业上前进的每一步，都有父亲包兆龙的陪伴。包玉书兄妹在回忆母亲时说："兄辈中能在事业上有所成就，蜚声中外，养育之恩，良有心也。"

包氏兄妹是海外"宁波帮"人士感恩精神的典型代表。他们的善行义举感动了我们，也教会了我们如何表达感恩之心。

显亲扬名，让父母双亲名声显耀传扬。正如《孝经》所说，"立身行道，扬名于后世，以显父母，孝之终也"。百善孝为先，这是尽孝的一种方法，也是中国人最为看重的一种表达孝心、表达感恩的方式。比如说赵安中先生捐建的项目，都以母亲"林杏琴"命名；朱英龙先生捐建的项目，都以父亲"朱绣山"命名，都是为了表达对父母的感恩之情。

慎终追远，传好家训家风。曾子曰："慎终追远，民德归厚矣。"对于大部分人来说，要常常怀念自己的父母和祖先，看看老祖宗都给自己留下了些什么，努力传承父母和祖先的嘉言善行和家训家风，这也是表达孝心与感恩之情的重要途径。

推己及人，感恩每一个人。感恩之情不局限于父母，而是要感恩人生旅程中曾经相遇的每一个人，包括老师、亲友、同学、同事、领导、下属，他们总在某个阶段给予了帮助，提供了支持，让自己坚定了方向、少走弯路。我们同样要秉持着一颗感恩之心，真诚地说一句"谢谢"。

天命之年仍可创业
——读王耀成著《希望之路：赵安中传》

一路播撒希望的赵安中先生于 2007 年 11 月 4 日驾鹤西去，享年 90 岁。这位老人在生命的最后 20 余年，致力于祖国的教育事业，在神州大地建起了上百栋以他慈母爱妻命名的教学楼，也成为他人生的一座座丰碑。当我们透过王耀成先生所著的《希望之路：赵安中传》，所感知的不仅仅是他爱国爱乡、心系教育的情怀，同样被他中年艰苦创业的经历深深震撼。

创业，多少人曾经梦寐以求的，又有多少人最终折戟而返，其实他们缺少的不是机遇，也不是资金，而是百折不挠的勇气。于是一些人在未及而立之年，未经多少沧桑坎坷，便心灰意懒，归隐泉下，浑浑噩噩度过终年。在赵安中先生身上，让我们感动的是他在五十而知天命之年，仍有不屈不服的意志，仍有愈挫愈勇的力量，终于成就了荣华纺织有限公司，他自己也终于成为顶天立地的"老板"。

不屈不服，愈挫愈勇

赵安中先生的创业经历，最让人感动的是他不甘心永远做伙计，而希望自己能做一个"老板"的志气，这样就可以自己支配命运而不是被别人支配。在香港期间，他曾在日本江商洋行工作10年。1956年他进江商时已经39岁，为求生计，不得不暂时屈从，但在内心深处，他并不愿意在日本人手下做事。他的想法是，和日本人做生意可以，但吃日本人的饭，味道不好。1959年，他42岁，仍在日本江商洋行工作期间，就开始与朋友合伙创办嘉丰纱厂。

创业的路是充满荆棘和坎坷的，只有硬着头皮，吃足苦头，才能享受创业成功的喜悦。嘉丰纱厂自从创办开始，便一路亏本。他对办纱厂是外行，机器设备、工艺流程等统统不懂。连办三年，连亏三年，嘉丰纱厂只好与日商合作重组。

嘉丰纱厂是赵安中最早创办的实业，也是日后的荣华纺织有限公司的前身。虽然很小，却是他亲手奠定的第一块基石。由于赵安中为嘉丰购买的地皮涨价，为他

1965 年创办荣华纺织有限公司打下了基础。这一年他 48 岁，正式辞去了在日本江商洋行的工作。这个年龄，与中国传统所讲的"五十而知天命"的 50 岁只差两年了。

创业难，守业更难。荣华公司生不逢时，1965、1966 两年香港的纱布业市道非常低迷，行情很不好，荣华一路亏损，看不到希望。到 1967 年，纱厂的生意方才转好。好景不长，到 1969 年，形势又急转直下，到 1971 年荣华再次陷入困境，赵安中不得不结束在香港的纱厂业务。

创业的步伐没有停止。经实地考察，1972 年将纱厂迁至印度尼西亚。到 1976 年，赵安中的日子才好过起来，这时他已年近 60。

屈指算来，赵安中从初登港岛，白手起家，到事业有成，从 32 岁到 59 岁，他走过了 27 个年头。1978 年印尼盾大幅贬值，荣华厂陷入困境之际，他还处乱不惊，成功化解了这场危机，并在危机中获得了新的发展机遇。

70 岁以后，赵安中把一手创办的荣华纺织有限公司交给儿子管理，自己则过着一种"退而不休"的生活，把主要精力放在捐助祖国的教育事业上。

相见以诚，执事以信

多个朋友多条路，朋友多了路好走，在创业道路上，朋友的帮助也显得非常重要。但要赢得朋友的帮助，得到他人的尊敬，首要的是自己要真诚待人，要有做人的骨气。

在日本江商洋行工作期间，有一位赴印度尼西亚谈判失利来到香港的同事神原，经理和原有的同事都有些冷落他。赵安中在偶尔交谈中，感到神原很有风度，便在神原最苦闷的时候接待他，请他吃大排档，请他看电影。神原见赵安中待人真诚，也愿意交流，他给赵安中介绍日本纺织家的做法，谈东南亚纺织前途和世界纺织史，令赵安中大开眼界。神原回日本前，赵安中还送了一点小礼物。一个人在最困难的时候，最需要的是理解，是慰藉，这个时候友情是最重要的。到日本后，神原得到重用，并成为日本江商洋行的社长。后来神原回香港后，对赵安中优礼有加，使得赵安中在江商的地位大为提升。王耀成在《希望之路：赵安中传》中称这是赵安中在"烧冷灶"，这样的评价过于功利。如果赵安中是这样的人，就不会在多年后神原生病住院期间再去看他，神原也不会把赵安中赠送的金笔长期带在身边使用。可以肯定，赵安中与神原之间是真诚的个人情谊。

在人与人之间的交往中，赵安中总是真诚相待，虽然这让他在早期的生意上吃过一点亏，但他始终没有改变这一点。王耀成在《希望之路：赵安中传》中指出，在他走到人生最初的歧路，不知如何走下去的时候，第一个给他指点迷津的是郑有庚先生。在他流落香港、茫然无措时，最初向他伸出援手的是沈绍敏。在赵安中一生的事业中，助力最多、相处最久、相知最深的有四个人：李绍周、骆肇祥、王敏生、周慕昌。

赵安中的立身之道、交友之道、行事处世的方式，是他成功创业的重要基础。他在日本江商工作期间，保持一种低调但有尊严的态度，硬硬朗朗做人，对上不卑，待下不亢，不像一些人那样伏低做小、样样听话，赢得了大家的尊敬。他重友情，并经常教育儿子，"钱可以不要，路不能没有，宁可断财，不可断路"。在与朋友相处时，他总是替别人着想。也正是因为他的这份真诚，使得他在生意场上得到大家的帮扶，迈过了一个又一个创业中的坎坷。

王耀成说过："朋友之间，相见以诚，执事以信。"这是赵安中总能得到朋友帮助的根本原因。

凭勤俭建立根本

当年到香港的宁波人有两种情况。一种是主动从上海撤到香港的，这些人或者随身带有可观的资财，或者有某种行业可以经营。另一种是完全被动地被命运抛到香港的，一无资本，二无职业，一切都是从零开始。赵安中就是后一种人，1949年他孤身流落香港时，全部身家是20元美金、120元港币和2枚戒指，并且此后一年多与家中音讯不通。

赵安中的创业过程属于真正的艰苦创业，完全是靠勤劳苦做、省吃俭用才积累起资本。如果用一句话来概括赵安中的成功秘诀，那就是"凭勤俭建立根本，靠积聚而成小康"。

赵安中说："我们是靠做得多、用得少才生存下来的。我虽说做了多年纱厂老板，但是我比人家布厂老板还不如。人家老板有私家车，我没有；人家有漂亮洋房，我家的房子还是租的。我当时不是买不起房子、车子，而是想到要是买了，这笔钱就派不上其他用场了。"他正是靠在生活中力行节俭，把资金尽可能用在事业上，才帮助他更好地克服创业中的困难。

"钱是要用的，要紧的是，钱要用到该用的地方。"创业之际，他把钱用于事业中。创业成功后，他把钱用于祖国的教育事业上。他认为，"创业、聚财是一种满足；散财、捐助是一种乐趣"。

在赵安中先生身上，感受最深的不是他的事业做得多成功，反而是他的事业做得太艰辛。事实上，每个人的创业经历都是历经坎坷的。有些人用真诚、用意志去克服困难，加上机遇垂青获成功；而有些人先是裹足不前，待稍有成就时又铺张浪费，无论时运多么眷顾，也摆脱不了失败的结局。赵安中39岁才有一个稳定的职员岗位，48岁才开始独立创业，但因为他用心去做，成功依然向他招手，所以创业不在乎年龄，而在乎心态。王耀成先生把书名定为《希望之路》，所提示的不仅是赵安中先生为教育事业所播撒的"希望"，也包含着启示年轻一代勇于创业的"希望"。

吃得苦中苦，方为人上人

——读戴光中著《梦的追求：张济民传》

宁波大学戴光中教授所著的《梦的追求：张济民传》是一本全面而生动反映张济民先生创业历程的人物传记，叙述准确而生动，语言朴实而流畅，这也是戴教授"宁波帮"系列人物传记中的重要一本，2004年6月由人民文学出版社出版。

张济民，镇海贵驷王家桥人，1920年出生于上海。1936年只身去新加坡谋生，走出了创业第一步。后在广州开设"大华贸易行"。抗战胜利后到日本创业，创办日独药品株式会社，后与德国先灵药厂合资，改组为先灵株式会社，任大阪总部经理。1972年移居美国旧金山，先后创办伟士利企业有限公司、华声广播电视公司、西湖投资开发公司等，成为"新加州地产大王"。在1996年《福布斯》杂志公布的北美华人富豪榜上，拥有3亿美元身价的张济民排在第4位。

戴教授以"梦的追求"统领全书，以"雄起于东亚，晚成于北美"两个篇章来概括张济民先生的创业精神和创业历程。我在阅读中,感受最深的却是书中多次出现的"吃得苦中苦,方为人上人"这一句老话。还有一句老话,讲的也是相近的道理,"苦成萝卜头,吃穿勿用愁",言下之意,只有下得辛苦,才能发家致富。两者的区别是,前者着眼于追求更高的社会地位,后者更重视个人的享受。从创业的视角来说,前者着眼于成为工商阶层的一员,后者只是普通的劳动者,所以宁波人外出创业称为"学生意",而不是"打工"。因此,把"梦的追求"与"吃得苦中苦,方为人上人"结合起来阐释张济民的创业历程,有其内在的逻辑性。

现在的年轻人要学习传承前辈"宁波帮"的创业精神,最重要的莫过于学习他们甘于吃苦、勇于奋进的精神。吃苦耐劳,这应该是创业成功的第一块基石。对张济民来说,初下南洋时,首先面临的就是生活的落魄与艰辛,"有一回饿了三天,实在没法,就趴在河边咕噜咕噜地喝了一肚子水"。但牢记的却是父亲常说的一句老话:吃得苦中苦,方为人上人。

对张济民,还有一种难以言说的苦楚,就是身在国外,受到当地国民的排挤与冷遇,虽然他的夫人是日本人，但他却永远无法融入日本社会中。他要付出比常人更多的努力，经历更多的艰辛，要永不懈怠地拼搏与奋斗，才能做出一番事业，才能出人头地，赢得应有的尊重。

他是 1945 年至 1972 年期间在日本创业，对于到日本做生意的中国人，不遗余力地打击。张济民晚年回忆说，这使他在商业活动中备受打击，吃尽苦头。对于这种境遇，张济民一方面只能默默地承受，另一方面是要通过自己的百倍努力去打拼。戴光中教授写道："万幸的是，吃得苦中苦，方为人上人，始终是张济民的座右铭。"他那百折不挠的性格，并未因岁月的流逝而磨灭，而是咬紧牙关，自力更生，奋发图强。

1970 年，张济民任总经理的日本先灵股份公司销售总额达 100 亿日元，在日本同行业中排名第 24 位，在先灵总公司中排名第 2 位。3 年后，张济民在事业如日中天之际，辞去职务，迁往美国。许多人不明白其中原因，对张济民来说，日本人的排外性使得他的子女得不到良好的教育是主要原因，而总公司的不信任和工会组织的"好斗"则是根本原因，这对一向待人以诚的张济民是沉重打击。好在他事业有成，并且得到大多数员工的尊重，可以扬眉吐气地离开一手创办经营的会社。

既有梦的追求，又能百折不挠艰苦创业，这在张济民身上得到完美结合。没有梦的追求，奋斗和艰辛就没有目标和方向；不能含辛茹苦，梦便永远只是梦。要让梦成真，就必须吃得苦中苦。

"吃苦"的另一种表述即"勤奋"。张济民刚到美国，首先面对的就是语言障碍，其次是烦琐复杂的美国税法，不解决这两个难题，创业便难以起步。这位阅历丰富的企业家，想出一个好办法。

他找来一本厚达一英寸的《美国税法大全》，决心从头到尾，一笔一画地抄写，边查生字边读内容，既学习英文又研究税法，力图一举两得。此时，张济民已年过半百，记忆力不如从前，所以一开始自我规定每天抄一页。

在此，我们可以感受张济民的创业品质，用书中的话说："使用这种办法的人，必须具备心血、智慧、苦工、毅力、坚忍、胆识、信念、奋斗不懈、自强不息等条件。"

也许会有人把张济民成为亿万富翁的秘诀归之为时运使然。确实，张济民的运气非常好，他在日本创业时，正是日本经济不断复苏到形势大好的时期，而日本经济衰退前夕，他已悄然东去。他到美国时，也遇到美国经

238

济快速上升的时期。时运好只是外在条件，否则就无法解释这么多人同处一个时期，而只有极个别人成为亿万富翁。对张济民来说，他是用自己的勤奋和智慧把握了机遇。

戴光中写道："张济民的成功，说到底不是靠运气，而是凭借他那锲而不舍的韧性精神、勤奋刻苦的学习钻研、精明卓越的经营管理，所以在不同的国度、不同的行当中，都能马到成功。"

我们更可以认为，当勤奋和刻苦成为一个人的生活习惯，成为规律生活的组成部分，这样梦想便可以逐渐成真，好运也就可遇可求，成功也就近在眼前。张济民的良好生活工作习惯是令人敬佩的。在日本时，他每天必读九份报纸，听两个小时的广播，学日语，学业务，了解政治经济动态，研究医药行情趋势。他每年到全日本各地营业所巡视指导，途中从不游山玩水，也不去酒吧舞厅。

张济民每天清晨3点半起床，晨跑七十分钟，十年如一日。他在跑步时，思考每天必须完成的工作及需要解决的问题。从这两件事就可以看出张济民是一个有良好工作生活习惯并且深具毅力的人。

正是因为一生勤奋吃苦，所以好梦成真，赢得世人的瞩目和尊重。1997 年 4 月，在张济民回祖国途中，先到日本，邀先灵社友欢聚，消息传出后，要求参加的员工出乎意料的多。欢聚晚会隆重热烈，给参与者留下深刻的印象。陪同父亲的张惠中说："真是太令人难忘了！我父亲赢得老部下们如此崇高的尊敬，使我再一次对父亲产生了无比的崇敬。"随行的雷香玲女士说："我从这些日本老人的言行中，更真切地感觉到了张先生真是一位以心服人、德高望重的谦谦君子。"

张济民在美国创业成功后，积极开展爱国爱乡的活动，受到旅美华人华侨和祖国人民的高度尊敬。他于 1982 年在旧金山创办"华声电视"，专门播放来自祖国的电视节目，直到 1998 年停播。1979 年，一批爱国华人华侨成立新中国教育基金会，推选的首任会长为张济民。1980 年，一批热心中美贸易的华裔商人发起成立美国华商总会，张济民又被推为首任会长。晚年，张济民又积极关心支持祖国现代化建设，在上海、包头等地投资设立多家企业。

历尽人生磨难，阅遍创业艰辛的张济民，不但创业有成，而且赢得了广泛的尊重。他以一生的经历诠释了"吃得苦中苦，方为人上人"这句格言。

梦想开启人生

——读戴光中著《浙江籍港台巨商》

在近现代"宁波帮"的名单上，许多人被冠以"大王"的美誉，从早期的"五金大王"叶澄衷、"火柴大王"刘鸿生，一直到"棉纱大王"陈廷骅、"毛纺大王"曹光彪、"水泥大王"张敏钰、"钟表大王"孙梅堂、"春卷大王"范岁久、"芯片大王"张忠谋等等，让人们感受到"宁波帮"人士在事业上取得的辉煌成就。宁波大学戴光中教授所著的《浙江籍港台巨商》一书更让我们了解到了"影视大王"邵逸夫、"世界船王"包玉刚等的传奇创业经历。

《浙江籍港台巨商》一书于 2008 年 2 月由中国社会科学出版社出版，列入浙商名人传记丛书。该书介绍了邵逸夫、王宽诚、董浩云、应昌期、包玉刚五位宁波籍实业家和温州籍实业家王德辉。该书对五位宁波籍港台巨商的创业经历和人生追求做了全面的介绍，让读者感到他们身上有一股勇往直前、永不懈怠、百折不挠的

第二辑：「宁波帮」人物

精神，感到他们有着强烈的人生追求与梦想。

梦想就是方向。有人说年轻人是爱做梦的，因此年轻人有前进的方向。在书中我们可以发现，这些"宁波帮"人士一辈子都有梦想和追求，人生的目标和方向永远确立在前方。邵逸夫50岁时，从南洋返回香港建立"电影王国"，他要建立一个规模、设施和质量都是一流的电影拍摄基地。他在启程赴港前，就以卓尔不凡的胆识和魄力，把拟建的片场构想为"东方好莱坞"和亚洲最大的"制梦工场"。他历时七年在九龙清水湾建造的影城，其规模不但亚洲第一，而且在世界影坛上也屈指可数。董浩云对大海和船队怀有一生的爱与梦想，他把大海和船队当作自己的生命和理想，而不是作为一项赚钱的工作。他一辈子都在追求成为郑和式的船王，把毕业的精力和能力都倾注在航运事业的发展上，锲而不舍，百折不挠。

对于"宁波帮"人士来说，梦想并不一定就是赚钱，赚钱只是人生理想之一。王宽诚一生都怀着"实业救国"的梦想，这个观念像烙印一样深深地印在他的心里。当实业发展到一定程度时，他开始把更多的时间和精力放在更重要的事业上去，那就是"爱国爱乡"的行动和各类社会工作。应昌期把围棋看作自己真正的事业，他说：
"我的事业是围棋，其他只能算是职业"，"自己一生
以百分之九十的精力办围棋，以百分之十的精力办实
业"。应昌期如此热爱围棋，源于童年的梦。他六岁时
无师自通，学会围棋，并在慈城举行的围棋比赛中荣获
冠军，此后，他觉得天下没有比围棋更好的东西了。待
他事业大成、财力雄厚时，便开始实现振兴中华围棋的
宏誓大愿。

梦想成就力量。创业途中，谁都会遭遇阻力和挫折，
这时候，只有充满梦想的人才能冲破阻力和压力，拓展
出崭新的事业空间。20世纪40年代末50年代初，包玉
刚审时度势、捕捉商机，认为世界航运是一个理想的"炉
灶"，但他改行想做航运的决定几乎遭到亲人朋友的一
致反对，因为包玉刚年近不惑，对航运一无所知，要押
上身家性命，是否值得？但包玉刚却力排众议，坚持己
见，义无反顾，冲破重重险阻，最终成就了他的"世界
船王"之梦。

对邵逸夫来说，在他的创业历程中，从来都是在和
对手的较量中度过。这位"六叔"成就他在电影业的至
尊地位和终身成就，依靠的是勤奋、意志和力量。邵逸

夫把电影当作一生追求的事业，工作非常勤勉，精力过人，他既是拍电影最多的中国人，也是看电影最多的中国人，而且他对电影制作的每一个环节都非常熟悉。正是因为他的梦想和追求，使他与"电影懋业公司（电懋）"抗衡多年。他与"嘉和影业"抗衡失利，逐渐转到电视业，又与"亚洲电视台"展开精彩纷呈的激烈竞争。

梦想启迪智慧。有了梦想，世界就会变得特别美好，周围的一切都可能成为发展的机遇。我们通常说的"灵机一动，计上心来"，"触景生情，灵感迸发"等等，都是因为心中有梦想，人生有追求，所以到处都能得到智慧的启示，发现他人所忽视的创业机遇和创业灵感。

王宽诚怀着"实业救国"的梦想，但在抗战后期的进出口生意中失利，于是他闭门读书，静观时局，思考未来。根据他对战后政治经济形势的研究，他认定在香港买土地最为上策，同时他还在外汇兑换中颇有心得。几桩买卖使他大获其利，拥有了巨大的财力。他说："除了要肯做会吃苦外，很重要的一条是要肯动脑筋。一个生意人，光盯在具体业务上是干不出大事业来的。"

包玉刚在强手如林、风险丛生的国际航运界，既有自己的梦想，也有自己的智慧。他最独特、最精要的成功秘诀，就是将自己的船队当作一家"流动的银行"来经营。他说："我是个银行家，不是个赌徒。"要实现自己的梦想，唯有将自己最熟悉的金融业管理经验、精明稳健的作风运用到航运业。

邵逸夫在造就他的"电影王国"的同时，有许多精彩绝伦的举措，不但在与对手的竞争中取得优势，也推动了香港电影水准的提升。他下决心花巨资投拍宽银幕彩色巨片，还开展"造星"运动，培养出一大批香港娱乐界的明星人物。在电视领域，他的"无线"承办香港小姐评选，造就了李嘉欣、张曼玉等影视巨星。

《浙江籍港台巨商》一书，让我对"宁波帮"知名人士走上事业顶峰的创业历程和人生追求有了更深的体会。有梦想不一定就有事业的成功，但没有梦想是万万不能成功的。梦想开启人生，梦想引导人生，但梦想的实现还需要智慧与勇气。邵逸夫从电影王国的梦想走出来，董浩云的船王之梦也遭遇重大挫折，但他们的事业之峰难以逾越，他们的人生依旧辉煌灿烂。

第三辑：
"宁波帮"与教育

斐迪大学：宁波人曾经的大学梦

甬上办综合大学的近代记忆

——四明大学筹建始末

宁波府师范学堂的红色记忆

宁波高工的艰辛发展历程

浙东抗日根据地的最高学府

——浙东鲁迅学院史略

明州大学往事

邓小平与宁波大学

一位创建宁波大学的功臣

——纪念卢绪章先生诞辰 100 周年

张寿镛的办学理念

——读俞信芳著《张寿镛先生传》

陈裕光与金陵大学

——读王运来著《诚真勤仁光裕金陵——

金陵大学校长陈裕光》

杨永清：东吴大学首任中国籍校长

执掌北大最久的校长

——读孙善根著《走出象牙塔：蒋梦麟传》

台湾中国文化大学的创立者

——读《凤鸣华冈：张其昀传》

斐迪大学：宁波人曾经的大学梦

    在宁波高等教育史的回顾中，一直有宁波人办大学"三起三落"的说法。余贤群的《邓小平与包玉刚》一书是这样介绍的：一是斐迪大学。19世纪60年代在宁波以圣经中一位基督门徒的名字命名，办了一所"斐迪学堂"。1912年，斐迪学堂改为斐迪学校。这所学校学制八年，设初中、高中、大学三部，其中二年是大学（预科）。二是政法学堂。1906年宁波曾创办了一所政法学堂，学制三年。1912年被改为公立四明法政专门学校，这可以说是宁波最早创办"大学"的雏形，可惜这所学校于1914年停办了。三是四明大学。20世纪30年代初，虞洽卿曾聚集在沪的宁波籍资本家想办一所四明大学，但最终没有办起来。

    那么斐迪大学究竟有怎样的发展历程呢？它是否真的能称为大学？笔者根据相关资料，试图梳理这所学校的发展轨迹。

一、斐迪学校创办与发展的轨迹

1840 年鸦片战争以后，宁波成为通商口岸，外国传教士也随之而来，其中 19 世纪五六十年代来到中国的是英国的基督教偕我会，该会是英国循道会之一派，成立于 1857 年。1932 年以后与同宗的相关教派合并，称为英国循道公会。

该教派传教士阚斐迪等人于 19 世纪 60 年代在宁波开明讲堂原址创设启蒙馆，该馆初为美国美以美会所办，后由英国循道公会专办。初时并无学校之名称，学校规模也很小，校址也屡有迁移，学生只有十余人，所教内容除经书史乘及八股制艺五言律诗外，还有西文西算天文地理等课，旁及音律体操等。学堂中文主席为徐漪园先生，英文主席为阚斐迪牧师。据徐学传先生回忆，因阚斐迪先生辞返故里，众人感其创校之功，遂定校名为斐迪书院，此时约为 1879 年。此后由牧作霖牧师负责校务。

1903 年雷海伯牧师前来主持校务，学校屡经搬迁，规模逐渐扩大，1906 年迁入新址江北泗洲塘，校区占地约有 20 余亩，建筑一新。1906 年以后，斐迪书院改称华英斐迪学堂，由雷海伯牧师担任校长，并大力募款建筑学校膳堂、运动场等，学校添设大学预科，学生人数也大为增加。民国元年（1912），斐迪学堂改称斐迪学校。学校共分初中、高中、大学（预科）三部，8 个班级，1 至 6 班为中学，7 至 8 班为大学（预科），学生约有 230 名。

20 世纪 20 年代，国内政局动荡，影响到了教会学校的发展。1923 年至 1929 年间，由斐斯（也译为斐茨）牧师主持校务。此时，中国政府要求教会学校向教育主管部门立案，改立为私立学校。为应付时局，斐迪学校请校友袁履登先生担任名誉校长，请校友陈里仁先生担任教务主任兼代理校长。1929 年，雷海伯牧师重来宁波复校，并将立案问题报请教会同意，向浙江省教育厅立案，暂设初中部，于 1930 年改校名为斐迪中学。1932 年立案得到批准后，学校即由中国人担任校长，校长先后由林光庭、沈亚孟、寿子鲲担任。1935 年，斐迪中学与同为美国浸礼会、长老会所办的四明中学合并为浙东中学，校址在斐迪中学原地，校长为寿子鲲。浙东中学即现宁波四中之前身。

二、与教会大会之关系

斐迪学校的预科生毕业，可免试保送至上海圣约翰大学或其他教会大学三年级就读，经费由英国教会拨助，故得到社会舆论的公认。据熊月之、周武主编的《圣约翰大学校史》所记，宁波斐迪中学确为圣约翰大学之附属中学。该书称宁波斐迪中学自 1906 年后"生徒日众，声誉日佳"，"全校共分八级，正科六而预科三，学生总数约 200 人，校长雷汉臣（即雷海伯）硕士，热心任事，力邀多名圣约翰大学毕业生前往执教，教学质量显著提升。并因他们的联络，斐迪中学成为圣约翰大学的附属中学之一"。笔者又查考了《圣约翰大学校史》所载的毕业生名录与宁波四中早期校友名录，圣约翰大学 1917 年毕业的理学士马宗德即为斐迪学校之毕业生。但因斐迪学校校友名录不全，所以没有查考到更多的人员。

根据目前掌握的一些材料来推测，宁波斐迪学校的毕业生还可以保送或考试到上海沪江大学和苏州东吴大学。如斐迪学校毕业生王庆肇毕业后进沪江大学，后转复旦大学学习，毕业后去伦敦曾任当时驻英大使郭泰祺的私人秘书。中国保险业的先驱胡咏骐，从斐迪学校毕业后进入上海沪江大学并获文学学士，与其同时从沪江大学毕业的斐迪毕业生还有戚正成、刘颐年。音乐家赵梅伯也是在斐迪学校求学，于 1921 年入沪江大学。又如鱼类学家朱元鼎，1913 至 1916 年在斐迪学校就读，1920 年毕业于东吴大学生物系，解放后任上海水产学院院长。

在沪江大学，还成立有斐迪学校之同学会。据《沪江大学周刊》第十卷第二十八期所载："本校斐迪同盟会于民国十年（1921）五月二十九日开本期末次常会，并选举下期新职员，兹将其当选者罗列于左：正会长郏瑞卿、副会长张勉坚、书记王庆肇、司库戴仁赉。"

此外，著名遗传学家谈家桢院士也曾在斐迪学校求学，1925 年转入教会学校东吴三中高中部，毕业后以优异成绩保送至苏州东吴大学。北京大学龚祥瑞教授，少年时就读于宁波四明中学（亦为教会中学），毕业后被保送至上海沪江大学。

三、斐迪学校可否称大学

斐迪学校虽然办有大学预科，但还不能称为严格意义上的大学。但当时已有一些记录，将其称之为"斐迪大学"，一方面表示对该校办有大学部的肯定，另一方面也表达了斐迪学校想办一所大学的心愿，并自号"斐迪大学"来显示自己。《宁波通史》在谈到教会学校时说：

"基督教会在宁波所办学校以中学、小学为主，间有幼稚园（如美国长会的崇德蒙园）和大学预科班（如斐迪学校大学部）。"根据材料搜索，当时已经有人将斐迪学校称为"斐迪大学"。

宁波《时事公报》曾于民国十一年（1922）五月二十一日以"斐迪校友会志盛"为题，作"宁波斐迪大学于昨日下午开夏季运动会"的报道。据丕新《我所知道的江北岸》一文回忆，当时有这样一首民谣："泗洲塘，一条长河撑般郎。屋顶尖尖是教堂，高楼大厦洋学堂，法国人办起毓才中学堂，英国办了斐迪小学、中学、外加大学堂，隔河办了普济堂来育婴堂……"

据温州图书馆所藏的 1926 年的油印报纸，郭枢、张毓聪在题为"五卅惨案史略"的文章中提道："沪上约翰大学、宁波斐迪大学、武昌博文大学、天津新学书院、温州艺文中学等，或自创学校、收回教育权，为祖国争光，乃'五卅'后之佳果。"

秦贤次所撰《储安平及其同时代的光华文人》一文中，在讲到光华大学的学生来源时，有这么一段话，"学生来源除圣约翰旧生占 54% 外，其余大多来自江南各著名的教会学校，如上海的沪江大学暨附中、青年会中学；

扬州的美汉中学、宁波的斐迪大学；芜湖的圣雅各中学；安庆的圣保罗中学，等等；甚且有远至武昌汉口的博文、博学两书院"。光华大学是1925年从圣约翰大学宣告脱离而成立的。

四、教会学校师生的爱国情怀

在教会学校读书，不管学生是否信教，每天早晨都要例行公事地做祈祷、读圣经。因为教会学校办学的最终目的就是为了传教。曾在斐迪学校读书的谈家桢说："我小时候在教会学校读书，学校宣传的是上帝创世纪。"但是在教会学校读书的中国学生，在时代风云中，反抗意识逐渐增强。斐迪学校英籍校长雷海伯，统制学生动辄记过开除，强令非教徒学生做礼拜深为学生不满。1912年，雷海伯侮辱了中国教员，引起师生公愤，造成极大多数学生罢课离校。又有，雷海伯凌辱同学，学生金臻庠鼓动罢课，遭到开除处分。

1925年"五卅惨案"前后，师生反抗教会学校当局的运动更加激烈。"五卅惨案"发生后，宁波的斐迪学生也纷纷上街参加罢课罢市游行。英籍校长斐斯严禁学生抗议帝国主义的暴行，双方发生激烈冲突。据《时事公报》

1925 年 6 月 17 日所载，宁波斐迪学校学生要求参加宁波
国民会议促成会，斐斯校长说："我衔英国教会之令，为
办教会之教育而来，决不允许学生有政治上之运动，汝辈
既入我校，当唯我令是听。"学生继而要求参加"五卅"
反帝爱国运动，校长立即贴出布告：如"有意违背校规，
即行离校，不许逗留"。据称这位斐斯校长还腰佩手枪，
站在校门口，威胁学生，不得上街参加爱国游行。

1925 年宁波学生联合会动员教会学校学生离校，并
要求中国公私立学校安排离校学生膳宿，爱国义愤中的
学生以读斐迪学校为耻，毅然离校者有 180 余人。他们
与四明中学的师生联络，在江东租用民房，自办民强中
学。斐迪学校学生减少至 40 余人，从此一蹶不振，到
1927 年无法维持，中学和大学预科班先后停办。

据《宁波市教育志》所载，在 1927 年宁波收回教
育权的斗争中，当时斐迪学校因仍令学生无论入教与否，
每日须读圣经和星期日须做礼拜，国民党宁波市党支部
决定将其与民强中学合并。1927 年 5 月，国民党宁波市
党支部同公安局警察前往接收斐迪学校，民强中学教职
员及学生亦于 2 日搬入斐迪校舍，直至 1930 年斐迪学
校恢复校名并改称"斐迪中学"。

甬上办综合大学的近代记忆
——四明大学筹建始末

不久前，宁波大学学生创排了校园话剧《四明大学1998》，而实际上，四明大学于20世纪30年代倡议筹建，但因条件不足，又逢战乱，并未真正办成。但宁波旅沪同乡会关心家乡教育事业，扶助家乡优秀子弟的义举仍然为后人所称道和传承。

一、虞洽卿发起创办四明大学

1931年，时任宁波旅沪同乡会委员长的虞洽卿正处于事业的顶峰。这一年，他65岁，又恰逢到上海创业50周年。上海各界为他举办了"虞洽卿莅沪五十年纪念大会"。就在此年7月中旬，虞洽卿以宁波旅沪同乡会名义，发起创办四明大学。

虞洽卿，1867年生，镇海龙山人。15岁至上海瑞康颜料行当学徒，后进德商鲁麟洋行。在1898年的"四明公所"事件和1905年的"大闹公堂案"中挺身而出，

据理力争，遂名闻沪上。1908 年参与创办四明银行，
1914 年自创三北轮埠公司。1924 年任上海总商会会长。
虞洽卿活跃于上海滩政商华洋各界，是赫赫有名的"闻
人""大亨"。他十分重视家乡公益事业，曾捐资创办
龙山学堂。

据 1931 年 7 月 19 日《申报》所载：

本市商界领袖虞洽卿，久有创办四明大学之议，蓄
意已久。昨特邀集宁波绅商，假联华总会，开预备会，
到会有孙衡甫、周骏彦、张寿镛、刘鸿生、胡孟嘉、秦
润卿、魏伯桢、孙梅堂、方椒伯、郑澄清、吴经熊、李
孤帆、盛同孙、李权时等二十余人。首由主席虞洽卿报
告开会主旨，次由孙衡甫发表意见，谓鄙人对于创办四
明大学极端赞成，愿竭力促成云云。魏伯桢报告所拟办
法，大致设立工学院、商学院、法学院三院。次由方椒伯、
张寿镛、邬志豪、吴经熊，均相继发表意见，结果如下：
（1）募集经费 300 万元；（2）推荐虞洽卿、孙衡甫、
张寿镛、秦润卿、胡孟嘉、刘鸿生、周骏彦为发起人；
（3）推魏伯桢、吴经熊为筹备主任，盛同孙、方椒伯、
邬志豪、李权时、李孤帆、张申之、乌崖琴、郑澄清为
筹备员；（4）筹备处设三北公司，即日起积极进行筹备。

发起创办四明大学的都是宁波旅沪同乡会中的精英人物。孙衡甫，慈溪慈城人，时任四明银行董事长兼总经理。张寿镛，鄞县人，时任光华大学校长，曾担任国民政府财政部次长、交通银行董事长。秦润卿，慈城人，时为垦业银行董事长、宁波旅沪同乡会副会长。胡孟嘉，鄞县人，时任交通银行常务董事兼总经理。刘鸿生，定海人，拥有众多火柴、毛纺、煤炭公司，是有名的"实业大王"。周骏彦，奉化人，蒋介石的老师，时任浙江省财政厅厅长。

当时，创办四明大学的初步计划是先办商学院。筹办期间，还曾到鄞县东钱湖五星塘勘觅校址。但办大学毕竟不如办实业那么容易，不但资金募集数量大，而且师资、校舍也难以解决。历经三年筹备，四明大学终未办成，宁波旅沪同乡会决定另寻良策。

二、设立四明大学奖学金

1934 年 5 月 5 日，召开了四明大学筹备会议。大家感到筹设四明大学之议，距现实犹远，决定先设立四明大学奖学金，作为四明大学筹备期间奖励甬籍优秀子弟研求高深学问的措施。

　　会议通过了《四明大学奖学金委员会章程》（以下简称《章程》）和《四明大学奖学金办法》（以下简称《奖学金办法》）。会议推定虞洽卿、张寿镛、孙衡甫、周骏彦、陈屺怀、陈布雷、王伯元、刘鸿生、刘吉生、胡孟嘉、李权时、吴经熊、胡锡安等25人为四明大学奖学金委员会委员，以四明大学筹备主任魏伯桢为奖学金委员会主任，秦润卿、厉树雄分任出纳、会计。

　　《章程》规定奖学金委员会的职权：筹划奖学金之募集、议定奖学金之支配、稽核奖学金之收支、监督各组事务之进行。奖学金委员会下设财务组及审核组。

　　《奖学金办法》的主要内容如下：

　　第二条：本奖学金以每年四百元为一额，每额领奖至多以四年为限（医科除外）。

　　第五条：领受本奖学金者须具备下列条件：

　　甲、其籍贯为宁波者（包括旧宁属鄞县、慈溪、镇海、奉化、镇海、象山、定海、南田七县）；

　　乙、曾在高级中学毕业而有升入大学资格者或现在国立大学、学院及已在本委员指定之私立大学、学院肄业或曾在上述大学毕业而有志升入研究院肄业者；

　　丙、体格健全、品行端正而有相当之证明者；

丁、学科成绩优良者。

第六条：继续领受奖学金者须具备下列条件：

甲、上年度学科成绩平均在 75 分以上；

乙、操行端正而未染有恶习；

丙、平日除学科上所必需品外一律服用国货；

丁、体育成绩优良；

戊、确切遵守校规及本办法内之一切规定。

第一届奖学金共募得经费 50000 元，其中四明银行 25000 元，三北公司 5000 元，虞洽卿 5000 元，刘鸿生 5000 元，慈溪人王伯元 5000 元，定海人厉树雄 2500 元，定海人刘吉生 1250 元，魏伯桢 1250 元。

自 1934 年 8 月起，宁波旅沪同乡会开始受理四明大学奖学金事宜。第一届奖学金共有 130 人获得（因有 4 人退让、1 人辍学，实授 125 人）。获奖学生分布在上海、南京、杭州、济南、天津、北平（今北京）等 11 个城市的 29 所院校。其中交通大学、光华大学、浙江大学均有 10 位以上甬籍学生获奖。

三、从四明大学到宁波大学

四明大学与宁波大学并没有什么承续关系，但仔细分析两者筹建过程，却会发现其中有着许多内在的精神关联及充满戏剧性的巧合。

其一，宁波大学的首任校长朱兆祥教授即为四明大学奖学金的获得者。朱兆祥，1921 年出生于镇海虹桥，后考入浙江大学。1985 年 9 月起出任宁波大学校长。非常有戏剧效果的是，在 1985 年 10 月 29 日宁波大学奠基典礼期间，在来宾座谈会上有 3 人谈到自己是四明大学奖学金的获得者，一位是出生于 1911 年的北京大学法律系教授龚祥瑞，宁波郊区人，当年考上了沪江大学；一位是出生于 1916 年的浙江农业大学原校长朱祖祥院士，慈城人，1934 年考上浙江大学农学院；另一位就是朱兆祥教授。这三位获得者，因名字中都有一个"祥"字，被戏称为"三羊（阳）开泰"。

据《四明大学奖学金办法》第十四条规定："领受奖学金者于学业完成后，须将所就职业及通讯处随时报告本委员会并于五年之内负有担任一额四年奖学金之义务，但不限定自捐或转募。"也就是说，奖学金委员会希望受奖者在学业完成后能以适当方式回馈，以更好地支持甬籍优秀子弟就学。而朱兆祥等人则以更好的方式来实现这一期待，参与并成功创办宁波的第一所综合性大学——宁波大学。

其二，四明大学是宁波旅沪同乡会积极筹划创办的大学，因机缘未到，条件不成熟，只能以奖学金资助的方式来奖励甬籍优秀子弟读大学。而宁波大学是以旅港"宁波帮"人士为主支持下创办的大学，由世界船王包玉刚捐资创办，众多海内外"宁波帮"人士鼎力相助而成。我们可以强烈地感受到，在外地创业的"宁波帮"人士，始终情系故土，特别重视发展家乡的教育事业，这一种精神品质在"宁波帮"人士中代代相传。四明大学虽因条件未成熟而没有办成，但半个世纪后，这一心愿最终由另一批"宁波帮"人士完成了。

其三，四明大学和宁波大学，同样承载着宁波人的大学梦。宁波旅沪同乡会虽在上海创办了10所小学，也建有多种教学设施；宁波籍人士也捐资创办各类学校，但办一所用"四明"或"宁波"命名且主要服务家乡子弟的综合性大学，始终是各地宁波籍人士的共同梦想。20世纪80年代前，在宁波历史上也曾经出现过一些具有高等教育性质的学校，但由于规模较小、学科单一，或者办学中断，终未有一所综合性的、规模较大的大学。四明大学当时的设想是先办工、商、法三学院，按综合

大学筹划，但因时势和条件，未能办成，宁波人的大学
梦未圆。直到 20 世纪 80 年代创办宁波大学，才算在宁
波大地上实现了昔时四明大学发起人的梦想。

宁波府师范学堂的红色记忆

在宁波近代史上，宁波府师范学堂是一所颇有影响的中等师范学堂。从府学堂到省立四师，再并入省立四中，前后不过28年，毕业学生642人，但它在晚清和民国的革命风潮中却有重要的地位。该校教师和学生中有不少成了近代史上赫赫有名的人物，教师中如陈训正、赵家艺、陈谦夫等人，学生中有俞飞鹏、沙孟海、巴人（王任叔）、冯定、裘古怀等人。徐季子先生在《千年月湖》一书中就称该校为宁波革命摇篮之一。

1905年，亦即清光绪三十一年的晚清之际，革命的热潮在国内涌动，而兴办新教育成为唤起革命意识的最佳途径，一批有识之士积极推动新学、倡办教育，以传播新知、引导民众。在宁波，当年成立了宁波府教育会，以张美翊先生（鄞县人，字让三）为会长，他曾两度担任过南洋公学提调，相当于校长一职，南洋公学即为今上海交通大学之前身。陈训正先生为副会长，陈先生慈溪人，字屹怀，即陈布雷先生之堂兄。教育会筹办之际，便积极推动城乡书院、蒙塾改为新式中小学堂。

新式中小学堂的创办需要有新教师，教育会成立前后就把注意力放在创办师范学堂上。好在当时的宁波知府喻兆蕃（字庶三）也锐意革新，大力支持教育会。1905年，刚刚参加同盟会的赵家艺（慈溪县洪塘人）从欧洲回国，陈训正等人商议反清革命之道，谋组革命力量。7月，赵家艺与陈训正拟创办宁波师范传习所，因当时张美翊先生正在筹组宁波府教育会，于是通过张美翊向喻兆蕃建议，在月湖书院原址开办宁波府师范学堂。他们认为，办新式学堂，老式郡县学或书院的教员是无法胜任的，必须培养新式的教员，因此师资尤其重要。

宁波府师范学堂筹办之际，同盟会会员赵家艺主持其事，主要负责校舍建设。张申之（鄞县栎社人）也参加了筹建，后在该校任教。1906年4月，校舍落成，招生开学，首批学生有30人。担任监堂（校长）的有孙绍康（慈溪人）、陈训正、张美翊等人，陈谦夫曾任舍监。当时开设的课程有国文、教育、地理、历史、英文、数学、博物、唱歌、手工、图画、体操、伦理、文字源流、文学史、心理、学校管理等课程。

宁波府师范学堂早期学生中比较有名的是俞飞鹏（奉化县大桥人），1906 年考入师范学堂，1908 年毕业后任小学教员。

　　1907 年 8 月，宁波府师范学堂学生积极参加了争路权爱国运动。当时清政府下了"借款修筑苏杭甬铁路"谕旨，只准浙绅搭股，但必须以英国资本为主，总工程师聘用英国人。此事激起了江浙两省人民的抗议，暴发了收回路权运动。宁波人民在这场反对苏杭甬铁路借款斗争中，表现了强烈的爱国热情。1907 年 10 月 5 日，宁波教育界召开教育会常会，讨论拒款事件。当天下午宁波学生在师范学堂召开了第一次拒款会，有 17 所学校共千余人参加了会议。会上情绪高昂，为扩大影响，宁波师范学堂等学校师生 97 人，乘湖广轮至定海，参加定海商学两界发起的拒款公会。

　　在辛亥革命中，宁波府师范学堂的创建者如赵家艺、陈训正等成为革命的领导人。1911 年 7 月，赵家艺的兄长赵家蕃在上海协助陈其美组织同盟会中部总会，不久在赵家艺主持下，同盟会宁波支部成立，赵家艺任会长，陈训正任副会长。

　　1912 年，宁波府师范学堂改名宁波师范学校，次年

改名为浙江省立第四师范学校。四师时期是新文化运动
兴起之际，爱国学生积极参与其中，出现了一批有影响
的革命志士。

1914年，鄞县人沙孟海考入四师。他遇上国文教师
冯君木、历史教师洪佛矢等名师，特别是冯君木对于沙
孟海一生产生重大影响。冯君木是一个性情中人，具有
强烈的爱国主义精神，遇事激发，爱憎分明。五四运动
爆发时，他正执教于宁波省立第四师范和效实中学，立
刻奋身投入这一伟大的反帝爱国运动。他带头冲到公署
门口，亲手将爱国说贴递交给道尹。他还亲自推动四师
学生组织起来，取名"学生自觉会"；又推动效实学生
组织起来，取名"学生自助会"，进而联合全市11个
中学成立"宁波商学联合会"，更联系商界组成"宁波
商学联合会"，轰轰烈烈开展斗争。冯君木还资助族侄
冯定到四师求学，与沙孟海为同学。冯定后来也参加革
命，成为知名的马克思主义哲学教授。

奉化人王任叔（巴人）于1915年考入四师，受洪
佛矢影响学习格律诗。五四运动中任宁波学生联合会秘
书，全身心投入革命运动。他起草全市学生总罢课的宣
言，上街宣传，查禁日货，干得热火朝天。王任叔参加

革命后，为党的文化工作、统战工作和抗日救亡工作做出了贡献，新中国成立后曾任驻印尼大使。

五四运动后，在宁波建立的最早、影响也较大的文化团体是"雪花社"，于1921年6月由四师学生谢传茂、潘念之（潘枫深）、蒋本菁、于书稼等7人组成。"雪花社"原拟定为"血花社"，因名字过于刺激，遂改用此名。此后，庞汝卓、张孟闻、汪子望等进步青年也加入其中。"雪花社"积极支持和倡导文学革命，社员们撰写和发表了大量白话诗文，一些社员后来成为共产党和共青团的骨干，如潘念之后来成为宁波团地委书记，谢传茂成为宁波最早的5名共产党员之一，也担任过宁波团地委的负责人。

四师学生参与宁波的学生运动，并在其中发挥了积极作用。奉化人裘古怀于1920年考入四师，后担任了宁波学生联合会副主席，参与领导学生反帝反封建运动。1925年五卅惨案后，参加查禁日货、英货，支援上海工人的反帝斗争。同年11月赴广州，考入黄埔军校第四期政治科。1926年加入中国共产党，同年7月受派到叶挺独立团工作，后参加了南昌起义，于1930年牺牲。

鄞县人童弟周于1918年考入四师，两年后转入效实中学,后来成为著名的生物学家。沙孟海的三弟沙文汉于 1922 年考入四师,但次年转学到宁波甲种商业学校就读。沙文汉后来长期在隐蔽战线工作,解放后任浙江省第一任省长。

1923 年 8 月,浙江省教育厅委任经亨颐为省立第四中学(四中)校长,同年秋四师并入"四中",改称四中师范科。经校长聘请优秀教师任教,改革学制,支持学生参加课外活动,学生社团活动频繁,如雪花社、火曜社、飞蛾社、卫社等,党团组织也能在校内公开活动,使学校面貌焕然一新,也使得学校内新潮澎湃,学生积极参与革命、参与校政。经校长大胆实行学制改革,试行"二二二制",即中学六年分为三段,前二年为初中,中二年为公共科高中,末二年为分科高中,分科高中设师范、普通两科。

宁波当时的一些士绅对经校长深为不满,除反对经的改革举措外,也与四中、四师的合并有关。这些士绅把四师看作自己的私产,因经校长严格选聘教师而使有些教师失去教职,因此迁怒于经,对其进行攻击。而攻击最主要的借口就是四中、四师内学生团体的发展,革命思想的活跃。士绅们通过《四明日报》《时事公报》

等刊物攻击经亨颐，而四中，包括已并入的四师师生通过编印《甬江枪声》刊文反驳，针锋相对，表明师生坚决拥护经校长之决心。到1925年10月，经亨颐离开四中，校长由曾担任过四中和四师校长的范承祜接任。

到1931年，四中师范科停招，1933年师范科停办。具有光荣革命传统的宁波府师范学堂（浙江省立第四师范学校）以"诚敬勤俭"为校训，培养了一批优秀人才，在宁波近代教育史上写下了光辉的一页。

宁波高工的艰辛发展历程

在近代宁波教育史上，"宁波高工"是一所知名度很高的中等职业学校。该校教学严谨、学风优良，而且学生免交学费、保证就业，培养了徐光宪、朱兆祥、邢球痕等优秀学生。1950年后，学校几经调整，成为浙江工大的前身之一。

一、创办与沿革

19世纪末到20世纪初，"实业救国"的思潮在中国兴起。宁波地处东海之滨，为中外贸易的重要商港，但自清末以来，地方风气除务农外，重视商贸，工业却不发达。有识之士认为，这是因为宁波青年不懂工艺技术，不能为工业提供劳动力的缘故，因而把创办技术学校提上日程。民国元年（1912），南京临时政府教育部先后颁布教育规程，倡导有条件的省设立专门学校和实业学校。当年，在陈训正等人的倡导下，宁波军政府筹拨六邑公款，在江北岸泗洲塘原益智学堂旧址，创设宁波公立中等专业学校，这是宁波历史上第一所中等实（职）业学校。同年创办的还有私立效实中学、宁属县立女子师范学校等。

益智学堂是光绪二十九年（1903）由镇海人李徵五与美国长老会费佩德合力创办，是中西人士在宁波联合集资办学之首例，学堂于1909年停办。泗洲塘在今江北区白沙街道内，约位于今人民路与大庆路交叉口的西北侧。

20世纪二三十年代，学校名称与隶属关系屡有变更。根据《宁波教育志》及相关文献材料，1926年改名为旧宁属县立工业职业学校；1927年改名为宁波市立工业学校；1930年改名为宁波市立工科高级中学；1931年改名为鄞县县立高级工科中学。上述阶段，一般统称为"宁工"。1934年划归省办，称为浙江省宁波高级工业职业学校，简称"宁波高工"。

全面抗战以后，宁波城区遭日机频繁空袭，中等学校被迫疏散或停办，有的内迁辗转办学。1937年11月，宁波高工迁到鄞西凤岙乡诚应庙办学，凤岙乡在今鄞州区横街镇内，后因学生增多，又在附近蒋山村办分校。

1941年,宁波沦陷后迁往仙居县高建村,时有11个班级,233名学生。其间,学校曾改称为英士大学代办浙江省临时中学第四部、英士大学代办浙江省立宁波高级工业职业学校,1943年脱离英士大学。1944年8月又迁至临海县大田镇。

1945年抗战胜利后,宁波高工迁回宁波,时有学生200余人,教工30余人,曾在江东大河路租民房上课。1949年5月,宁波解放,学校被宁波军事管制委员会接管。1950年2月28日,奉令迁至杭州,与杭州高工等校合并为浙江省立工业干部学校,时有15个班级,326名学生,52名教职员。此后,中等专业学校进行多次大的调整,宁波高工也成为浙江工业大学的学脉之一,如今浙江工业大学把宁波高工的知名校友当作自己的校友来宣传。

二、学科专业与校园生活

1912年宁工创设之时,设有机械科,招收本科生37人、预科生65人,学制为本科3年、预科1年。1914年增设土木科,同时改机械科为金工科。1926年又增设了汽车道路科。学校办学严谨,又重视实践教学。

所用教材，除国文外，如算学、汽机、机械构造、材料力学等专业课均用英文原版教材。每周课程，学生用四个下午时间到附设的机械工厂实习。学校设有实习工厂，并招收艺徒班，培养贫寒子弟。

学生全部住校，关于宁工校舍有这样的顺口溜，"工业学堂，棺材洋房，进门礼堂，后面厂房，外边姚江"。学生在校期间要进行操行、体育、学业成绩的考查与评定，按 1931 年的成绩考查规程来看，其中体育成绩要从七方面来评定，包括早操、普通操、田径赛、球类、运动品性、寝室卫生、体格。宁波高工学生的生活待遇较好，1948 年的规定为自费生一律由省方给予主食补贴，公费生除主食补贴外，由省方颁发副食品津贴。

宁波高工的办学质量在社会上享有良好声誉，学生就业形势很好。日后担任北京大学常务副校长的王义遒教授是宁波人，他在回忆文章中写到，他于 1948 年初中毕业，并与同班两位成绩较好的同学商定，"为了减轻家长的负担，我们决定报考宁波高工。高工是一所职业学校，办得很好，在浙江省很有名气。高工不但免学费，毕业后还能保证就业。那时，我们都把早点挑起养家的责任放在第一位。暑期入学考试，我们三人都考上了"。

不过，王义遒最终没有上高工，为了将来能上大学，他决定就读效实中学。

三、校长、教师与学生

宁波高工 38 年的办学史上，林端甫、陈训正、王诗城、沈伦、焦震等先后担任过校长，这些大多是在宁波教育史上有重要影响的人物。宁工创校之初，聘林端甫先生为校长，他次年即辞职，不过仍然参与支持宁工的建设，担任过宁工附中校董会董事。林先生又积极支持辛亥革命，担任过宁波中学校长。

陈训正先生对近代宁波教育贡献良多，宁工是他积极倡导创办的学校之一。陈训正，字屹怀，慈溪官桥人，陈布雷先生的堂兄。他于 1905 年起担任宁波教育会副会长，积极提倡办学，参与创办和主持的学校除宁工外，还有私立效实中学、宁属县立女子师范学校，还发起建立僧尼教育会，筹办佛教孤儿院等。

自 1927 年起，由王诗城先生为宁工校长，同时于 1931 年起兼任宁工附中的校长。

宁波高工的教师中不乏造诣精博、教学严谨的饱学之士，如马涯民、蔡曾祜、黄伯樵先生等人。马涯民先生（1883—1961），定海人，1922年后在宁工等校任教，1933年后专事修《鄞县通志》，著述宏富。黄伯樵（1890—1948），于1916年后担任宁工金工科主任兼附属宁波工厂工场主任。

宁波高工为浙江省和宁波市培养了最早一批机械、建筑技术人才，有的还成为科技界的精英。根据搜索，宁波高工的优秀校友有徐光宪、朱兆祥、周光庭、邢球痕等人。

曾获国家最高科学技术奖的徐光宪院士，浙江绍兴人。他原先在杭州高工就读，因杭州沦陷，学校解散，回乡半年后于1938年转学到宁波高工学习。这时宁波高工办在鄞西凤岙乡，条件艰苦。徐光宪院士来宁大演讲时，也曾回忆起这段经历。

宁波大学首任校长朱光祥教授也是宁波高工的学生，他是浙江镇海人，于1937年考入宁波高工建筑科，是30名正取生之一，9名公费生之一。在校期间，于1940年初加入中国共产党，任中共宁波高工支部委员和中共鄞县县委学习委员，同年7月毕业。

1980年至1984年担任大连海运学院（现为大连海事大学）副院长、院长的周光庭高级工程师，浙江鄞县人，于 1941 年考入宁波高工机械科学习，后到重庆中央工业职业学校机械科学习。

邢球痕院士是浙江嵊县人，1949 年毕业于宁波高工。他是我国固体火箭发动机的奠基人，2003 年当选中国科学院院士。

四、从宁工附中到正始中学

为确保宁工的生源，1931 年 4 月 26 日决议于当年 8 月起附办初级中学一班，经鄞县县政府转呈省教育厅核准，共招收 37 名学生，全部为男生。1932 年，宁工附中决定继续招生，共招初一新生 115 名，初二插班生 14 名。

1933 年 5 月，成立了宁工附中建筑校舍添置设备征募委员会，开始募集捐款。8 月举行了新校舍奠基典礼。12 月 15 日，附中新校舍落成，为一字形二层楼房，共 17 间，紧靠宁波高工。为了感谢附中董事长周宗良先生的赞助，命名为"思周堂"。在建校过程中，除校董会积极捐赠外，宁工校友也积极捐款，如王兴邦捐 1096 元，为校友之最。

宁工附中即今鄞州正始中学前身。1934 年 4 月，因宁工划归省立后不能再附设初中，决定分离独立，确定校名为鄞县私立正始初级中学。学校定名"正始"是为了纪念陈训正始创之功。

正始中学虽脱离宁工独立举办，但社会人士仍视两者相关，他们送子女入正始，大都怀有毕业后能升入宁波高工的志愿。而且正始中学教职工大多也是宁工校友。正始中学也以宁工校庆日 12 月 14 日作为学校纪念日。

抗战以后，正始中学迁到鄞县横溪，现仍在横溪办学，为省一级重点中学。

浙东抗日根据地的最高学府
——浙东鲁迅学院史略

浙东鲁迅学院是抗日战争期间由浙东抗日根据地创办的一所"新型大学",《宁波通史》称浙东鲁迅学院为"浙东抗日根据地的最高学府"。它虽只存在短短一年时间,却培养了共三批约 700 名优秀干部,为浙东地区的革命事业做出了重要贡献。

一、从开办到停办

浙东抗日根据地是抗日战争时期中国共产党创建的 19 个抗日根据地之一。1941 年,中共苏南区党委指示浦东工委组织力量向浙东敌后发展。1942 年夏,在三北地区成立了中共浙东区党委。至 1943 年夏,正式创立了以四明山为中心的浙东抗日根据地。

从 1943 年至 1944 年,随着根据地的建立和巩固,根据地的教育事业也逐渐提上议事日程。1944 年春,三北办事处的文教会议上,提出了办个新型大学的建议。

中共浙东区党委反复研究了这个建议，认为这个建议完全符合毛泽东同志"一切战区的党和一切党的军队，应该大量吸收知识分子加入我们的军队，加入我们的学校，加入政治工作"的指示，符合中共中央提出的"社会教育重于学校教育，成人教育重于儿童教育，干部教育重于群众教育"的方针。于是决定开办鲁迅学院，招收知识青年参加学习，为抗日根据地培养干部和宣传教育文化方面的人才。

浙东区党委任命黄源为院长。黄源是浙江海盐人，1905 年生，著名的左翼作家、翻译家，曾与鲁迅先生在文艺战线上共同工作过。1941 年皖南事变中突围抵达江苏盐城，任鲁迅艺术学院华中分院教导主任、华中局机关报《江淮报》副总编辑。1943 年调任浙东行政公署文教处处长、浙东区党委宣传部副部长。任命原台州特委宣传部长陈成刚（林尧）为教育长，李健民负责具体的教学工作。1945 年 3 月，又任命楼适夷为副院长。楼适夷是余姚人，也是一位左翼作家、翻译家，并且是中共余姚支部的第一任书记。

浙东鲁迅学院共开办了三期，前后历时一年，培养了约 700 名干部和文教人才。1944 年 9 月，第一期培训班在杜徐岙（在今余姚市陆埠镇杜徐村）开学，后移驻到梁弄镇甘泉畈上岳殿，共有学员200多人，为期3个月。

1945年3月11日，第二期培训班在梁弄镇开学，后迁到大岚山的上陈家岩、上虞县下管镇附近的山村，共有学员160余人，设民政、财经、文教三系。到7月，该期学员毕业。

1945年8月，正值抗日战争取得最后胜利之际，浙东鲁迅学院第三期在上虞县下管镇分两批进行短训，第一批160余名学生进行为期一个月的短期集训后，到地方机关和部队工作；第二批150余名学生也在短训后到党政军部门任基层干部。9月20日，浙东区党委和新四军浙东游击纵队奉中央和华中局命令北撤，在7天内全部撤离浙东，开赴苏北。鲁迅学院的学员和干部极大部分也随军北撤，鲁迅学院随之结束。

二、招生、就业与师资

浙东鲁迅学院的第一期学员是由根据地县级政权推荐保送的，主要为文教战线上的现职教师，也有部分社会知识青年。这一期学员结业后，大多回到原来的地方，原来当教师的就去当教师，社会青年就在本地参加基层工作。小部分服从分配，到需要开辟的地区做民运工作或文教工作。毛崇伟、范执中等学员毕业后留在学院工作，毛崇伟在学院所属的财经训练班任副指导员，范执中为学院教务处干事。

第二、三期的学员，全部招收社会知识青年，按照《新浙东报》上的招生简章，经过政治与文化考试，合格后予以录取。这些学员大致由三部分组成，一是来自浙东抗日根据地，且是受第一批学员的影响和鼓励而来，占了大多数；二是从新开辟的金华、萧山、永嘉、乐清等地而来；三是从沪杭甬等敌占区和国民党统治区而来。入学资格为 18 岁以上的青年，具备中学以上学校毕业或同等学力者，身体健康，能吃苦耐劳。报名及录取办法：向根据地各区政府报名，由县政府进行考试、政审，录取后介绍到学院报到。

根据招生简章，第二期学员的培养宗旨：培养建设浙东敌后抗日民主根据地的各项人才；分民政、财政、文教三系。这一期的毕业学员，由浙东行政公署统一分配。多数去县区做党政群众工作，也有少数分配在区党委、行署的直属单位和连队，财经民政学员则分配在浙东银行和财税部门。第三期学员的培养宗旨：培养实现新民主主义政治的区乡级干部。设民政、财政、文教、民运四系。这期学员分两批经短训后到地方党政机关和部队担任基层干部。

学院的管理人员除院长、副院长、教育长外，还有负责教学工作的李健民、干事范执中、总务处长朱鸣山，并抽调在县区做文化教育工作有经验的同志来学院任中队长和指导员。1943 年，苏北根据地派了一批干部来到浙东，其中有黄源、徐放、江岚、丁公量等人，部分同志后来也参加了浙东鲁迅学院的教学与管理工作。第三期培训时，聘请了上海有名望的作家、戏剧家姚克、芳信、章泯前来任教，以增加文艺方面的教学内容。在政治理论学习方面，在没有专职教员的情况下，邀请浙东区委领导谭启龙、何克希、张文碧等前来做报告和讲课。

三、教学方针与教学内容

浙东鲁迅学院以延安抗大（中国抗日军政大学）的校风为校风。第二期学员开学之际，浙东区党委书记兼浙东游击纵队政治委员谭启龙特别强调，毛泽东同志为延安抗大制订的"团结、紧张、严肃、活泼"的校风，也是学院的校风，必须牢记。黄源院长重申和解释了"团结、引导大家学习马克思列宁主义理论，破除旧思想、旧传统，转变世界观，树立革命人生观”的办学方针。

浙东鲁迅学院与 1938 年成立的延安鲁迅艺术学院（简称“鲁艺”）在培养目标上是不同的，鲁艺主要培养文艺人才。1941 年春成立的鲁迅艺术学院华中分院设有文学系、戏剧系、音乐系和美术系，也是以培养文艺人才为己任。浙东鲁迅学院培养干部和宣传教育方面人才，除了院长黄源及个别教职工来自鲁艺华中分院外，相互间没有隶属关系。有些书刊将浙东鲁迅学院称为鲁迅学院浙东分院，是不准确的。

第二批与第三批公开招收的学员中，由于来自不同的区域，思想认识和政治态度的差异很大。因此浙东鲁迅学院明确提出把转变世界观、人生观放在重要位置，树立“为人民服务”的思想。确定的教学内容主要分为三部分：政治理论教育、形势任务教育、人生观和群众观点教育。开设的课程有“社会发展史”“辩证唯物主义和历史唯物主义”“文学知识”等课，同时还组织学习讨论党的文件。

浙东鲁迅学院是以“新型大学”为目标创办的，第二期时设有民政、财经、文教三系。第三期时决定扩招

学员，在复试的基础上挑选优秀学员进高级班，高级班
设民政、财经、文教、民运四系。因抗战形势发生新的
变化，根据地亟需新的干部，鲁迅学院对第三期的学员，
制定了以"党的建设""政权建设"和"群众工作"为
重点，辅以"时事政策教育"的方案。

四、教学管理与学院生活

办在四明山根据地的浙东鲁迅学院，学员生活简单
而俭朴，睡地板，吃大锅饭。学院以民间的祠堂、庙宇
作为校舍，桌椅也是向群众借用。学员过的是供给制的
生活，一切按照部队战士、党政机关工作人员的待遇，
但着便装，冬天发一件男女同式样的棉布短大衣。学员
分为若干个大队，每个大队设有队长和指导员，这和延
安抗大、陕北公学等解放区学校的组织方式基本一致。
队长和指导员有的从地方抽调而来，有的是上届学员结
业后留下来的。

鲁迅学院始终坚持理论联系实际的教学方法。比如
学习"社会发展史"和讨论世界观、人生观问题，引导
大家自觉地联系家庭和个人的思想状况，以及耳闻目睹
的社会现象做阶级分析。学习形势和任务时，结合浙东

敌后抗日游击根据地的斗争和建设情况，组织课堂讨论、小组漫谈。在讨论中，强调广开言路，各抒己见，还以出墙报、开展挑应战、解答问题等方式辅助教学。

与学习活动相联系，浙东鲁迅学院的校园文化活动也很丰富。如学习毛泽东《在延安文艺座谈会上的讲话》后，学员们就深入当地农村，学唱地方戏曲，搜集材料编排节目，如编演的秧歌小调剧《代耕队》和《打野猪》，深受群众喜爱。如1945年5月8日中共浙东区委在梁弄镇召开"四明山军民庆祝苏联红军解放柏林大会"期间，鲁迅学院编演小调剧《希特勒的末日》、秧歌舞《庆祝柏林解放》等节目，演出时受到群众的欢迎。

第二期时，浙东鲁迅学院移驻大岚山区的陈家岩。当时，灾荒严重，大家全力以赴地开展生产救灾工作。全院教职工除节衣缩食、开荒产、减少群众负担外，还捐献粮食和生活津贴，投入救灾活动，同时，又分批派出学员，在四明地委统一领导下开展群众工作，救灾结束后每个同志都写了调查报告或其他文章。

明州大学往事

说到宁波曾创办一所民办高校——明州大学，今天
仍以明州职业专修学院的名义存在于浙江纺织服装职业
技术学院内，也许有很多人所知不详。笔者借助毛翼虎
的自传体回忆录《梦幻尘影录——毛翼虎自述》一书，
依靠已知的部分史料来梳理宁波高等教育史上第一所民
办高校的发展历程。

一、创建明州大学的背景

改革开放之后，在浙江省内多次出现创办高等学校
的热潮，特别是创办一所市属的综合性大学是各市的共
同梦想。1984 年，温州创办了温州大学，包玉刚先生宣
布捐资创办宁波大学。至 20 世纪 90 年代初，浙江省内
再次掀起一阵筹办市属综合性大学的高潮。湖州有创办
湖州大学之议，还得到了旅居台湾的湖州同乡陈立夫的
支持，但至今湖州大学仍未建成，办"湖州大学"是今

日湖州师范学院的奋斗目标。1993年9月，金华市金发公司、省人才开发协会、浙江师范大学离退休教师协会联合提出筹办金华大学，当年的《金华日报》曾大幅刊载广告来进行宣传，但金华大学没有成立，只成立了金华职业技术学院，加挂金华大学（筹）的牌子。1993年10月，绍兴市决定在绍兴师范专科学校和绍兴高等专科学校的基础上筹建绍兴大学，但绍兴大学没有办成，两校合并成立了绍兴文理学院。

20世纪90年代初的宁波，也有一批热心于教育的同志在推动建立一所新的大学，当时宁波有综合性的宁波大学，以及宁波师院、宁波高专、农技师专等高校。据毛翼虎先生回忆，1992年，宁波一批从大专院校领导岗位上退下来的同志如戴竹馨、戴开仁、洪万辰等，看到宁波高等教育比较滞后，改革开放以来宁波又成为沿海地区计划单列市，经济建设快速发展，人才需求更加突出，就有了组建一所私立大学的打算。他们找到了毛翼虎，要毛翼虎签名发起。后得到宁波市委、市政府批准，于1993年2月19日成立了明州大学筹备组，以毛翼虎为顾问，暂借宁波教育学院为校舍。

二、多方助建明州大学

1993 年 10 月 5 日，宁波市第一家民办高等学校——明州大学成立，是日举行了开学式。当年按国家计划招收了财务会计、对外贸易、房地产经营管理三个专业共 100 名学生，进入了边筹建边办学阶段。

明州大学的筹建与办学，得到了多方的支持与帮助。其中毛翼虎先生作为名誉校长，在创建中居功至伟。毛先生 1914 年出生在浙江奉化，1936 年毕业于上海法学院法律系，1948 年当选为"立法委员"，是当年最年轻的"立法委员"，1949 年底冒着生命危险从台湾返回大陆。新中国成立后，长期担任民革宁波市委会的主要负责人和台联会会长，是中国共产党的亲密朋友。他发挥自己广泛联系各方的优势，积极争取得到各方的支持，一是得到海外"宁波帮"的支持；二是得到宁波大专院校老领导的支持；三是得到宁波市领导的支持。

明州大学成立董事会，以应昌期先生为名誉董事长。应先生为旅居台湾的宁波籍实业家，虽然未查到应先生对明州大学的捐赠情况，但他对家乡办大学是十分支持的。据《应昌期传》一书所记，即便在身患绝症之际，应昌期先生仍念念不忘要为家乡出资办一所工商大学。

毛翼虎先生在回忆陈立夫先生的一篇文章中谈到，他曾就筹办明州大学一事向台湾的陈立夫先生做了报告，并请陈立夫先生题名，陈欣然惠寄。毛先生还推荐海外企业家朱英彪、美国陈学明、香港企业家闻儒根、台北市宁波同乡会理事长王雄夫等为董事会名誉董事。

明州大学在筹资过程中，得到了朱英彪先生、沈友梅先生的大力支持。朱英彪先生是旅台宁波籍实业家朱绣山先生的次子，他于 1993 年 10 月慷慨捐资 1 万美元，在明州大学设立以其母名讳朱王灵娣命名的奖学金，其后又以祝贺父亲八十寿辰等名义多次追加基金。沈友梅先生是鄞县茅山乡人，1950 年去台湾，曾担任过台北市宁波同乡会理事长，晚年回大陆居住。毛翼虎先生与沈友梅先生建立了友谊，并相知渐深。沈友梅先生 1994年去世之前，殷殷嘱咐儿女丧事从简，将节约所得捐助明州大学。他去世后，其家属将 1 万美元捐助给明州大学，设立沈友梅先生奖学金。时至今日，朱王灵娣奖学金、沈友梅先生奖学金仍在颁发。

明州大学创办之初，还得到了美国陈学明博士、张富康先生的资助。据《宁波大学纪事（1986—2006 年）》

所载，陈学明博士为包玉刚先生好友、美国高技术委员会主席、国际大学计划协会会长，曾多次访问过宁波大学。张富康先生是宁波城区人，1950 年去香港，1970 年到美国，大陆改革开放后回家乡兴办公益事业，并在美国致力于祖国的和平统一大业。

率先发起创建明州大学的是一批刚从大专院校领导岗位上退下来不久的同志，他们在新成立的明州大学中担任了重要职务，其中戴开仁为常务副校长（正校长暂缺），戴竹馨为书记。戴开仁于 1987 年至 1992 年担任宁波高等专科学校党委书记。戴竹馨于 1978 年至 1991 年长期担任宁波师范学院党委书记、第一副校长等职务。参与发起创建的洪万辰于 1984 年至 1990 年担任宁波师范学院党委副书记。

宁波市领导也非常关心支持明州大学的创建，项秉炎担任明州大学董事长。项秉炎于 1989 年至 1992 年担任宁波市委书记，以后长期担任宁波慈善总会会长。明州大学后来改为明州职业专修学院，由宁波市慈善总会向浙江省教委申办，也与项秉炎的关心和支持有关。

三、明州大学的曲折历程

明州大学成立时，正是笔者刚上大学之时，因此对家乡新成立的大学印象尤其深刻。但后来就很少能见到明州大学的信息，仔细搜阅各类公开资料，也没有太大的收获。根据毛翼虎先生的回忆材料，以及笔者从明州职业专修学院获得的一份简介，大约可以勾勒出明州大学近20年的发展历程。

明州大学在筹建之初，借用宁波教育学院的校舍办学，后因为办学困难与管理困难，将学校行政管理与宁波高等专科学校合并，仍存明州大学校名，实行一校两制。据《宁波工程学院校志》所载，"1995年6月28日，宁波市委宣传部、宁波高等专科学校和明州大学（筹）领导人开会，市委常委、宣传部长邵孝杰宣布市委决定，明州大学并入高专，保留明大，统一领导，一校二制。到7月中旬，明州大学（筹）并入宁波高等专科学校。1996年，曾一度与久灵集团合作，恢复明州大学实体（宁波工程学院校志所记为宁波高等专科学校久灵分校）。

1998年，浙江省人民政府制定《关于鼓励社会力量参与办学的若干规定》，发展高等专修学院，推行高等教育学历文凭考试试点。1998年12月，宁波市慈善总会在明州大学的基础上，向浙江省教委申办明州职业专修学院，省教委于1999年1月批复高专为全日制民办高校，试行高等教育学历文凭考试。

2002年7月，经省教育厅批准，由宁波服装职业技术学院（现为浙江纺织服装职业技术学院）接办明州职业专修学院，学院的性质与管理体制不变。在2004年之前，除明州职业专修学院外，宁波还有宁波大红鹰职业专修学院、宁波职业专修学院、宁波金轮文理职业专修学院等。2004年后，教育部取消了高等教育学历文凭考试，明州职业专修学院自2005年起招收全日制自考助学班。

至2011年，宁波明州职业专修学院（简称明州学院）共有教职工42名，其中专职教师23名，行政管理人员19名；学生1119名。下设办公室、招生办、学生处、教务处、财务处、团委党建办公室、商贸教研室、服装美术教研室。现有服装艺术设计（本）、视觉传达设计（本）、财务管理（本）、学前教育（本）、物流管理、工商企业管理、国际贸易7个专业。

邓小平与宁波大学

2014 年是邓小平同志诞辰 110 周年，也是小平同志发出"把全世界的'宁波帮'都动员起来，建设宁波"重要指示 30 周年。邓小平同志为宁波大学题写了校名，并多次关心学校的建设与发展。此时此刻，我们特别怀念邓小平同志，追念他对宁波大学的关心与支持。

据《邓小平年谱》，1984 年 8 月 1 日，在北戴河，邓小平和谷牧会见包玉刚。小平同志指出：要加快宁波改革开放的步伐，把全世界的"宁波帮"都动员起来，建设宁波。派卢绪章去宁波，帮助搞好宁波的对外开放工作。

卢绪章到了宁波以后，与宁波市领导共同努力做好香港"宁波帮"的工作。1984 年 9 月 8 日至 25 日，宁波市领导葛洪升、耿典华和卢绪章等访问香港，这次访问的一个重要任务就是争取请包玉刚捐资办宁波大学。

10 月 28 日至 30 日，离开故乡已有 40 多年的包玉刚回到宁波。这次故乡之行，包玉刚就有心为家乡送一份厚礼，这份厚礼就是宁波大学。在各方的积极推动下，包玉刚先生在离开宁波之前，正式宣布了捐资创建宁波大学的决定。

1984 年 12 月 19 日，中英两国政府在北京举行了《关于香港问题的联合声明》，包玉刚出席了签字仪式。签字仪式后，包玉刚与宁波市市长耿典华签署了《耿典华市长与包玉刚先生在北京洽谈纪要》，双方确定了创办宁波大学的主要原则。第二天上午，邓小平会见了包玉刚。包玉刚向小平同志汇报："宁波是我的家乡，我已经四十多年没有回家乡了，宁波有一万多平方公里，比香港大十倍。香港 550 万人口，有四所大学，宁波有 500 万人口，只有一所大学，所以我打算在宁波办一所大学，希望得到邓主席的支持。请您向教育部讲一句话，让他们多关心支持这件事。办这所大学，我投资了 5000 万人民币，计划八六年建成，开始收 2000 人，以后陆续增加到 3000 人，以逐步适应宁波经济发展对人才的需要。我的袋子里只有钱，没有人。管理大学要依靠宁波市，我已跟宁波市长讲了，管大学全靠你了。请邓主席再跟宁波讲一下。"邓小平对包玉刚提出的宁波北仑港建设和筹办宁波大学等表示支持。谈话中还接受为宁波大学题写校名的请求。

小平同志非常关心宁波大学，几次与中央领导同志提出要支持宁波大学的建设。1985年1月4日，小平同志约谷牧同志谈话，听取十四个沿海城市开放八个多月来的主要情况。其中谈道，"关于办宁波大学，包玉刚讲，大学归国家办，他出钱。这是一件好事，我答应给题校名。你们应该督促有关方面把这件事办好。"1月23日，小平同志听取几位中央领导同志关于当前经济工作的汇报，在谈到与外资合作问题时指出："包玉刚准备出资五千万在宁波办大学，还想投资办钢厂，不要让他吃亏。如果有风险，我们同他分担。凡是搞这些投资的人，我们都要使他们有利可图。如果有的时候必须国家补贴，我们也可以干。"

小平同志对宁波大学这样一所新建高校如此关心，多次提到，这是很少见的，在《邓小平年谱》中找不到第二家。我们可以这么理解，办好宁波大学，是推进沿海城市改革开放的一步棋子，必须走好；办好宁波大学，也是鼓励华侨华人回国捐资办学的一个典范，必须办好。20世纪80年代，在小平同志深入思考与推动中国改革开放大计之时，对海外华人华侨回国捐资办学一事特别关心支持。如 1984 年 1 月，听取了深圳市领导提出深圳要办一所大学，可以吸引华侨投资来办的建议，但当时小平同志没有表态。1986 年 4 月曾批阅李嘉诚捐资兴建汕头大学面临师资不足请求支援的来信，指示国家教委给以帮助解决。2 个月后，邓小平在会见李嘉诚时说："许多华侨和外国人士都愿意为汕头大学的建设贡献力量是一件好事，全国应调一些比较好的教员到那里去，把这所大学办好。"1986 年 4 月 19 日，小平同志会见了在大陆捐资办学的香港知名人士包玉刚、王宽诚、霍英东、李兆基、李伯忠等。其中王宽诚是宁波人，曾在宁波捐建东恩中学；李伯忠为香港环球航运集团副主席，是包玉刚的主要助手。在这次会见中，小平同志再次强调："教育是一个民族最根本的事业。"

邓小平同志为宁波大学题写校名，是宁波大学的莫大荣幸。1985 年 9 月 26 日，也就是宁波大学奠基前一个多月，小平同志题写了"宁波大学"四个大字，由国务院副总理兼国家教委主任李鹏交给浙江省省长薛驹，并请转交给宁波市委书记葛洪升。小平同志题写的大学校名，据我们初步统计，除宁波大学外，还有中国人民公安大学、四川大学、中山医科大学、华中师范大学、河海大学、中国政法大学、青岛海洋大学、中国矿业大学、中南财经大学、东吴大学等。

　　小平同志还专门委托万里同志参加宁波大学的奠基典礼。1985 年 10 月 25 日，兆龙饭店在北京举行落成典礼，正式开业。邓小平、万里、习仲勋、杨尚昆、卢绪章、包玉刚等参加了仪式。当时，小平同志把卢绪章于当年 8 月写给他的信转交给万里，请万里代他来宁波参加宁波大学的奠基仪式，同时协调解决宁波改革开放中的一些问题。10 月 29 日，中共中央政治局委员、国务院代总理万里到宁波参加了宁波大学奠基典礼。这是因为 1985 年 10 月 28 日至 11 月 12 日，国务院总理访问哥伦比亚、巴西、阿根廷、委内瑞拉，由排名第一的副总理万里代行总理职务。10 月 29 日这一天，成为宁波大学的校庆日。

　　据余贤群的《邓小平与包玉刚》一书介绍，包玉刚曾经有个想法，在英国伦敦一所大学建一个图书馆，叫邓小平图书馆；在宁波大学建一个图书馆，叫撒切尔图书馆，使宁波大学成为中英两国建立政治文化交流的一个重要基地，以此来纪念中英签署关于香港问题的联合声明。包玉刚提出的建议，英国方面和撒切尔夫人都很感兴趣，但中国方面没有表态。1992 年 9 月，由包玉刚捐资的宁波大学图书馆建成，命名为包玉刚图书馆。

在《邓小平年谱》中，至少记载了小平同志 14 次会见包玉刚。分别为 1981 年 7 月 6 日、12 月 8 日，1982 年 9 月 24 日，1984 年 5 月 28 日、8 月 1 日、12 月 20 日，1985 年 5 月 21 日、10 月 25 日，1986 年 4 月 19 日、4 月 21 日，1987 年 4 月 16 日，1988 年 10 月 7 日，1989 年 9 月 28 日，1990 年 6 月 11 日。而据包陪庆《包玉刚：我的爸爸》一书介绍，会见次数要更多一些，其中有些没有公开报道，也没有载入《年谱》。如 1980 年 3 月 19 日，小平同志首次会见包玉刚；1982 年 2 月 8 日，小平同志与包玉刚谈关于香港问题的设想等，都没有公开报道。邓小平同志与包玉刚先生的私人感情也很好，会见以后多次共进晚餐，有时还是家宴性质。邓小平女儿邓榕说："海外华侨华人每次回国每次都见的，也只有包玉刚先生了。"

1990 年 4 月 11 日，小平同志为《包玉刚画册》题名。1991 年 9 月 24 日，也就是包玉刚先生逝世的次日，小平同志向包氏家属发出唁电："惊闻玉刚先生病逝，深为悼念。先生热心祖国建设，为实现‘一国两制’身体力行，功在国家。希家人节哀珍重。”

　　宁波大学从孕育到奠基，从建校到发展，已然过去了 30 多年。30 多年来，宁波大学按照小平同志的殷切期待，按照包玉刚先生的美好愿望，已经实现了从新建大学到新型综合大学、从教学型大学到教学研究型大学的两次成功转型。现在，全校上下正在为建设一所特色鲜明的综合性研究型大学而努力，这正是我们缅怀邓小平同志和包玉刚先生的实际行动。

一位创建宁波大学的功臣
——纪念卢绪章先生诞辰100周年

1984年10月28日至30日，香港环球航运集团主席包玉刚先生回到阔别40多年的故乡宁波。在访问期间，包玉刚先生表示了捐资创办宁波大学的意愿，这是包玉刚先生给故乡的第一份厚礼，用包陪庆的话说："第一次宁波行，爸爸捐赠给故乡的第一份真情是宁波大学。"

包玉刚回故乡宁波，决心捐资创办宁波大学，这两件事都离不开卢绪章这位重要人物。卢绪章的母亲与包玉刚的岳母（包夫人黄秀英之母）是嫡亲两姐妹，包氏夫妇称卢为三阿哥。20世纪40年代，他们在重庆、上海等都有交往，包玉刚还对卢绪章生意上有支持，但包家一直不知道卢绪章领导的广大华行是地下党组织。

卢绪章，鄞县人，1911年6月17日出生于宁波天封塔下小沙泥街一个经营米行的小商人家庭。1937年加入中共，后创办广大华行，先后在重庆、上海、香港等地开展业务，不但在政治上完成秘密任务，而且在经营上也大获成功，为党提供了不少经费。他也是电影《与魔鬼打交道的人》中主人公张公甫的原型。

新中国成立后，包玉刚与卢绪章联系很少，但都相互记挂。1977年，当包玉刚了解了大陆的一些情况后，即向北京的国务院侨办发函："我和夫人期望早日回国探望表哥卢绪章。"不久，侨办主任廖承志回复称热烈欢迎。1978年10月底，包玉刚夫妇与卢绪章在北京久别重逢，此时卢正担任国家旅游局局长。在这次见面中，包玉刚向卢绪章表示了捐建饭店和旅游局办公大楼的意愿。1980年3月15日，包玉刚再次到北京，卢绪章到机场迎接。在这次访问期间，包玉刚与六机部签订了联营协定。包陪庆说，这一次包玉刚还见到了邓小平，但没有公开报道。此后，包玉刚每次赴京，小平同志都予以会见，有些还是家庭聚会。但是，包玉刚虽多次到大陆，却未曾回到故乡宁波走走看看。

时间到了1984年8月1日，这是宁波改革开放史上非常重要的一天。据《邓小平年谱》记载，当天，邓小平和谷牧在北戴河会见了包玉刚。小平同志指出，要加快宁波改革开放的步伐，把全世界的"宁波帮"都动员起来建设宁波。派卢绪章（时任外经贸部顾问）去宁波，协助宁波的对外开放工作。

卢绪章领命以后决定做的第一件事就是到香港邀请包玉刚回故乡看看。他认为，只要把包玉刚的工作做好了，发动海外"宁波帮"的工作就取得了突破。9月8日至25日，卢绪章与宁波市主要领导一起到香港拜会包玉刚。据一些老同志回忆，行前已商定由卢绪章向包玉刚私下商量创办宁波大学事项。

10月14日，卢绪章回到阔别59年的故乡宁波担任顾问。事有凑巧，时为中国科技大学教授的朱兆祥到杭州讲学，想趁此机会到宁波提出创办宁波大学的建议。早在1983年下半年，朱兆祥与浙江农业大学朱祖祥、原驻外大使秦加林、原省科协副主席徐朗等几位领导、专家已在呼吁筹备宁波大学。在杭州，朱兆祥找到了几位领导。来到宁波见到了副市长孔宪旦（后来任宁波大学副校长），了解到宁波市也很想办一所综合性大学，但最大的困难是经费不足。这期间，就有人建议朱兆祥去找卢绪章。

据朱兆祥回忆，10月26日一早，朱兆祥就到华侨饭店卢绪章的住处，谈到创办宁波大学，卢绪章说："办事情总要有一个有贝之财，一个无贝之才，无贝之才可以生出有贝之财，办大学对于宁波来说太重要了。"说到经费，卢绪章说："宁波人会做生意，这四五千万元算得了什么？"朱兆祥很振奋，掏出前一晚匆匆写成的建校方案交给卢绪章。卢绪章粗略看了一下，很有信心地告诉朱兆祥："你就等我的消息吧。"

两天以后，包玉刚来到宁波，卢绪章几乎全程陪同。此间，包玉刚问宁波市市长耿典华："宁波现在最需要解决的问题是什么？"耿典华说："宁波开发建设最需要的是大批人才。"包玉刚又问宁波现有几所大学，耿典华说："宁波现在还没有一所综合性大学，地方培养建设人才困难。"

这次包玉刚回宁波就有为家乡办点实事的意愿，宁波市和卢绪章希望他来创办宁波大学，他自己也有这样的设想。当晚，他对卢绪章说："我现在想帮助家乡办一所大学，你看怎么样？"卢绪章当即高兴地说："这件事意义重大，我很赞成你办这件事。"接着就把 3 天前朱兆祥的建校方案交给包玉刚。很快，10 月 30 日，包玉刚就正式宣布捐资 2000 万美元（当时合 5000 万元人民币）创办宁波大学。

12 月 19 日，在签订中英关于香港的联合声明当晚，包玉刚与耿典华在北京签署了关于捐资创办宁波大学的洽谈纪要。20日，包玉刚向邓小平汇报了办大学一事，并请小平同志题写校名。小平同志对此表示赞许，并于1985年9月26日为宁大题写了校名。

卢绪章说："包玉刚捐办宁波大学，不仅是送给家乡的一份厚礼，也是献给改革开放的祖国的一份厚礼。"朱兆祥校长也说："宁波的改革开放，如无卢绪章同志衔命率首前来宁波，决不会有后来的那种速度，宁波大学的开创也必定会拖后很多年。"一年以后，即1985年10月29日，宁波大学奠基，万里代总理和包玉刚、卢绪章等参加了奠基典礼。

还需要记上一笔的是，邵逸夫是卢绪章寻觅的第二个突破口。1984年起，卢绪章多次到香港拜会邵先生，邀请他回家乡看看。在卢绪章的诚心感召下，邵逸夫于1987年4月回到内地，回到宁波，并参观了宁波大学。此后，他向宁波师范学院捐建了逸夫图书馆、逸夫教学楼、逸夫职教楼，又捐设了逸夫书院奖学金（后改为方逸华奖学金）。

可以这么说，1984年10月，多种因缘时机汇萃交集，才有了宁波大学的诞生。这其中离不开小平同志对宁波改革开放的关心支持，离不开朱兆祥等一批老革命、老专家的奔走呼吁，离不开宁波市委市政府创办综合性大学的设想，离不开包玉刚先生为家乡办几件实事的意愿，也离不开卢绪章先生在其中的衔接、沟通、协调。种种机缘都汇集在卢绪章身上，他的直接推动，可以说是催生了宁波大学。

宁波大学正式成立后，卢绪章继续关心支持学校的建设与发展，不仅多次陪同包玉刚到宁大考察访问，还对如何办好宁波大学献计献策。

1995年11月8日，卢绪章因病去世，但他为宁波大学所做的特殊贡献却永远留在宁大人的心里。

张寿镛的办学理念
——读俞信芳著《张寿镛先生传》

　　在近代史上，私立大学与教会大学曾在中国高等教育事业上发挥过重要作用，培养了许多精英人才，其中光华大学就是一所著名的私立大学。鄞县人张寿镛先生担任光华大学校长 20 年，为这所私立大学的发展尽了半生之努力，他的许多办学理念至今仍然闪烁着光辉。

　　张寿镛先生，1876 年 6 月生于宁波城内呼童街，乃抗清义士张苍水的同族后裔。他于光绪年间中举，辛亥革命后历任多省财政厅厅长，1927 年后还担任国民政府财政次长、中央银行副行长等。1930 年后致力于乡邦文献搜集，编纂刊刻《四明丛书》。宁波大学图书馆俞信芳先生所著《张寿镛先生传》，通过访问家属，查阅文献，特别是摘录了先生的大量讲话文章，让读者感受到先生的办学理念及学术思想，该书于 2003 年由北京图书馆出版社出版，印行不多。张寿镛先生一生做了四件事，做官、办学、编刊乡献、著书立说。他最不愿人们谈论他的为官生涯及理财才干，担任光华大学校长倒是他平生快事之一。

　　私立光华大学于 1925 年从圣约翰大学这所教会大学中分离出来。事情的原由是，当年 5 月 30 日，上海发生了五卅惨案，当天曾在圣约翰大学学习过的一位学生回校讲述惨案经过，被外籍校长训斥，并勒令其离去。次日，圣约翰大学中籍教师与学生决定罢课，但外籍校长坚决不同意罢课。6 月 3 日，华人学生自动聚集，下半旗为被害华人志哀，又遭外籍校长干涉。此事进一步激起了部分学生的义愤，当日有 553 名大学及附中学生宣布永久脱离圣约翰大学。19 名中籍教师也登报声明辞职，还有 9 名应届毕业生声明不接受圣约翰大学的毕业证书。这些离校师生得到了社会各界的关心，一些学生家长和离校师生开始筹备新校，学生王华照之父王丰镐捐地 90 余亩，张悦联之父、时任沪海道尹张寿镛也捐赠了 3000 元。到该月 22 日，决定创办私立光华大学，校名来自古诗"日月光华，旦复旦兮"。为更好地向社会募捐筹资，校董会最终决定聘任财经界知名人士、时任沪海道尹、与"宁波帮"人士有广泛联系、酷爱藏书的文献学家张寿镛先生为校长。

创校之初，摆在先生面前的首要大事便是广泛募捐筹资，同时邀请名师前来执教或讲学。他首先承担起最艰难的经济事务，放下架子托钵题缘，好在他与工商财经界人士相熟，得到不少支持，特别是"宁波帮"人士捐助良多，如虞洽卿、盛竹书、傅筱庵、孙衡甫等。其次便是邀请著名学者专家来校执教，一些名家由于已在政府机关任职或在其他高校就职，张先生就以演讲和专题讲座的方式来弥补。由于光华大学是爱国行动的产物，所以许多学者都愿意前来讲学。当时的舆论认为，"上海各大学之师资，以光华为首"。当时国内最著名的学者，大多在光华讲过学，这仰仗于先生的多方邀请。名家汇集，也使得光华的教育与学术能应世界的潮流，能随世界形势而推动。在办学方针上，也以哲学为体、科学为用、取中西融合之方法。

先生办学特别注重办学之精神与理念，他称之为"光华之教育在心理建设"，这里的心理建设即精神建设。他说过："夫物质建设难而实易，而精神贯彻易而实难。"根据《张寿镛先生传》一书第三章"创办光华大学"及第五章"学术思想"所载，张先生办学中最注重三方面之精神建设，一是依光华创校精神，坚持国家观念；二是依王阳明思想，倡导知行合一；三是以王通为榜样，培养济世人才。

光华大学的创立是一种爱国精神的体现。王云五先生曾在光华说过："光华大学之成功，是中国民族能力的表现；光华创设，是实施收回教育权的先声。"光华是靠爱国精神团结并创办起来的。先生在《光华五周年纪念书》的序中说，要使国人皆曰：深沉纯挚之爱国观念，由光华启之。光华以"六三"为建校纪念日，也体现了这一观念。光华既是爱国运动的产物，先生就紧抓爱国主义思想，年年演讲，时时贯彻，告诫学生不要忘记国耻。1931年后，先生感受到形势严峻，因此多方组织演讲及活动，要唤起学生反抗日本侵略之心理准备。1932年9月18日，为纪念国耻，光华举行纪念会，当日素食减膳以资助饷。1934年9月18日，虽照旧上课，但下半旗并素食一天，以志哀悼。

先生在学术上尊崇王阳明的"致良知"说，这也深深地影响到他的办学理念。光华大学以"知行合一"为校训，就体现了这一点。先生曾为学生演讲过"阳明学"，在建校十周年大典上还指出，"本校同学承姚江致良知之教力学，故所得深而且是所发宏"。先生还撰联"王姚江'致良知'数言所以格物，刘东平《明本释》一部亦足修身"，王姚江即王阳明，刘东平即宋朝之刘荀。先生在多次演讲中对学生提出的训诫期望，无不包含着王阳明"致良知"及"知行合一"的思想。如1926年6月3日建校一周年会上对学生之赠言："一是崇尚气节；二是培养博大之局量；三是维持坚苦之操守；四是有群无党；五是做事争人先而成功居人后。"又如1927年7月第二届毕业生典礼上，"希望于诸同学者，要坚苦，要洗心。无论何时，不要盲从，而要有理性的判断为行为的标准"。

312

先生在倡导王阳明学说之时，还以王通为榜样，希望光华能培养出经纶济世之才。王通为隋末大儒，唐代初年的不少政治家出自他的门下，或者曾向他请益，如魏征、房玄龄、杜如晦、薛收、杜淹等，门人谥之为文中子，后世有称其为盛唐宗师，他的著作《中说》，亦称《文中子》。先生在研究该书后说："王通真是经纶济世之才，我虽然不敢比王通，但极希望诸同学能为房、魏，愿我同学共勉之。"先生以王通为榜样，勇敢承担起乱世时期为国家和民族培养储备英才之责任。俞信芳说："这是先生教育思想中的核心部分，并为之耗尽了最后一息精力。"

办大学不仅要为社会贡献技术与人才，还要创造精神与思想。一所优秀的大学，必然要有一种崇高精神的支撑。先生担任光华大学校长20年，直至生命最后一息，其间虽然间或从政，并专注于乡邦文献刊刻，但作为光华校长，紧紧抓住两条根本：一是募捐与聘师，在物质与师资建设上提高学校水平；二是精神之教育，除与创校同在的爱国精神，更以王通、王阳明学术勖勉学生，对于学生的修养身心之道尤为注意。光华前后26年的办学历史，学生先后有14000余人（含附中），完成大学学业2400余人，培养的杰出人才无数，实现了先生当年之期望。学生中的知名人士有乔石、姚依林、尉健行、周而复、董寅初、黄鼎臣、杨纪珂、邓拓、周有光、张允和、夏鼐、唐长儒、艾思奇等。《张寿镛先生传》一书即由周而复先生题签。

1945年7月15日，先生逝世。光华大学校长先后由朱经农、廖世承接任。1951年，光华大学经院系调整，主体部分纳入华东师范大学。光华虽已不存，但先生的教育思想将长存于教育史上，并将时时启示后人。

陈裕光与金陵大学

——读王运来著《诚真勤仁光裕金陵——金陵大学校长陈裕光》

在王运来先生所著《诚真勤仁光裕金陵——金陵大学校长陈裕光》（山东教育出版社 2004 年版）这本书中，有这样一则材料引起我的关注：

1991 年及 1998 年我国长江中下游爆发特大洪水时，政府有关部门便两次找出《金陵学报》1932 年 5 月发表的，由金陵大学农经系师生花了近 1 年时间完成的《中华民国二十年水灾区域之经济调查》一文，进行长江大水灾情的对比与研究。在 1931 年这次社会调查中，金陵大学接受政府委托，有 329 名师生参加，足迹遍及湖北、湖南、江西、河南、安徽、江苏等省的 90 个县，形成各类调查表格 14400 份，为政府的救济工作提供依据。

这样的调查不止一例。1929 年起，金陵大学采用标准方法，对辽、绥、晋、陕、冀、鲁、豫、湘、赣、川、皖、闽、浙、粤、苏 15 省区的人口问题进行调查。在我国的人口研究史上，由一所私立学校进行覆盖半个中国，历时 5 年的人口大调查，是一个大创举。通过这次调查，得出了极有价值的结论：由于农业机械化在我国短时期内难以实现，在耕地面积有限的情况下，过快的人口增长必将酿成严重的人口问题。

以上这两则事例是金陵大学农学院和文学院服务社会的两则典型案例，这也给如今的高校如何履行社会服务功能提供了有价值的启示。

说起金陵大学就不能不提到担任校长长达 25 年的陈裕光先生。陈裕光的父亲陈烈明是鄞县人，早年移居南京，从事木工手艺，后开设一家营造厂。1893 年，陈裕光出生于鄞县。金陵大学是一所教会大学，前身是成立于 1888 年的汇文书院，陈裕光在汇文书院念中学。1910 年汇文书院与美国教会创办的基督书院及益智书院合并成立金陵大学。次年春，陈裕光考入金陵大学选读化学课程。1916 年至 1922 年，他到美国克司工业大学和哥伦比亚大学留学。回国后任北京师范大学教授，并两度代理校长职务。1924 年与同为鄞县籍的鲍咸昌之女鲍敏结婚。

1925 年，陈裕光回母校担任化学教授。1927 年被校董会推举为校长，一直担任到 1951 年。他在担任校长期间，提出了许多教育思想，对今天仍有重要的启示意义，其中令人印象最为深刻的莫过于对教育服务社会的重视。

他担任校长后提出，金陵大学要"按国内情形，与时代之精神，社会急切之需要"来培养人才，改变了此前金大按基督教精神造就人才的培养目标。在学生的培养规格上，他提出要"造就健全国民，发展博爱精神，养成职业智能的根本"和"服务社会、造福人群"。陈裕光确定"诚真勤仁"为金大校训。在他担任校长期间，学生受良好校风学风的影响，养成了服务社会的观念、务实创新的精神、勤奋奉献的作风。这一期间金陵大学培养了许多优秀人才，如彭佩云、吴敬琏、余光中、夏征农等，毕业生中后来当选为两院院士的就有 18 人。

在陈裕光科学的教育方针基础上，金陵大学形成了"求学本旨、再求致用、培育人才、服务社会"的指导思想。在办学过程中，认为学校与社会并无界限之分，特别重视学校与社会之间的联系，倡导"以研究为教学之基础，服务为教学之实践"，"研究、教学、服务三者成一联系，未尝偏废"，并最终形成了"教学、科研、推广三结合"的教学方针。他对金陵大学学以致用的教学思想和办学实践有所继承，更所有发展，"学以致用，不是学完之后重视实用，也不是在学的时候做用的准备，乃有边学边用"。

这里所讲的"推广"，相当于今天我们所讲的服务社会、服务地方。金陵大学设有文学院、理学院和农学院，三个学院在推广事业上各有成就。以文学院为例，推广事业主要包括直接创办试验所或合作社、帮助企业培训人才，以及举办社会教育。在社会调查上，也与社会服务密切相关。在抗战期间，为配合当时政府提出的西部开发，社会学系师生在系主任的带领下，组成边区社会调查团，师生们一路跋涉，步行 1000 多公里，赴雷马屏峨边区调查，历时 1 个多月，除开办民族学校、为边区放映科技影片外，还深入民族地区实地考察。理学院的推广事业包括推广科学教育、倡导电化教育和开展科学服务等。

金大农学院的推广成果更加丰富。20 世纪 30 年代初，国民政府推出了建设农村的计划。金大农学院发挥学科优势，大显身手。在这段时间里，与金大农学院合作的国内外教育、科研、建设机构有 40 余个，合作范围除合办农场、改良会、种子区外，还有农业调查、师资培训、标本交换，等等。农艺系开展改进作物品种的研究，生产出质量兼优的品种，成果相当可观，计有小麦 13 个品种、棉花 7 个品种、谷子 6 个品种、大麦 4 个品种，以及水稻、高粱、玉米等新品种。蚕桑系制成无素蚕种。森林系、园艺系分别进行育苗、改良品种、人工授粉等研究。植物系进行作物病虫害研究。特别是金大农学院主持了许多农村推广试验区，如乌江农业推广试验区、江宁农业推广示范县、温江农业推广试验区等，都产生了十分广泛的社会影响和显著的经济效益。

陈裕光虽在教会大学及国外大学求学且是一位虔诚的基督徒，但他却是一位爱国的大学校长。金陵大学也是第一所向国民政府立案的教会大学。他当校长后，即宣告教育要适合国情，要为中国人民办学。为表明志向，他在校内不穿西服，专用布衣、马褂、布鞋。

1952 年，金陵大学校名撤销，相关院系与南京大学、南京农业大学等合并。1989 年，享年 97 岁的陈裕光病逝于南京。

杨永清：东吴大学首任中国籍校长

苏州大学为 211 大学和"双一流"大学，它的前身是东吴大学，创校于 1900 年，是中国最早以现代大学学科体系举办的大学。在东吴大学的历史上，杨永清校长具有特别重要的地位。

杨永清，字惠庆，祖籍浙江镇海。1891 年，杨永清出生在无锡一个笃信基督教的家庭。1902 年，11 岁的杨永清考入了由美国基督教监理会创办的东吴大学，通过七年的学习，获得文学学士学位并留在东吴大学附属中学任教。1912 年，杨永清考取了清华大学，离开苏州，北上深造。

1914 年，杨永清获得清华大学选派资格，赴美国留学，入读美国威斯康星大学。1918 年，杨永清获得美国威斯康星大学法学学士学位。1919 年，获得美国威斯康星大学文学硕士学位。此后就职于中国驻英国使馆，担任随员秘书。曾兼任国际联盟第一届大会中国代表团秘书和华盛顿太平洋裁军会议中国代表团的秘书。

在国外学习工作 8 年之后，杨永清于 1922 年回到了北京，供职于外交部，担任秘书和条约司等职务。1922 年至 1923 年，任外交部全国财政讨论会秘书。1924 年至 1927 年，任外交部全国财政管理委员会秘书兼调查股主任。在此期间，杨永清负责起草取消不平等条约的照会，是时任外交部长顾维钧的得力助手。

一、推进东吴大学向中国化转变

东吴大学是一所教会大会，自创校以来一直受到美国基督教监理会的领导，在美国田纳西州政府注册立案，校董会大部分成员和校长由美国人担任。

自 20 世纪 20 年代以来，中国掀起"收回教育权"运动，推动教会学校"中国化"。1925 年 11 月，北洋政府教育部发布《外人捐资设立学校请求认可办法》，规定外国人在华开办教育机构应向中国政府登记注册。1927 年 12 月 20 日，南京国民政府颁布《私立大学及专门学校立案条例》；1928 年 2 月 26 日，国民政府大学院又颁布《私立学校条例》。这两份文件的核心就是私立学校的校长必须是中国人；私立学校校董会董事长和半数以上成员必须是中国人；私立学校不得设置宗教必修课，亦不得强迫学生接受宗教宣传；私立学校校董会和私立学校必须分别向中国政府教育主管机关注册立案。此时，东吴大学作为教会大学，中国化变革已刻不容缓。

1927至1929年，东吴大学校董会顺应中国社会潮流，改任中国人为校长，改选校董会，改向中国政府注册立案，完成了法理上由美国教会学校向中国私立学校的转变。这种转变是当时全国基督教大学实行中国化改革的一部分，是1927至1929年间东吴大学领导机构最重要的工作，也是抗战以前东吴大学校史上最关键的转变。

1927年8月30日，东吴大学校董会在上海昆山路景林堂举行第四次临时会。会上提名委员会提出杨永清先生为新任校长兼文理学院院长，临时表决一致通过。由于临时会出席人数不足法定人数，需由缺席校董补行书面投票。10月3日，校会执行委员会又在景林堂举行临时会议，因已有其他5名校董书面投票赞成，所在票额合计与定章相符，校董会正式决议杨永清任东吴大学校长。

消息公布后，杨永清辞去了在北京的职务，抵达苏州，在阔别母校多年之后，他再一次踏入东吴大学这片熟悉的校园，不过，这一次他的身份不再是学生和老师。10 月 28 日，东吴大学全体师生热烈集会，欢迎新当选的杨永清校长到校履新。12 月 3 日，学校举行新校长就职典礼，杨永清正式成为东吴大学第一任中国籍校长。东吴大学由此完成了向中国校长领导的过渡。

杨永清担任东吴大学校长是当时中国社会推进教会大学中国化的重要成果。作为中国人的杨永清担任东吴大学校长后，更是积极推进东吴大学的中国化。

一是推进校董会改组。他逐步将校董会原来主要由美国人组成，改为以中国人为主，董事长亦为中国人，学校各行政部门的负责人和院长、系主任也由本国教授担任。1924 年起，江长川等中国人进入东吴校董会，成为该校第一批中国籍校董。1927 年南京国民政府颁发条例后，又改组了校董会，增加了中国籍校董。到 1929 年，校董会再次改组，校董会中美国籍校董 5 人，中国籍校董 10 人，中国籍校董占了整个校董会的三分之二，符合南京国民政府的相关规定，东吴大学也得以于 1929 年 6 月向南京国民政府教育部立案。

二是设计中文校训。他将原有的英文校训改为中文校训："养天地正气，法古今完人"。东吴大学原来的校训为英文校训，来自《圣经·新约》，该校训有"造就完美的人格"的寓意。1929 年 3 月 31 日，在杨永清校长的推动下，学校确定了中文校训"养天地正气，法古今完人"。此外，又设计了新的校旗、校歌和徽标。

三是用中文颁发文凭。1929 年，他决定"自本年度起，东吴正式文凭，概用中文"。这些举措表明杨永清决心要用中国传统优秀文化逐步改造这所西方文化浓厚的教会大学。

二、推进东吴大学男女同校

在中国近代教育史上，大学实行男女同校也许只是一个小小的插曲，但在社会领域还是教育领域都具有独特的意义，它既反映了社会性别平等观念的改变，也反映了近代教育观念的转变。学术界一般认为北京大学 1919 年男女同校被称是中国近代教育史的"创举"，也有学者认为岭南大学 1905 年的招收女生才是中国大学男女同校之始。1920 年，东吴大学破天荒地招了 4 名女生，成为中国最早一批男女同校的大学。但由于当时社会风气不太开放，欲实行常规的男女同校还有不少困难。

1927 年前后，女子受教育以及男女同校的呼声越来越高。1928 年，因为当年恰好有一教师住宅空出，根据校长杨永清的建议，东吴大学公开招收女生，实行男女同校制。因住宿房间有限，当年限定招生 15~20 名，结果有 30 名女生入学。1929 年，因新增一幢大楼改建为女生宿舍，原计划招收女生 50 名，结果有 64 名女生入学。为了满足不断增长的女生入学需求，又改造女生宿舍的阁楼，增加了住宿房间。1936 年，学校拆掉了这幢女生宿舍，就地建造了一幢四层楼崭新的女生宿舍。至此，东吴大学已可安置 200~230 名女生住宿。

《教育季刊》在 1930 年评价东吴大学"实行男女同学，未及三年，而有此成绩，亦一满意事也"。大多数女生选择经济、生物、教育、法律，以及会计专业。除学好本专业外，女生在学生社团活动，以及学校、社会的其他活动中也很活跃，充当了积极而重要的角色。男女同校，女子教育获得长足进步，这是东吴大学 1927 年后与 1927 年前的显著不同，也是中国大学和教育界在 1927 年后的一项重要成绩。

教育家罗迟慧，1901 年生。1924 年毕业于上海圣玛利亚女校，同年秋作为特别生进入东吴大学，攻读生物学和教育学，东吴大学开放女学后即转为正式生，"每值考试，名列前行"，热情于团体活动，多次受到学校嘉奖。1928年罗迟慧毕业于东吴大学，获理学学士学位，是东吴大学毕业的第一位女生。

著名的翻译家、作家杨绛，1928年一心一意要报考清华大学外文系，但南方没有名额，只得转投苏州东吴大学。1932年从东吴大学转到清华大学借读并认识钱钟书先生。

三、领导东吴大学辗转浙皖沪

1937年，全面抗战爆发以后，杨永清被迫带领东吴大学的师生先后流亡至浙江、皖南、长沙、上海等地。

"八一三事变"日军正式进攻上海，同时出动飞机轰炸苏州。东吴大学根据政府指令，迁到安全地带。8月中旬，杨永清即召集校政部会议，考虑到东吴大学在湖州的第三中学有很大的校园，基督教监理会创办的湖州医院及费吉利亚女校又能相助，遂决定将在苏州的大学部迁到湖州，中学迁到南浔。1937年10月，东吴大学在苏州的文理学院师生在校长杨永清、教务长徐景韩、总务长冯家声的带领下，第一次离开已办学数十年的苏州，向暂时安宁的浙江迁徙，来到东吴大学设在湖州的附属中学（又称东吴三中）继续上课。在杨永清的领导下，虽然没有充分的准备时间，但东吴大学撤到湖州的工作总体进展顺利，学校很快在湖州安顿下来。在上海的东吴大学法学院校区在战事爆发后，很快被日军占领，学校未能如期开学。后不得不避难于法租界的南洋路治中女校，直到1938年春迁到慕尔堂（即今上海西藏路上的沐恩堂）。

1937年11月5日，日军在金山卫登陆，湖州已划入战区，成为保卫首都南京的战略要地，已经难保安全。11月16日杨永清校长宣布学校解散，分头迁移，其中在杭州和吴兴的师生转往安徽屯溪办学。屯溪当地的绅商提供了几个大的茶叶仓库来安顿越来越多的东吴大学师生。当时之江大学的师生已先于东吴大学的师生来此，两校协商决定开办一所"流亡大学"。但不久南京失守，屯溪也极不安全，东吴大学师生不得不再次流亡。

此时，杨永清决定返回上海看看，一边是看看那儿的实际情况如何，在那儿可以做些什么，同时与校董商议今后的工作，一边是回去看看东吴大学校园还剩多少。杨永清回到上海时才知道，日军占领上海后暂时没有进租界，租界内的教学活动还是自由的。杨永清认为"用不着以我们对民族的忠诚作代价来向日本妥协"，遂决定在上海复校，校本部设在慕尔堂。不久，散落在内地的教职员工陆续回到上海。这一期间，东吴大学、之江大学、沪江大学、圣约翰大学等决定联合办学，共同组成上海基督教联合大学，自1938年至1941年，四校共同举办学位授予仪式和毕业典礼。

四、在美筹措东吴复校经费

1941年2月，杨永清奉校董会之命，赴美向监理公会述职。是年冬，太平洋战争爆发，杨永清滞留美国，在这期间，他奔走美国各地，宣传我国抗战的艰苦形势与东吴大学的窘迫现状，积极争取国际的援助。1946年初拟回国，因与教会差会部接洽为东吴大学复校筹措经费事而多有耽搁，春夏间发起募捐活动，筹集美金10万元作为临时复校的经费。9月，杨永清与教会有关人员商议回国料理校务和在美筹款事，拟先回国数月再行赴美，为校务往返于中美两地。

1947年2月，杨永清终于回到了祖国。东吴大学的师生们在上海集会，热烈欢迎离校多年的校长。他在会

上说："永清身在外洋，心在祖国。永清有三件一直不能忘怀的事——祖国、母校东吴和青年。"

8月，杨永清再度赴美，出席联合国经济社会委员会会议，并向教会方面报告东吴大学复校经过，同时洽商东吴大学参加联合大学等问题。年底回国。

这时的东吴大学，校舍遭到严重的破坏，杨永清往来于苏、沪、宁之间，着力于东吴大学的重建工作。

1952年，全国高等学校院系调整，东吴大学文理学院和江南大学数理系、苏南文化教育学院合并，筹建苏南师范学院，同年更名为江苏师范学院，后改名为苏州大学。

此后，杨永清被调往上海，任上海教育局高等教育司顾问。1956年去世，终年65岁。

执掌北大最久的校长
——读孙善根著《走出象牙塔：蒋梦麟传》

在北大一百多年历史上，有一个非常奇特的现象，那就是担任校长时间最长或对北大发展产生重大影响的三位校长都是绍兴人，分别为绍兴的蔡元培、余姚的蒋梦麟和嵊县的马寅初。后来因为区划调整，余姚划归宁波，蒋梦麟也就成为宁波籍了。

蒋梦麟出生于 1886 年，曾留学美国哥伦比亚大学，师从杜威学习教育哲学。1919 年受蔡元培委托到北京大学代理校务，后又两度代理校务，1927 年至 1928 年间曾任浙江大学校长和国民政府教育部长，1930 年 12 月起任北京大学校长直至 1945 年 10 月，其间担任西南联合大学常委。1949 年后去台湾，主要从事农村复兴联合委员会工作。他在台湾倡导人口节育工作，也受到激烈的反对。有意思的是，同一时代，继任北大校长的马寅初也在大陆提出了"新人口论"。1964 年，在经历一场婚变后的蒋梦麟患病去世，享年 79 岁。

在读了宁波大学历史系孙善根先生所著的《走出象牙塔——蒋梦麟传》（2004年杭州出版社）一书后，对这位被傅斯年称为"北大功狗"的蒋梦麟有了更多的了解，也对担当中国大学校长的种种苦衷有了更深的体察。作者以"走出象牙塔"为题，一方面是因为蒋梦麟到台湾后，经常到农村去，每个穷乡僻壤都去过，算是走出了象牙塔，另一方面也表达了对象牙塔的一种复杂情绪。

近代中国的大学校长难当，尤其是处在政治运动漩涡中的北京大学，学生运动此起彼伏，军阀政府插手干预，使北大校长难以招架。蒋梦麟首次代理北大校务，便是在蔡元培因1919年五四运动支持爱国学生，北洋军阀政府拟解除其职的情形下，愤而辞职南下。但北大师生一致挽蔡，在学界人士调和之下，由蒋梦麟以蔡元培代表的身份先行北上代理校务，这才缓解了这一危机。

蒋梦麟的北大校长当得比较成功，特别是在困境和危局中维持了北大的稳定和发展，居功甚伟。而这一切都离不开蒋梦麟的务实、肯干，以及在学界和政界的良好人缘。在20世纪20年代初蔡元培担任北大校长期间，蒋梦麟是总务长，行政的一切事宜皆由总务长协调处理，实际上负责管理学校之责任。北大在蔡校长主政期间的一些成就，也有着蒋梦麟的一份功劳与苦劳。

1930 年至 1945 年间，蒋梦麟为重振北大费尽心力，也确实把北大办成了全国的学术中心。但期间他的大学校长当得相当艰难，这其中有时代的原因，也有其个人的原因。这一时期，先是 1931 年日本发动"九一八"事变，接下来又是 1935 年的华北事变，再接下来是 1937 年全面抗战爆发。北大先是处于"放不下一张平静书桌"的华北，后又与清华大学、南开大学合组为西南联合大学，居于物资贫乏的西南，真可谓时局多艰。作为大学校长，如何维护学校教学秩序与支持学生爱国运动，是一个两难选择，为此他也曾选择过辞职南下。其一他并不赞成动辄罢课的学生运动，但也没有对进步师生镇压迫害。如果学生被捕，他会积极营救保释，但是学生缺考决不给以补考，要求如期进行考试。为此，一些师生颇有微词。其二是西南联大时期，他奉行无为而治，虽然实行常务委员制，但实际校务由清华的梅贻琦操持，因此北大同仁中对联大的课时设置、人事安排、经费分配等不免常有意见，蒋梦麟总是劝大家容忍退让，教师对此也有不满情绪。如今看来，才发现蒋梦麟此举乃是三校得以成功合作的重要因素。其三是蒋梦麟自身政治追求与教育理想的两难选择。1945 年 6 月，应宋子文邀请，国民党政府任命蒋梦麟为行政院秘书长，蒋梦麟未与北大同仁商量即答应从政，于是在北大内形成了"倒蒋迎胡（适）"风波，在这样一种尴尬的境地，蒋梦麟辞去了北大校长和联大常委之职，离开了曾服务 20 余年的北京大学，完全走出了象牙塔。

也许是在北大有许多两难选择，部分师生有所误解，蒋梦麟的功绩被人忽视；也许是因为政治信仰不同和 1949 年去了台湾，使他在大陆长期受到冷遇。但当我们再次回头来看北大百年校史时，定然会对蒋梦麟有更多的理解，无论如何，他是执掌北大时间最长的校长，也是重振北京大学和维持西南联大的功臣。

台湾中国文化大学的创立者

——读《凤鸣华冈：张其昀传》

在每两年一次的宁波大学学生赴台湾参访团行程中，位于阳明山的私立中国文化大学是必去的一站，这是台湾校园环境最美的一所大学。而文大也是甬台大学生交流互访的主要发起单位之一，该校的创办者便是宁波鄞县籍的张其昀先生，他的公子张镜湖先生一直是文大的董事长，直至2019年去世。

在大陆，甚至是在故乡宁波，张其昀的知晓度都不太高。这是因为他早年作为地理学家，为大众所知不多；去台后出任国民党高官，更不为大陆所熟知。如今拜读王永太先生所著的《凤鸣华冈：张其昀传》一书（2006年浙江人民出版社出版），对这位中国文化大学的创立者有了更多的了解，对这位以中国传统文化捍卫者自居的学者有了更深的敬意。

文化大学集聚了张其昀后半生的学术旨趣、办学理想，他是带着一份"发扬中国文化、弘扬中国学术"的理想来办文化大学的，并奉献了自己的全部心力。虽然如今的文化大学已经成为一所多元文化共存的综合性大学，但其办学宗旨依然没变。

文化大学 1962 年 3 月开始登记为远东大学，于同年 6 月改为中国文化学院，1980 年改为中国文化大学。从学校命名来看，主事者要将文化学院办成传授、研究中华传统文化的中心。从张其昀 20 年的办学历程来看，他是坚持不懈地按照这个目标奋斗着、努力着，即使遇到困难也毫不动摇。

从校园和学校的建筑风格及命名来看，中国文化大学校园内充满了中国古典风格的建筑，优雅、古朴，建筑以"大成馆""大仁馆""大贤馆""大孝馆""大义馆"命名。校园是 1963 年在阳明山一处无名的山冈上建起，张其昀将其命名为华冈，意即"美哉中华，凤鸣高冈"，华冈也就成为中华文化大学的雅号。

张其昀自办大学，因此在学校专业的设计上很有自己的想法，并且敢于办一些冷僻的专业。当时台湾私立大学都不愿意办艺术专业，但张其昀认为美育是中国教育的传统，即使亏钱也在所不惜，为以后台湾文化事业培养了不少人才。此外，中国文化学院还创立了国剧（中国传统戏剧）、国乐（民族音乐）、国术（武术）、舞蹈等系。

他还礼聘了许多文史大家、国学大师来校兼职或任教，如他曾聘请佛学泰斗印顺长老到校任教。比较有名的是 1969 年聘请钱穆为文化学院史学研究所教授、首任博士班班主任，此后钱穆任教一直到 1986 年。钱穆 92 岁告别杏坛的最后一课就是在中国文化大学史学所博士班上的。

张其昀特别重视大学图书馆、博物馆和体育馆的建设，如今这"三馆"在台湾乃至亚洲大学中都有一定影响力。其中博物馆是台湾第一所综合性的大学博物馆，现附设欧豪年美术中心。张其昀把自己的藏书和藏品基本上都捐赠给了文化大学。

以中国文化学院为依托，张其昀于 1966 年创办了中华学术院，这是由学术界人士组成的研究机构，目的是致力于中国文化的复兴；于 1972 年成立华冈兴业基金会，主要任务是兴办产业；1964 年成立华冈学会，相当于中国文化大学校友会。就这样形成了教育、研究、产业、协会四位一体的体制，以更好地实现张其昀办好文化大学，发扬中华文化的理想。

正如张其昀在《华冈理想》一文中说："很多事情都是先有思想和观念，经全校师生辛勤耕耘，共同努力，从而开花结果，由理想而成为事实。……可是思想乃是从事业中磨炼出来，从困难中考验出来，从失败中领悟出来的。华冈的校史，便是一部不畏难、不惮改的历史。我们要从力行中求真知，从忧劳里开新知，知行相辅并进，这就是华冈兴学所得到的最大的教训和快乐。"

第四辑：
宁波人与戏剧

越剧流派中的"宁波帮"

中国越剧改革的先声

　　——记浙东抗日根据地的越剧改革

宁波人与海派京剧

京剧名票金如新

越剧人家真情厚（之一）

　　——读傅骏整理《戚雅仙表演艺术》

越剧人家真情厚（之二）

　　——读金采风《越剧黄金：我与黄沙共此生》

徐进与《红楼梦》

　　——读徐进越剧作品选集《天上掉下个林

妹妹》

展现百年"宁波帮"风云

　　——话剧"四明三部曲"创作思路

越剧流派中的"宁波帮"

2009年4、6月份，宁波戏剧舞台星光绽放，越剧毕派艺术创始人毕春芳和金派艺术创始人金采风回故乡宁波举行专场纪念演出。笔者有幸在宁波逸夫剧院现场领略毕春芳和金采风两位越剧艺术大师的风采，实在是人生幸事。毕派艺术创始人毕春芳时年82岁，她登台向观众致谢，一句《血手印》里的"我只道自古荒田稗草生"，得到全场观众的热情欢呼；金派艺术创始人金采风时年79岁，却宝刀不老，依然彩妆上台，与赵志刚合演一段《汉文皇后》，更是博得观众长时间的掌声。

我们知道，越剧有13种主要流派，形成于20世纪40至80年代，形成的地点则是戏码头——上海。越剧流派主要是小生和小旦行当，也有老生行当。笔者搜阅了13位主要流派创始人的籍贯，袁雪芬（嵊县人）、尹桂芳（嵊县人）、范瑞娟（嵊县人）、傅全香（嵊县人）、徐玉兰（富阳人）、王文娟（嵊县人）、戚雅仙（余姚人）、张桂凤（萧山人）、陆锦花（余姚人）、毕春芳（鄞县人）、张云霞（杭州人）、吕瑞英（上海人）、金采风（鄞县人）。其中5位来自越剧故乡嵊县，另有宁波籍4位、杭州籍3位、上海籍1位，但她们基本上都是在上海学戏、演戏，并形成自己的艺术风格。此外，也有把徐天红（余姚人）、吴小楼（诸暨人）、竺水招（嵊县人）、筱丹桂（嵊县人）等其他"越剧十姐妹"作为越剧流派的重要创始人。在这份清单中，我们也可以感受到"宁波人"对越剧百年发展所做出的贡献。

两位宁波人创立的戚毕艺术流派

340

越剧艺术流派中，小生小旦搭档组合的有范傅、徐王、戚毕等。戚派是戚雅仙创立的旦角流派。戚雅仙（1928—2003），1941年开始学戏，早期在唱腔上受到袁雪芬的影响，20世纪50年代主持合作越剧团期间，通过广泛的艺术实践，形成了自己独特的唱腔风格。她以演悲剧为特色，角色以悲旦为主，她的唱腔有一种悲戚戚的感觉，但韵味醇厚、缠绵委婉、朴素深沉。她的表演细腻动人，擅演善良、温柔、多情的女性，如《白蛇传》中的白娘子、《血手印》中的王千金、《玉堂春》

中的苏三、《玉蜻蜓》中的志贞、《文姬归汉》中的蔡文姬等。

毕派是毕春芳创立的小生流派。毕春芳（1927—2016），鄞县人，1940年到上海学戏，曾参加天红剧团、雪声剧团等，1951年后进入合作越剧团与戚雅仙长期合作。毕春芳扮相俊美，台风潇洒，唱腔悠扬，有一种特殊的韵味。戏路宽广，不但能演正剧、悲剧，还演喜剧，《王老虎抢亲》和《三笑》是毕派的代表作。

戚雅仙和毕春芳的合作始于1951年的合作越剧团。该团于1950年2月在上海成立，团长徐天红（余姚人），副团长戚雅仙。1951年毕春芳加盟，形成了戚雅仙、毕春芳、陈金莲（嵊县人）等长期合作演出的局面，1972年剧团正式解散。这一期间创作的古装戏有《血手印》《林冲》《王老虎抢亲》《玉堂春》《琵琶记》和现代戏《红色医生》等。

1980年，在原合作越剧团的基础上，成立上海静安越剧团。团长戚雅仙、副团长毕春芳。剧团恢复演出合作越剧团期间的优秀剧目外，还新编了《光绪皇帝》《玉蜻蜓》《卖油郎》《花为媒》《教师日记》等古装戏和现代戏。

2009 年 4 月 26 日至 27 日，宁波市戏剧家协会与江东、鄞州两地文联联合主办了"春韵轻音、再吐芬芳——著名越剧表演艺术家毕春芳从艺七十周年庆祝活动"，并举办了两场精品折子戏演出，毕春芳出席了活动，她的传人杨文蔚、阮建绒、丁小蛙、孙建红、杨童华等参加了演出。同时前来演出的还有戚派传人王杭娟、朱祝芬、朱蔺等，戚雅仙的女儿、戚派传人傅幸文也参加了演出。宁波市戏剧家协会等单位还为毕春芳从艺 70 周年印制了《春韵》纪念画册。

342

陆派——陆锦花创立的越剧小生流派

陆锦花（1927—2018），原籍浙江余姚，生于上海。13 岁开始学艺，15 岁进大来剧场，是越剧改革最早的参加者之一。1947 年与王文娟合作成立少壮越剧团，因主要演员都是 20 岁上下的年轻人，故以"少壮"为名，含有锐意进取、后来居上之意。王文娟 1948 年下半年离开"少壮"后，陆锦花还与张茵、许金彩、张云霞等合作，少壮剧团编演了不少时装剧，陆锦花也赢得"时装小生"之名。陆锦花于 1954 年进入华东越剧实验剧团（上海越剧院前身），1957 年与傅全香合作演出《情探》。

陆锦花的唱腔是在女子越剧名小生马樟花的基础上丰富提高的。陆派的特点是音色明亮纯净，行腔舒展松弛，吐字清晰入耳。陆派最适合演穷生和巾生，塑造的主要艺术形象有《珍珠塔》中的方卿、《彩楼记》中的吕蒙正、《情探》中的王魁、《盘夫索夫》中的曾荣等。

1983年，陆锦花旅居美国。进入21世纪后，陆锦花经常回国小住，并积极参与越剧事业。她的传人有曹银娣、夏赛丽、许杰、徐标新、黄慧等。

金派——金采风创立的越剧旦角流派

金采风，原籍浙江鄞县，1930年生于上海。1946年考入雪声剧团（以袁雪芬为首）训练班，后转入东山越艺社（以范瑞娟、傅全香为首），1951年加入华东越剧实验剧团（上海越剧院前身）。她工闺门旦，兼擅花旦。唱腔上继承袁（雪芬）派，并吸收施银花、傅全香等各家精华，高雅得体，自成一格，创立金派艺术。她唱腔婉转回荡，吐字清晰，运气自然、富于韵味。她的代表剧目有《盘夫索夫》《碧玉簪》等，演绎了严兰贞、李秀英等角色形象，《盘夫》中的"官人你好比天上月，为妻我好比月边星"的唱词广为人知。

金采风2009年6月来宁波参加金采风、黄沙越剧表演导演艺术专场演出时，对家乡宁波的观众表示深切的感谢，她在谢幕时多次用宁波话讲："我年纪大，虽然唱得不好，但我对观众的心是火热哒哒滚的。"2009年出版《越剧黄金——我与黄沙共此生》一书，黄沙是金采风的丈夫，著名的戏剧导演。

2009年6月7日，在宁波举行了《金派艺术在宁波影响力》艺术研讨。在金派艺术专场演出中，金派传人谢群英、黄美菊、董美华、樊建萍、樊婷婷、陈丽萍、史燕彬、张杭英等登台演出。最难得的是金采风79岁高龄还与张国华、赵志刚等一起演出《汉文皇后》一折。

徐天红——"越剧十姐妹"之一

1947年夏，袁雪芬等人为反对旧戏班制度，筹建剧场和戏校，发展越剧，提出越剧界联合义演，得到上海越剧界知名演员的支持。她们起草了一份"合约"并签字，这10位发起人为袁雪芬、尹桂芳、筱丹桂、范瑞娟、傅全香、徐玉兰、竺水招、张桂凤、徐天红、吴小楼。8月，同台演出的《山河恋》轰动上海，"越剧十姐妹"因此得名。"十姐妹"中，徐天红是唯一的宁波籍人。

徐天红（1925—2010），生于浙江余姚，10岁开始学戏，并在慈溪、宁波、上虞一带演出。1940年到上海学艺。1943年到大来剧场参加袁雪芬的越剧改革。1950年与戚雅仙组成合作越剧团并任团长，后又与尹桂芳重组芳华越剧团并任副团长，1960年回上海越剧院。在艺术实践中，她注意从生活出发，经常观察、描摹各类人物，特别是老年人的音容笑貌、姿态情状，因此在舞台上扮演的各种人物，尤其是老翁，情态逼真。她塑造了《梁祝》中的祝公远、《二堂放子》中的刘彦昌、《红楼梦》中的贾政等人物形象。

我们衷心希望宁波能出现更多的戏剧艺术大师，也期待家乡人民更多关心属于"宁波"的越剧艺术流派，使之更好地传承和发展。

中国越剧改革的先声
——记浙东抗日根据地的越剧改革

20 世纪 40 年代，袁雪芬、尹桂芳等人在上海开展了新越剧改革，开辟了中国越剧史上一个新的阶段，使越剧真正成为顺应时代发展的剧种，并形成了越剧的新表演程式和艺术特色。1943—1945 年，在中国共产党领导下的浙东抗日根据地，在黄源、楼适夷、伊兵等人的主持下，也进行了一场越剧改革。这场越剧改革的规模和影响虽不能与上海的新越剧改革相比，但却为党领导戏剧改革做了有益的尝试，为越剧排学现代戏和实行男女合演做了积极的探索。在笔者看来，浙东抗日根据地的这次越剧改革，有着以下四个方面的重要意义。

第一，这是由新文艺工作者主持的越剧改革，目的是为抗日宣传服务。

以四明山为中心的浙东抗日根据地，坚持开展反敌、伪、顽的斗争，为抗日战争在浙东地区的胜利奠定了基础。在艰苦的战斗环境中，中共党组织除了做好军事斗争外，还组织地方政权，开展财政经济事业，领导文教工作，其有一项很有意义的工作就是对根据地的民间艺术特别是地方戏越剧（当地民间仍称为"的笃戏"）的改革。

在越剧改革中，浙东区党委坚持贯彻毛泽东同志在《延安文艺座谈会上的讲话》精神，坚持文艺为工农兵服务，也为抗日民主大局服务。早在 1943 年 7 月，四明山革命根据地浙东行政公署社会教育工作队成立，由军队干部、青年学生，以及越剧演员组成，为宣传抗日服务。商白苇任队长，柳荫任副队长。[①] 社教队的成立，一开始就有明确的目标和任务，就是通过改革演出内容和形式，更好地为抗日宣传服务，为工农兵服务。浙东行署文教处处长黄源指出："改造的笃戏应成为根据地文化工作的一项重要任务，要充分利用这一民间戏曲形式，加以改造，使之为抗日民主这一大局服务。"他要求各地所属社会教队积极创作和演出新的"的笃戏"，通过开展"的笃戏"改革，指导各类民间艺术的改造，

---

① 徐宏图 . 浙江戏曲史 [M]. 杭州：杭州出版社，2010：367.

演出爱国抗战的新戏。[①]1944 年 4 月 20 日，四明山革命根据地举行文艺工作座谈会，行署文教处处长黄源传达了毛泽东《在延安文艺座谈会上的讲话》。[②]由此可见，浙东根据地的越剧改革一开始就是在党的领导下，按照毛泽东文艺思想进行的实践，并紧紧围绕抗日民主这一时代主题。

与上海越剧界人士自主自觉开展新越剧改革不同，浙东抗日根据地的越剧改革是在新文艺工作者的主持下进行的。领导和参与越剧改革的有顾德欢、黄源、楼适夷、伊兵等人，他们都有较高的文化水平，在北京或上海等地参与过学生运动或文艺活动，受到新文艺界的影响，这也使得浙东根据地的越剧改革一开始就站在较高的起点。

顾德欢当时是浙东区党委委员兼秘书长和宣传部长，领导根据地的宣传、教育、文艺、出版等工作。他是上海人，曾就读于燕京大学，先后参加学生运动和抗日武装斗争。

① 季学原.姚江文化史 [M].杭州：浙江古籍出版社，2006：437.

② 徐宏图.浙江戏曲史 [M].杭州：杭州出版社，2010：367.

浙东行政公署文教处是根据地文化教育工作的主管机关，处长黄源和副处长楼适夷直接指导了越剧改革。黄源于 1905 年出生于浙江海盐，曾留学日本，是文学家和翻译家。1943 年起任浙东行政公署文教处处长、浙东区委党委宣传部副部长、浙东鲁迅学院院长。楼适夷是余姚人，1927 年在上海认识了鲁迅先生，1928 年考入上海艺术大学，后又留学日本。1931 年回国后在鲁迅的直接领导下参与编辑左联机关刊物，此后在各地从事新文艺工作。1944 年底，楼适夷赴浙东抗日根据地，任新四军浙东行政公署文教处副处长，主持戏剧"的笃戏"的改革工作。①

　　伊兵原名周丹虹，嵊县人，肆业于杭州安定中学，自幼爱好文学。1937 年抗战爆发后，在家乡组织剧团，从事救亡活动。1943 年任浙东行政公署社会队指导员，吸收越剧艺人与新文艺工作者合作，并创作了多部剧作。新中国成立后，任上海军管会文艺处剧艺社主任、华东军政委员会戏改处副处长等职，是越剧戏改的主要领导

---

① 诸焕灿.姚江名人（近现代编）[M].杭州：浙江古籍出版社，2009：272.

人员。①

第二，创排越剧现代戏和新编戏，创新演出内容题材，实行编导制。

1943年冬，浙东行政公署收编了民间越剧团高升舞台，演出《荆轲刺秦王》及现代戏《赤胆忠心》《血钟记》等，并实行男女合演。演员有钱水戏、钱文月、姚灿标、吕爱宝等。1945年6月，浙东行政公署成立鲁迅艺术工作团，黄源任团长，高岗任副团长，伊兵为指导员。原来的行署社教队、高升舞台均并入，全团六七十人。

根据《姚江文化史》所记，新创作的越剧本子有二十多本，现根据《中国越剧大典》等资料汇总，有以下一些剧目创作并排演。

（1）《生死路》，郭静唐创作，现代剧。

（2）《桥头烽火》，伊兵1943年创作，现代剧。该剧写浙江庄桥镇农户李家芝长子文雄参加伪军，离家多年。庄桥沦陷后，日军为建机场，侵占李家土地和祖坟。李家幼子被抓做苦工，折磨致死。长媳徐凤贞携小姑及子卖唱度日。一日正在大桥镇卖唱，突然被伪军抓走，将献给日军，不意与任伪军头目的李文雄相遇。徐

---

① 钱宏．中国越剧大典 [M]．杭州：浙江文艺出版社，2006：242.

义责其夫，并出示公公断指和血书，劝夫投降新四军。文雄醒悟，率部起义，与新四军里应外合，光复大桥镇。此剧于 1943 年先后由浙东四明山革命根据地行政公署社教队和四明公署社教队演出，冯敏饰徐凤贞，江涛饰李文雄，竺方渭饰俞家进，钱天红饰新四军支队长。此剧深受根据地军民欢迎，被誉为"万人争看的新剧"。演出采用灯光布景，并首次实行越剧男女合演。①

（3）《血钟记》，伊兵创作，现代剧。

（4）《龙溪风云》，伊兵创作，现代剧。

（5）《义薄云天》，伊兵创作，现代剧，根据李敏烈士的事迹编写。

（6）《儿女英雄》，陈山创作，现代剧。

（7）《北撤余音》，陈山创作，现代剧。

（8）《赤胆忠心》。

（9）《血泪花》。

（10）《风波亭》，高岗编剧。

（11）《文天祥闯关》。

（12）《戚继光》。

---

① 钱宏.中国越剧大典 [M].杭州：浙江文艺出版社，2006：589.

（13）《追韩信》。

（14）《英烈缘》，陈山创作，现代剧，取材于俞菊生烈士的事迹。

（15）《红灯记》，陈山创作。

（16）《回头是岸》。

（17）《荆轲刺秦王》。

以上剧目除由新文艺工作者编剧创作外，均是集体创作或改编、移植。虽然有些剧目的具体内容已很难了解，但从剧名中我们也可以看到两个特点：一是革命与斗争是新创剧目的主题，目的是为抗日救国宣传服务。二是现代戏占了相当大的比例，尤其是以根据地涌现出来的革命经历和烈士事迹为题材。

众所周知，由袁雪芬等人领导的上海新越剧改革，建立了正规的编导制，实行了完整的剧本制，使越剧形成了综合的艺术机制。几乎是在同时开始的浙东根据地越剧改革，也大量编演新剧目，实行编导制。曾经担任导演的金桂芳，1943 年由伊兵从嵊县招募入社教队，任导演兼演员。

第三，开创越剧男女合演的先声，为解放后的越剧男女合演做了积极探索。

《中国越剧大典》对浙东抗日根据地的越剧男女合演有这样一段叙述与评论：

在新中国成立之前，纯粹的男女合演（即男演男角，女演女角）只在 1943 年的四明山游击根据地出现过。根据地有个隶属于浙东行署的文教处社教队，它吸收了一批越剧艺人（如越剧男班老艺人竹芳森，女班演员钱文月，鼓师裘方苗）与新文艺工作者合作（如现已离休的南京军区前线话剧团编剧俞观潮等即为当时男演员），采用广大群众喜闻乐见的越剧进行抗日宣传。为了达到舞台形象的真实，用男女合演的形式，新编演出了《桥头烽火》《英烈缘》《血钟记》等现代剧。抗战胜利后，该队北撤到山东，活动了一段时间后整编结束，前后不到 3 年时间。当时演出具有文工团性质，与越剧界主体处在不同的环境，有不同的任务，对剧种发展影响不大，且未解决对唱音乐问题。[①]

对于这一段叙述与评论，应做以下三个方面的认识。

首先，实行男女合演是创排现代戏的必然要求，女子越剧在排演古装戏上有其特色，但在现代戏中，性别

① 钱宏. 中国越剧大典 [M]. 杭州：浙江文艺出版社，2006：192.

与人物形象的矛盾凸显出来，又加上根据地女演员人数比较少，因此男女合演就成为势之必然。

其次，浙东根据地首次实行纯粹的男女合演，是对越剧表演艺术的重大创新与突破，首次成功探索尝试的重大意义不容忽视。

其三，为解放后的越剧男女合演做了有益的探索。越剧男女合演并非越剧界主动的要求，而是在党和政府领导与主管部门的推动下发展起来的。我们注意到，在20世纪50年代积极推动男女合演的先锋就是伊兵。伊兵筹划创建了华东越剧实验剧团并兼任团委会主任，竭力推行男女合演。我们认为，这与他在浙东根据地有过成功的探索实践有密切关系。

第四，浙东根据地越剧改革时间虽短，但为解放后的戏改积累了经验。

1951年5月5日，中央人民政府政务院发布由周恩来签发的《全国戏曲工作会议关于戏曲改革工作向文化部的建议》，一场以"改戏、改人、改制"为内容的全国性戏曲改革运动由此展开。回过头来看1943年至1945年浙东根据地的越剧改革，已然为几年后上海、浙江等地的戏剧改革与创新积累了经验。

一是积累了改造职业剧团、团结民间艺人的经验。浙东根据地改造了民间越剧团高升舞台，为启发艺人觉悟，浙东行署将高岗（韩秉三）和从鲁艺华中分院音乐系毕业的王斯苇调到高升舞台，与艺人同吃同住。社教队吸收了竹芳森、金桂芳等民间越剧艺人。在社教队的活动中，他们的政治觉悟不断提高，分别于 1945 年、1944 年加入了中国共产党，成为越剧史上最早的一批党员。浙东根据地成立社会教育工作队以后，除编演现代戏外，还帮助各县建立"社教组"和农村俱乐部，团结民间艺人，改革地方剧种，提高艺术水平。[①]

　　二是积累了越剧表演技艺改革的经验。浙东根据地在越剧改革过程中，还对声腔、服装、道具、表演技艺等方面进行了改革，如吸收了绍兴大班、武林调、民歌小调和男班早期比较质朴的音调，在根据地产生了很大的影响，并带动了其他戏剧活动的革新。因越剧的革新，也促进了曲艺、美术、音乐、歌舞、报刊、文学等的革新，引起了一系列的文化革新活动。

---

① 中共宁波市委党史研究室．中共宁波党史（第一卷）[M]．北京：中共党史出版社，2001：267.

三是为解放后的戏改准备了人才，特别是黄源与伊兵，贡献尤为卓著。黄源于 1955 年 6 月出任浙江省文化局局长，他在任上做了一件功德无量的好事，就是主持改编了昆剧《十五贯》，这出戏在上海、北京演出后，得到了各界人士的重视与好评，毛泽东、周恩来也亲临观看，《人民日报》评论为"一出戏救活一个剧种"。伊兵对于上海和浙江的越剧改革贡献良多。上海军管会文艺处举办第一届地方戏剧研究班（主要是越剧），通过学习帮助艺人提高政治觉悟和文化业务水平，完成演员从社会艺人向新中国艺术家的过渡。伊兵作为班主任，主讲课程，他在课中就谈到了四明山越剧社扎根乡村，为工农兵服务。[①]伊兵为越剧在 20 世纪 50 年代的繁荣发展做出了重大贡献。

当然，我们也应充分认识到，由于紧张的战时环境，浙东抗日根据地的越剧改革不可能细致打磨，又缺少名角的参与，一些剧目也没有流传下来。但是我们认为，这次越剧改革是中国越剧的先声，积累的经验弥足珍贵，值得我们总结和回顾。

---

① 兰迪.此生只为越剧生——袁雪芬[M].上海：上海锦绣文章出版社，2010：108.

宁波人与海派京剧

说起京剧，大家首先想到的就是乾隆年间徽班进京最终成为中国国粹，京剧也成为北京的重要象征。而实际上，京剧的命名是在上海，而海派京剧又是京剧的一个重要艺术流派。海派京剧的萌发与成熟过程中，活跃在上海滩的宁波人发挥了特殊的作用。

周信芳与麒派艺术，这是谈到宁波人与海派京剧的第一反应。周信芳原籍慈溪慈城，1895 年出生于江苏淮阴，6 岁演戏，7 岁在杭州得名"七龄童"，后在上海改名为"麒麟童"。他在北京与梅兰芳等同台演出，1912 年后活跃于上海丹桂第一台等戏院，演出了《汉刘邦》《天雨花》《封神榜》等戏，塑造了一批性格鲜明的京剧老生形象。他在京津地区演出时被称为"麒派"。周信芳自称为谭鑫培私淑弟子，唱法上取法于孙菊仙、汪桂芬、汪笑侬、王鸿寿、潘月樵等人，嗓音虽显沙哑，但富有感情，挺拔苍劲，同时他在唱、念、做等方面勇于探索与创新，表演风格独特，形成了代表海派京剧标志的麒派艺术。

海派京剧形成与发展的一个重要标志是茶园（戏园）的兴起，茶园区别于京派京剧宫廷演出与唱堂会的经营方式。而上海滩的茶园是由宁波人首先经营发展起来的，为海派京剧的发展创造了环境。1867年，定海人刘维忠，亦即是刘鸿生的祖父，在上海开办了丹桂茶园，邀请三庆班、四喜班的大批名伶如铜螺子、夏奎章、熊金桂、冯三喜等前来演出，他们中的一些人日后扎根上海，并代代相传为海派京剧的中间力量。丹桂茶园是晚清上海历时最长、规模最大、演变最多、影响最广的京班戏园。1911年，他人在原址新建丹桂第一台，丹桂茶园遂消失。

20世纪初，新式戏院舞台逐渐取代了老式茶园，戏院参照欧日剧场，在格局、布景、照明、观众席等方面都有改进。1907年，近代中国第一家新式戏曲演剧场所——新舞台建造，镇海人李平书参与其事。1912年，靠医药研制与经销起家的余姚人黄楚九投身游乐业，集资建起新新舞台，并邀请了北京"伶界大王"谭鑫培来上海演出。1917年，黄楚九在公共租界修建"大世界"，成为上海最负盛名的游乐场所，内设有乾坤大剧场、齐天舞台，每夜上演海派京剧，又开男女同台演出之先例，孟小冬、张文艳、萧湘云、马金凤等都曾在此献艺。

　　海派京剧的发展又与上海大亨、青帮头子们的控制密不可分。以余姚人黄金荣为代表的上海青帮把戏院作为财源广进的宝地，通过巧取豪夺控制了上海绝大多数戏院。1909年开张的新建大舞台，后改称文明大舞台，曾因演出机关布景戏《宏碧缘》而兴旺，终被黄金荣以强行入股而控制，改名为荣记大舞台。黄楚九为"大世界"通过镇海人虞洽卿托庇同乡黄金荣，结果羊入虎口，1932年黄金荣接手"大世界"，改为"荣记大世界"，齐天舞台改为"荣记共舞台"。到20世纪二三十年代，黄金荣为首的青帮几乎掌握了上海全部京剧演出场所，但这个时期的京剧艺术依然得到了发展，并且引进了新的表演程式，形成了京剧的海派风格。

　　由此可见，在海派京剧这一重要的艺术流派形成过程中，宁波人在有意无意间发挥了巨大的推动作用，为海派艺术做了特殊的贡献，也为故乡宁波留下了许多故事。

京剧名票金如新

提起金如新先生，大家可能会想起他于 1993 年至 1997 年担任宁波旅港同乡会会长，会想起他是香港保险业的"老行尊"。但是，一定也会有很多人想起他是一位京剧知名票友，为大陆和香港的京剧艺术发展做出过突出贡献。2005 年 1 月 10 日，金如新先生逝世后，李瑞环曾题写"缅怀金如新先生"表达追思。

金如新先生原籍镇海县澥浦袁家（三七房）村，1918 年生于上海。其父亲就是上海滩名人金宗城，曾兼任百余家企业的董事长或董事。金如新就读于育才中学、复旦附中和沪江大学商学院会计系。毕业后在保险公司和家族工厂的历练中迅速成熟起来。1958 年到香港从事保险行业，直至退休。1985 年后常回内地，为发展甬港、沪港关系积极奔走，成为宁波市"荣誉市民"。

金如新先生自幼酷爱京剧艺术，师承余（叔岩）派老生名家刘天红(刘叔诒)，他还经常向京剧名家马连良、杨宝森、谭富英、张君秋、裘盛戎等虚心请教并视为知己。孟小冬是余叔岩的嫡传弟子，她到中国香港、台湾期间虽然息影舞台，但仍传授弟子，金如新也是孟小冬的传人之一。金如新不仅精于老生，而且能自行操琴，是知名的票友。票友也就是能唱戏却不以专业演戏为生的爱好者。他把业余时间都用在京剧上，对京剧的字音、四声等很有研究，还写了不少乐谱。

金如新、张雨文和李和声被称为"香港京剧三剑客"，他们在推动京剧艺术发展中发挥了很大作用。在香港，他们的票房称香港京剧促进社，每周一次，邀请京剧同行演出，自费雇请场面伴奏，有时也彩唱，影响很大。

据金如新的沪江大学同学李储文（宁波人，外交活动家）回忆，20 世纪 90 年代初，时任全国政协副主席且爱好京剧的王光英在北京成立中国京剧艺术促进会，想邀请台湾的辜振甫先生担任名誉董事长。辜振甫先生也是京剧名票，擅演马（连良）派老生。李储文请金如新到台湾拜访邀请辜老，辜振甫先生欣然答应，但因当时形势，此事没有张扬。金如新还受托向辜振甫先生转达了汪道涵先生的问候，辜振甫先生请金如新转送汪老一对笔筒，表达了两岸必然统一的愿望。

　　1993 年汪辜第一次会谈前，汪道涵邀请台湾和香港的一些朋友到上海听取意见。金如新向汪老建议，以京剧《借东风》录像带作为见面礼。据说这件礼物让辜老先生爱不释手。金如新还曾邀请辜老先生到上海演出，剧目都想好了，为《龙凤呈祥》，辜振甫唱马派老生，汪道涵唱梅派青衣，表明两岸必然和平统一。辜老先生答应了这个邀请，但因为时势发生变化，这一愿望没有实现。

　　金如新对内地京剧艺术发展贡献良多。20 世纪 90 年代初，他和李和声对上海市领导说，京剧是国粹，上海是国际大都市，却没有合适的舞台演出。上海市领导委托他俩筹款改建天蟾舞台。他们向邵逸夫先生募得 600 万元，又自行募得 400 万元，将天蟾舞台改建为主演京剧兼演各类戏剧的新剧院，改名天蟾逸夫舞台，隶属上海京剧院。1994 年 4 月 29 日，天蟾逸夫舞台开台祝贺演出，金如新、李和声和内地知名京剧演员同台献演。金如新还支持上海市一些老领导组成上海春秋京剧票友社，朱达人、王明权、汪云章、范大政被称为“四大金刚”，而“香港三剑客”则成为春秋票友社的艺术顾问。

1994 年，金如新、张雨文、李和声作为中国京剧艺术基金会的理事，还赞助成立了中国少年京剧艺术团，为中国京剧艺术基金会下设的没有固定演员的团体，旨在为来自戏曲院校的京剧新秀提供更多的舞台实践机会，首任团长为时任文化部常务副部长高占祥。他对京剧艺术基金会和少年京剧艺术团的工作非常支持，组织艺术团到香港演出，出资出力邀请艺术家收京剧新秀为徒。为了选拔全国京剧少年幼苗，金如新还在上海出资组织了 1998 年金苑杯京剧少儿业余演唱竞赛。

　　金如新还教育子女钻研京剧，热爱京剧。次子金天任 6 岁时就与马连良同台演出《三娘教子》，被誉为京剧神童，还曾经与谭富英、裘盛戎、张君秋、李世济、杨宝森等京剧名家合演过。其女金天德也精通京剧。

　　为追念金如新先生，中国京剧艺术基金会等单位于 2006 年 9 月 2 日在上海举行"一代名流——金如新追思会"，王光英、高占祥及各地京剧名家出席，出版了纪念文集《一代名流》。第二天，梅葆玖等京剧名家还参加了纪念演唱会。

越剧人家真情厚（之一）
——读傅骏整理《戚雅仙表演艺术》

提起余姚籍越剧表演艺术家戚雅仙，可能很多人不太熟悉，但说起越剧歌曲《婚姻曲》，那"红太阳，当空照，五星红旗迎风飘"的唱词，可能会唤起许多年长者的回忆。这首 60 多年前为宣传新婚姻法而万人传唱的越剧歌曲，曾经传遍大江南北，成为越剧的"流行曲"，而这正是戚雅仙灌制的第一张唱片。

《婚姻曲》的词作者是傅骏，鄞县籍，他进上海合作越剧团（后改名上海静安越剧团）的第一项工作就是为这一歌曲作词，演唱者是剧团团长戚雅仙。那时的傅骏，还是一位不起眼的普通编剧。但随着《婚姻曲》传唱越来越广，竟然也连起了傅骏和戚雅仙之间的红线，谱写了一曲现实中的婚姻曲。

傅骏整理汇编《戚雅仙表演艺术》，1992 年初版，2006 年由上海文艺出版社再版，戚雅仙已于 2003 年 1 月去世，这本书成为傅骏对爱妻的最好怀念。当我们正在回念戚雅仙的舞台生涯与艺术形象，感怀这个充满真情的越剧人家时，2006年9月，傅骏先生也离开了人世。

与大多数越剧表演艺术家一样，戚雅仙来自浙江农村，却成名立业和开创艺术流派于风云际会的上海滩。她作为戚派艺术的创始人，最大的艺术风格就是"悲戚戚"，是越剧史上最负盛名的悲旦，她塑造的艺术形象有《白蛇传》中的白素贞，《血手印》中的王千金，《玉堂春》中的苏三，《玉蜻蜓》中的王志贞，"白血双玉"即是她的代表作。作为上海静安越剧团的当家花旦，她创排了许多新戏，而新戏的一位重要编剧就是她的丈夫傅骏。他们共同的作品有《卓文君》《玉堂春》《血手印》《玉蜻蜓》《卖油郎》《红色医生》等。

在《戚雅仙表演艺术》一书中，有不少关于舞台人物塑造的探讨，也有戚雅仙关于艺术生涯的回顾，其中也常常提及自己这个越剧人家。她的女儿傅幸文出生，更加增添了这个越剧人家的越剧氛围。1960年，正怀孕的戚雅仙到北京参加全国文学艺术工作者第三次代表大会，得到毛主席的接见，并被周总理点名演唱《楼台会》，国家领导人的关怀让她深感幸福，于是为女儿取名"幸文"，后来她又有了一个儿子，取名"幸艺"。从小感受越剧艺术氛围的傅幸文立志从事越剧艺术，传承母亲衣钵，成为一名戚派传人。

戚雅仙和傅骏这户越剧人家的组成，还离不开另一位宁波籍越剧表演艺术家毕春芳的大力撮合。毕春芳与戚雅仙合作搭档 50 年，是越剧史上搭档时间最长的生旦组合。毕春芳在与戚雅仙的长期合作中开创了毕派艺术。毕春芳擅演轻喜剧，代表作有《王老虎抢亲》《三笑（唐伯虎点秋香）》等，与戚雅仙的"悲旦"相映成趣。

如今，翻阅《戚雅仙表演艺术》一书，听着熟悉的戚毕唱段，追怀这个充满真情厚意的越剧人家，有着许多感慨。我虽有幸在宁波逸夫剧院见到过毕春芳老师和傅幸文老师，可再无机缘见到戚雅仙老师了，只是期待着上海静安越剧团的振兴，期待戚毕艺术流派的壮大，这不仅仅是一个普通越剧爱好者的心愿，更是一位宁波越迷的心声。

越剧人家真情厚（之二）
——读金采风《越剧黄金：我与黄沙共此生》

　　宁波籍著名越剧表演艺术家、金派艺术创始人金采风有一个充满温馨柔情的越剧家庭，她的丈夫是上海越剧院著名导演黄沙，夫导妻演，黄金搭档，留下了许多艺术佳话。读金采风的《越剧黄金：我与黄沙共此生》一书，让我对这个"黄金家庭"留下深刻的印象。这本书与其说是金采风的回忆录，不如说是对黄沙的怀念之作。

　　买这本书是在 2009 年 6 月的宁波逸夫剧院。这时剧院正在举办"越剧黄金——金采风、黄沙越剧艺术专场（宁波家乡行）"纪念演出，接连三天，盛况空前，不但年近八旬的金采风亲自登台演出，更有江浙著名越剧演员参与演出。这本书的出版发行也是纪念活动之一，5 月份刚由上海文艺出版社出版。

　　说起黄沙，就一定要说《梁山伯与祝英台》这部由黄沙执导的越剧，1955 年在德国柏林演出时，谢幕竟然达 28 次之多。这样的演出效果，除了故事的委婉动人和演员的出色表演外，更有导演对艺术细节的精心设计。也正是这部舞台剧，奠定了黄沙在越剧艺术史上的地位。

黄沙是重庆人，1919 年生，毕业于上海圣约翰大学，20 世纪 40 年代中后期开始与越剧结缘。金采风是宁波鄞县人，1930 年生，1946 年加入袁雪芬的雪声剧团学戏。20 世纪 50 年代后进入上海越剧院。黄沙是大导演，金采风是小演员，金采风对这位沉稳帅气的大导演有爱慕之心，却不敢表达。到 1954 年黄沙执导小戏《芦花记》时，金采风演戏中的继母，这为二人增加感情提供了机会。金采风回忆说，直到两人谈婚论嫁时，她才知道黄沙比自己大了整整十岁。1956 年 10 月，两人结成秦晋之好。

主持《艺海聚沙：黄沙导演艺术专场》和《岁月留金：金采风表演艺术专场》的话剧演员冯淳超，不时爆出黄沙、金采风的家庭故事，夫妻两人常常为了讨论某个表演细节，就把家里当作排练场。金采风的代表作有《碧玉簪》《盘夫索夫》《彩楼记》，均由黄沙导演，金采风饰演的严兰贞、王秀英曾有"活兰贞、神秀英"之誉。她的后期代表作《杨贵妃》，由黄沙执笔编剧。此外，夫妻俩还合作了现代剧《三月春潮》。

1988 年，黄沙因患癌症去世，留给金采风无比的伤痛。在《越剧黄金》一书中，充满了金采风对丈夫的怀念追思之情，她在书中的后记里说："我们两人是因为共同投身越剧事业而相互吸引的，结婚后，又是因为越剧艺术而巩固了我们的小家庭。"我还清晰地记着，在《艺海聚沙》演出结束时，金采风登台向家乡观众表示感谢前，她先把一束鲜花敬送在黄沙像前，并恭敬地鞠了一躬。

"官人你好比天上月，我为妻可比是月边星；那月若亮来星也明，月若暗来我星也昏。你官人若有千斤担，我为妻分挑五百斤。"这是金采风在《盘夫索夫》中的经典唱词，我想，用它来表达金采风对黄沙的挚爱真情，也是十分恰当的。

徐进与《红楼梦》
——读徐进越剧作品选集《天上掉下个林妹妹》

　　大多数人都这么认为，续写曹雪芹《红楼梦》最好、影响最大的当数高鹗，而改编小说《红楼梦》最好、影响最大的当数越剧《红楼梦》，它的编剧就是徐进。

　　徐进是浙江慈溪人，这是我购得他新出版的越剧作品选集《天上掉下个林妹妹》后获知的信息。他1923年出生于慈溪县观城区东山乡，原名徐伯耕，曾在锦堂乡村师范学校的附属小学念书，没读完中学就到上海一家西药房谋生。因业余爱看书看戏，1943年应聘到大来剧场当编剧，一考而中，其后陆续写出许多优秀作品，被袁雪芬称为"越剧改革中的状元剧作家"。

　　越剧《红楼梦》是中国戏剧史上的辉煌之作。由上海越剧院徐玉兰饰演贾宝玉、王文娟饰演林黛玉，1958年2月在上海公演，连演54场，场场爆满。此后，周恩来、刘少奇、金日成、胡志明等中外领导人都观看过他们的演出。1961年，该剧赴朝鲜演出后，被朝鲜国立民族艺术剧院移植为唱剧，成为该院的代表性剧目。1962年，越剧《红楼梦》拍成彩色电影，在香港创造了连续播映38天400余场的盛况。"文革"结束后，这部电影在各地连续滚动播映，观众不计其数，大江南北，一时传唱"天上掉下个林妹妹"。

越剧《红楼梦》的艺术成就，除了汇集中国越剧的一批杰出人才，如徐玉兰、王文娟、吕瑞英、金采风、徐天红、周宝奎等，她们都是越剧流派的创始人；也与编剧徐进对剧本的艺术创造分不开，小说原著头绪纷繁，人物众多，展开了无数细节，但舞台演出必须突出中心事件，集中尖锐矛盾，展开情节冲突，在三四个小时内演完一部戏。徐进在编剧时，把笔力集中在宝玉与黛玉的爱情悲剧上，使矛盾更加尖锐集中。也因为这一悲剧事件，既感染了观众，又揭露了封建势力对年轻一代的束缚与摧残，提升了该戏的思想性。

越剧《红楼梦》的流传与徐、王等人的优美唱腔分不开，也与编剧徐进创作的优美唱词分不开。如"黛玉进府"一折中，宝黛对唱，"天上掉下个林妹妹，似一朵轻云刚出岫"，"只道他腹内草莽人轻浮，却原来骨格清奇非俗流"，用词既优雅又通俗；又如"宝玉哭灵"

一折中，宝玉与紫娟对唱，一问一答，把孤苦愁肠充分表现出来了。

越剧《红楼梦》至今仍然吸引着无数观众，上海越剧院来宁波演出《红楼梦》，由钱惠丽、单仰萍与杨婷娜、李旭丹分演上下半场，全场爆满。前几年，上海越剧院为传承这一经典之作，同时推出4个组合的演出阵势，除上述两组外，还有郑国凤、王志萍和赵志刚、方亚芬。此外，芳华越剧团的尹桂芳也主演过《红楼梦》，赵志刚就是以尹派唱腔演贾宝玉，福建芳华越剧团的王君安也排演了《红楼梦》。以上这些，我或是看过现场演出，或是看过影碟，每看一遍都有新的感受。

徐进创作了许多作品，越剧史上的另一辉煌之作《梁祝》，他也是改编者之一。他的作品还有《沙漠王子》《秋海棠》《陆文龙》《盘夫索夫》《花中君子》和芳华版《玉蜻蜓》等。

读着徐进作品集中的越剧唱词，难以释手，作为宁波戏迷，对同乡的作品自然多了一份亲切感。

展现百年"宁波帮"风云

——话剧"四明三部曲"创作思路

创排"宁波帮"题材校园话剧是宁波大学校园文化活动的特色与亮点。近期，由人文与传媒学院霁云剧社创排的"宁波帮"题材话剧"四明三部曲"基本成型，全景展示了百年"宁波帮"的风云历程与精神风范。

"四明三部曲"包括《四明公所 1898》《四明银行 1938》《四明大学 1998》这三部话剧在校内外已演出四五十场次，有良好的社会影响。

策划"四明三部曲"，也有一些主题思想上的设计与考虑。以"四明"命名，体现了明显的地域文化特征，使人一目了然。所列年份以"8"结尾，寓意百年"宁波帮"发展虽历经坎坷，却能四通八达，是较好实现向现代转型的商帮群体，必将有光明灿烂的明天。

它体现了三个年代。《四明公所 1898》反映的是晚清时期，在上海租界，旅沪宁波同乡与洋人之间的斗争；《四明银行 1938》反映的是民国时期，在全面抗战爆发之初，民族工商业者克服重重困难，在危机中报效祖国，重振实业;《四明大学1998》反映了新中国改革开放时期，旅外"宁波帮"人士情系故土、捐建大学，并实现自己的人生梦想与美好恋情。从晚清到民国，再到新中国，"宁波帮"百年精彩历程得以体现。

它表达了三个主题。《四明公所1898》的主题是团结御侮，旅沪宁波同乡中富商大贾、中小业主、普通学徒与工人团结起来，以罢工罢市的方式抗击法国总领馆对公所权益的侵犯，在民族大义和同乡利益面前，宁波人空前团结。《四明银行1938》的主题是创业救国，八一三事变后，上海、南京相继失陷，民族工商业被迫内迁，以鲍氏家族为代表的宁波银行家宁愿失去一切，也不愿失去国格人格，誓与日本人抗争。《四明大学1998》的主题是情系故乡，讲的是海外创业的"宁波帮"人士对故乡故土充满眷恋，以一块古玉佩的拍卖，引出50年前的一段生死恋情和创业历程，创业有成的沈天放在故乡捐资助建四明大学。

它突出了三个重点。公所、银行、大学，在"宁波帮"百年发展史上有其独特的意义。公所，亦即会馆，是同乡组织所在地，体现了宁波商帮互帮互助的精神，与其他商帮相比，宁波商帮的团结是有名的。宁波人曾在近代银钱业中占有重要地位，中国第一家商业银行中国通商银行主要由宁波商人组建，四明银行则是宁波人自办的银行，银行业也最能体现宁波商帮与时俱进的品质。宁波商帮在事业有成之后，把捐资助学作为回馈社会和报效桑梓的主要方式，四明大学也是宁波商帮试图创办的大学，但因为种种原因没有成立，但曾经设立过四明大学奖学金。在话剧排演中，我们以宁波大学为原型，让"四明大学"这一梦想在话剧中成为一次"现实"。

它刻画了三个群体、个人。在三部话剧中，主要人物虽有一定的原型，但都进行了大胆的艺术虚构，人物形象也更加丰富与饱满，观众完全没有对号入座的必要。在整体设计中，着力刻画了三个不同的群体和个人。在《四明公所1898》中，大老板、中老板、小老板和普通工人都有体现，主要刻画的是宁波同乡的群体形象；在《四明银行1938》中，主要刻画鲍氏家族的群体形象；在《四明大学1998》中，则突出了沈天放的个体形象。当然，每一部话剧都有主角与配角，但在形象塑造上，还有各种意图渗透其中。至于剧中的许多女性角色，更是属于大胆虚构。因为我们认为，话剧虽然要突出思想，

但可看性却是第一位的，编剧设计的种种感情戏，也使得剧情更加跌宕起伏，扣人心弦，引人入胜。

"四明三部曲"总体设计中，角度各有不同，主题思想却非常集中，可谓形散而神聚。我们始终坚持了一条主线，就是弘扬"宁波帮"爱国爱乡、创新创业的精神，用不同角度烘托出来。我们推出这组"四明三部曲"校园话剧，就是希望观众在欣赏演员的精彩表演、在体味剧情的一波三折中，能深深感受到"宁波帮"的人生情怀与精神风范。

附　录

第一届全国人大代表中的"宁波帮"

春蚕到死丝方尽

　　——新中国首任浙江省省长沙文汉

怀念朱枫与陈修良

第一届全国人大代表中的"宁波帮"

在传统的十大商帮中，唯有宁波商帮与洞庭商帮实现了转型，成为民国晚期江浙财团的主体。20世纪40年代末，国内政治风云突变，在国共内战中选择跟谁走是不可回避的问题。对于宁波商帮来说，一部分选择撤离香港等地，以观时变，另一部分则坚定地留了下来，成为新中国的建设者。1954年9月召开的第一届全国人民代表大会，一些工商业者被选为代表。在1226名代表及届内补选的43名代表中，有5位"宁波帮"人士，其比例不可谓不高。上海代表团有盛丕华、黄延芳、刘鸿生，浙江代表团有包达三、俞佐宸（1958年补选）。

盛丕华，1882年生，镇海骆驼人。1895年起到上海当学徒，后为新宝成银楼账房助理，庆大洋货号、大丰洋货号账房等。经营上获利丰厚是在20世纪20年代的汉口，他担任汉口中国银行行长的秘书，并经营花布纱、丝麻等贸易业务，同时经营房地产。1930年回上海，

与人共同创办中一银行、上元企业公司等。

黄延芳，1883年生，镇海人。1910年进当时国内最大的运输企业上海中华捷运公司，不久升任总稽核。1925年独资开设信平保险公司，后开设源大行，专营苏联萨门鱼的进口和国内销售业务。1929年，任浙江兴业银行董事兼地产部经理。抗战胜利后，任扬子江拖驳公司总经理和新纱厂总经理、云飞汽车公司董事长等。

包达三，1884年生，镇海石塘下村人。1920年参与创办上海证券物品交易所，任常务理事。继集资开办地产公司，建引翔港跑马厅、远东新村住宅等，成为闻名沪上的房地产商。1927年后在苏北从事盐垦，于开封、上海开设制蛋厂，并创办黄海渔船公司。1941年创办永达药厂、雷石化学公司，任经理。

刘鸿生，1888年生，定海人，以经营开滦煤炭起家，被称为"煤炭大王"。此后，刘鸿生将其资本投资火柴、水泥、毛织等业，还投资码头、搪瓷、航运、金融及保险等业，被称为"中国火柴大王"和"毛纺业大王"。抗战时期，在香港、重庆和兰州投资创办中国火柴原料股份有限公司、中国毛纺织公司、西北毛纺公司等。

俞佐宸，1892年生，镇海俞范人。15岁入宁波咸恒钱庄学业。1915年起先后任宁波元德、元益、天益钱庄经理。1931年任中国垦业银行宁波分行经理,次年接任和丰纱厂经理。抗战胜利后回宁波,复任和丰纱厂总经理,兼任四明银行宁波分行行长、浙东及两浙银行常务董事、三家保险公司的经理。

这几位工商业者都怀有强烈的爱国之心,在经营工商实业之时,不忘革命与救国。盛丕华关心政治,早年关注康梁变法,支持过孙中山革命。包达三在日本留学期间加入了同盟会。在抗战期间,他们都热心支持抗战,如蒉延芳热心难民救济,包达三拒任伪职,表现了应有的民族节义。

抗战胜利后,他们对蒋介石政权的倒行逆施多有不满,盛丕华、蒉延芳、包达三等在"下关事件"后发表严正声明,因此与民主党派及共产党逐渐接近。1945年底,中国民主建国会成立,由知识界和实业界中的中上层人士组成,包达三、盛丕华、蒉延芳、刘鸿生、俞佐宸等先后加入民建。盛丕华还担任过民建中央副主席。在中国共产党的热情支持下,他们在经营实业和参与社会活动之余,还开始从政。盛丕华参加了开国大典,并于1951年担任了上海市副市长。1955年包达三担任了

浙江省副省长。

　　需要补充的是，在第一届全国人大代表中，宁波籍人士还有不少。上海代表团有京剧表演艺术家周信芳，慈城人；生物学家贝时璋院士，镇海贵驷人。山东代表团有科学家童第周，鄞县人。浙江代表团有省长沙文汉，鄞县人。湖北代表团有电影艺术家袁牧之，宁波人。在1958年补选的浙江代表中，有画家潘天寿，宁海人。

春蚕到死丝方尽

——新中国首任浙江省省长沙文汉

沙文汉生于1908年1月24日,1964年1月2日病逝,本名沙文源,学名文舒,字叔起。1927年四一二政变后,被国民党反动当局通缉,才改名为沙文汉;1933年在上海白区工作时,改名为陈元阳;1937年起在党内化名为张登。大革命时期任中共奉化区委书记,组织过农民暴动,1929年6月至1930年5月在莫斯科少共国际学院学习,其后在上海等地工作,不久流亡日本。1935年回国后,从事抗日宣传,长期在白区坚持地下斗争,是宣传、统战、情报、策反工作的资深领导人。解放后三赴浙江工作,任浙江省省委常委、省长,1957年被错划为右派。

满门忠烈

早在宋代,沙文汉先祖沙用时迁居梅溪(即今鄞州区塘溪镇沙村)。自清代以来,其先祖各代世世务农。其祖父沙忠喜,字规墨,农民。其父沙孝能,字可庄,

号晓航，是位中医师，但行医之余还是靠务农为生。到了沙文汉这一代，这个世世代代以务农为主业的家庭发生了根本性的变化。

沙文汉是老三。长兄文若，字孟海。二兄文求，字仲己。四弟文威，字重叔，后名史永。幼弟文度，字季同。这是一个革命家庭，早在 1925 年至 1926 年间，文求、文汉、文威均加入中国共产党，幼弟文度也加入了共青团，大哥沙孟海虽未入党，但同情中国共产党。他们的母亲陈龄也深明大义，支持儿子们的革命行动。

长兄沙孟海是我国著名的书法家，1926 年曾有人动员他入党，他虽十分同情革命，但却认为："为不致全军覆没，留一条后路，在必要时可以营救与帮助这些兄弟"，因此没有入党。沙氏兄弟的求学和生活经费都依靠这位长兄的微薄工资，他的住所也经常成为党团员活动的场所。他以这种独特的方式来实现对革命的支持，所有兄弟和许多朋友都曾经在危难中得到过他的帮助。

二兄沙文求，1925 年加入中国共产党，次年在沙村从事农民运动，1927 年参加广州起义，后任共青团广州市委秘书长，1928 年 8 月被捕牺牲，年仅 24 岁。沙文求对沙文汉甚为友爱，也最为理解。沙文汉早期的革命经历与二兄的引导、鼓励和支持大有关系。

四弟沙文威（史永）是李克农、潘汉年手下的情报干才，曾以国民党专员的身份在国民党营垒内隐匿了十八年，利用沙孟海的掩护为革命做了许多情报工作，解放后曾任全国政协副秘书长。

沙文汉之妻陈修良，1925年参加革命，1927年加入中国共产党，曾参加过五卅运动，领导过"五二〇"运动，解放前任中共南京市委书记，做了大量的情报和策反工作。他们于1933年2月结婚，此后两人相互支持，并肩作战，被誉为"夫妻双双闹革命，沪宁地下显威名"。

沙文汉的岳母陈馥（原名袁玉英），1925年起就追随共产党，援助共产党，被党内同志称为"众家姆妈"。她用从父亲那里得来的遗产，在上海富民路巨籁脱路（今巨鹿路）买了景华新村一幢独立的三层楼房，作为江苏省委的秘密机关，解放战争时期又成为上海局的秘密联络点之一。

农运先锋

沙文汉五岁时，年仅39岁的父亲沙孝能因患疫病突然去世，当时沙家上有祖母，下有兄弟五人均未成年，

长兄沙孟海才 13 岁，幼弟沙文度刚 1 岁，家中的重担落在母亲陈龄的身上。第二年，沙文汉进入本乡梅溪小学读书，并依母训半耕半读。

少年的沙文汉，本打算终身务农，侍奉老母，抚养幼弟。1919 年五四运动爆发后，宁波的青年学生到农村进行宣传，使少年沙文汉对帝国主义列强产生了强烈的憎恨。当时二哥沙文求在宁波效实中学读书，经常带些进步书刊给他看，并力劝他上中学，大哥沙孟海也主张他到宁波读书，在兄弟们的坚持下，母亲陈龄变卖了部分田产，沙文汉考入了不收学费的浙江省立第四师范学校。1922 年，沙文汉又从四师转入宁波甲种商业学校。由于受二哥沙文求的影响，通过阅读《向导》《中国青年》等刊物，初步接触了马克思主义思想，树立了改造社会的理想。1925 年 4 月，沙文汉十七岁时，由同学倪毓水介绍加入了中国共产党。当时正处在国共合作的高潮，根据党组织安排，又以个人身份加入了中国国民党。

1926 年夏，沙文汉商校毕业。大哥沙孟海托人为沙文汉在青岛明华银行觅得一职位，但是 18 岁的沙文汉却拒绝去银行工作。根据宁波党组织的指示，他回家乡接替二哥沙文求的工作，发动农民，组织农会，迎接北伐军。一时间，沙文求、沙文汉、沙文威兄弟三人先后在沙村从事农民运动。

1926年11月，中共宁波地委决定，在鄞东大咸乡与邻近的奉化忠义地区组建鄞奉区委（忠义部委），由卓兰芳任书记兼组织委员，沙文汉任宣传委员。由此，沙村与松岙的农民运动便结合在一起。

当时的鄞奉地区处在军阀孙传芳部的统治之下，当局在象山港翔鹤潭设盐务局和税关，强迫农民购买价格昂贵的官盐，老百姓怨声载道。12月间，鄞奉区委决定攻打翔鹤潭盐局和税关。上万农民在卓兰芳和沙文汉的指挥下，打掉了税官盐警，缴枪14支。当时鄞东有的寺院主持就是大地主，他们剥削农民特别残酷，卓兰芳和沙文汉又领导农民打掉了宝庆寺等一批为非作歹的寺院，并没收其财产，分给周围无地的农民。为配合上海工人武装起义，鄞奉区委组织上千农民于1927年元旦冲进奉化县衙，吓得知事沈秉诚逃之夭夭，沙文汉也参与领导了这次运动。

时隔不久，白色恐怖迅速蔓延，蒋介石通过宁台温防守司令王俊于1927年4月上旬在宁波、奉化等地提前发动清党，沙文汉等一批共产党员遭到通缉，并被开

除国民党党籍。沙文汉当时正在宁波开会，会议结束返回途中，感到形势大变，遂回到沙村通知党员和农会骨干分散隐藏，可是沙村的土豪劣绅和宝庆寺的主持联合起来反攻倒算，要砸烂农民协会，欲活捉沙文汉，结果抓走了沙文汉的五弟沙文度为人质，并威吓沙母，若不交出沙文汉，要用麻袋将沙文度沉潭，后在亲友们的疏通下才被救了出来。

1927年5月18日，宁波防守司令部派省防军士兵到鄞东大咸乡抓共产党，结果芦浦的两个农会骨干被捕，省防军把他们关进了同隐庵。沙文汉获悉后，与农会负责人金绍吉一起，调集鄞东十多个村和奉东松岙的农军200余人，以土枪土炮为武器，救出两位农会骨干，火烧同隐庵，打死反动和尚二人，并活捉了作恶多端的瑞林和尚，将其沉入象山港。

为挽救革命，1927年11月，浙江省委根据中央指示，制定了从杭州湾到温州地区的《浙东暴动计划》，但在筹划过程中，省委机关遭敌侦破，暴动计划受挫。11月下旬，新省委在"左"倾盲动的错误思想支配下继续组织武装暴动，并决定以奉化、三北、浙西等地为暴动重点。12月，在松岙成立中共奉化区委，沙文汉为书记，卓崇德、舒廷珊等为委员，下辖九个支部，其中奉东6个、鄞东3个。区委组建了200余人的农民军，但缺乏武器，通过党员和群众的捐助，买了12支木壳枪和12支手枪，决定年关进行暴动，计划先攻占奉化县城，然后占领宁波城，再发展到全省。不料，奉化暴动消息泄露，鄞东大咸乡劣绅向反动当局请兵，进剿鄞东芦浦村，破坏我机关并捕去骨干10余人。省委担心暴动因此受阻，接连发函催促，1928年1月11日，沙文汉、卓崇德等人在奉化湖头渡、伍伯岙、鄞东芦浦一带提前暴动。国民党军队迅速出动，向暴动中心区扑来，沙文汉等在伍伯岙村口与敌军相遇，因寡不敌众而被冲散，沙文汉躲进湖头渡村一村民家中。因交通联络中断，松岙谣传国民党军队将血洗松岙，群众纷纷逃避，在松岙的省委特派员卓兰芳只得召开紧急会议，决定停止暴动，并叫卓崇德把一张写有"天黑风高燕南飞"的纸条交给沙文汉，暗示他早些离开。沙文汉对卓崇德说："请你设法搞条船，我要马上离开。"卓崇德请农协会员奚祥林、奚祥根兄弟掩护沙文汉去象山。一路上两次遇到哨兵检查，都被奚氏兄弟掩护过去，在象山港中又幸未被敌舰探照灯发现，总算是有惊无险，沙文汉平安脱险。沙文汉湖

附录

头渡脱险后先到象山，后又转赴上海。

这一时期的沙文汉，革命热情高涨，情感强于理智，他于 1942 年整风运动中的一段总结真实地表达了当时的想法："当时我觉得可以死，但决不可以让国民党反动派和反动地主、资产阶级舒舒服服地剥削工人农民。所以我不怕冒生命危险回到故乡去领导暴动……假如你问我，那时还有什么考虑，那我可以干脆回答你，我们对失败的可能性都没有考虑过，我们考虑最多的就是怕犯右倾机会主义错误，怕不能如期完成省委交给的任务，觉得在残酷的阶级斗争中，当然是越'左'越好。"

东奔西走

1928 年 1 月抵沪后，沙文汉住进了大哥沙孟海的家中。2 月，他以沙孟海曾用过的名字"沙文瀚"为名，考进日本人办的"东亚同文书院"，一边学习，一边秘密担任上海法南区的共青团书记。1929 年 1 月，他还带领共青团宣传队去上海奉贤参加由县委书记刘晓领导的庄行暴动，结果暴动失败。

1929 年夏，沙文汉奉命到上海反帝大同盟任党团书记。6 月，沙文汉奉命到柏林参加世界青年反帝大会。

390

但是他所乘坐的列车中途多次受阻，等他赶到莫斯科，柏林的会议已经结束。中共驻共产国际代表团决定让沙文汉留在莫斯科入少共国际马列学院学习。在马列学院的一年中，沙文汉系统学习了马克思列宁主义的理论，打下了比较扎实的理论基础。在莫斯科，沙文汉还结识了中共驻共产国际代表团团长瞿秋白和少共驻共产国际代表团团长陆定一。

1930年5月沙文汉启程回国，继续担任共青团法南区委书记。通过在莫斯科的学习和对中国革命的反思、总结，沙文汉的思想水平有了很大提高，不再像搞农民暴动时那样简单、冲动，一心只想打倒国民党反动派，为战友们报仇。现在他更加注重保存实力，发展组织，对在革命低潮时期搞"冲工厂""飞行集会""武装起义"等盲动主义的做法有所怀疑，但这种观点与党内占统治地位的李立三"左"倾路线不符，因此遭到一些领导的排斥和怀疑，被斥之为右倾，经常不给工作，并停发生活费。8月间，他先是被调任津浦、京沪四路总工会青工部长，后又改任共青团江苏省委工人部长兼上海总工会青工部长。他的任务还是集中力量冲厂，组织罢工，夺取政权。但他坚持提出首先应深入基层去组织群

众，于是又受到严厉的批评。1930 年 12 月，沙文汉身心交瘁，又患上痢疾和肺炎，大病一场，入院治疗达两个多月。沙文汉出院后，王明已以反李立三的英雄上台，于是把沙调到共青团沪西区委去帮助工作，不参加区委。到 1932 年 3 月，团江苏省委组织部长胡南生发现沙文汉工作不错，调他去团省委组织部任干事。但此时的他，心情的落寞加上本来身体就差，终于病倒。经胡南生批准，于 5 月去南京沙孟海处养病。

沙文汉在南京长兄家中静养月余，身体好转。南京是国民党统治中心，特务云集，不便久留。时任教育部长朱家骅秘书的沙孟海通过熟人关系将沙文汉安排到安徽省安庆教育厅任科员。在安庆，沙文汉遇到曾在莫斯科中共驻共产国际代表团工作过的余飞，因余飞被特务逮捕，沙文汉也被追查，在同事的帮助下，沙文汉逃离安庆回到上海。

9 月返沪后，因联系人胡南生被捕牺牲，沙文汉与党的联系便告中断。不久，女友陈修良的组织关系也因故中断，于是沙、陈两人便成了失群孤雁。此时，沙文汉想到在东亚同文书院有一位同学汪孝达去了日本，可能与党有联系，于是即与汪联系。10 天后，汪孝达来信说他在东京同"家人"有联系，要沙、陈速来东京。

1933 年 2 月，沙文汉与陈修良结婚后去了日本。到达东京后的第二天，汪孝达即约沙、陈与陆久之见面。陆久之当时在共产国际远东情报局工作。他希望沙、陈两人协助他为共产国际做情报工作。沙文汉曾在东亚同文书院学过日文，可以通过阅读日本公开出版的书刊，以情报人员的眼光从中寻找材料，分析日本的政治、经济、军事、交通等情况。根据汪孝达的安排，沙文汉化名陈元阳，考入日本铁道学院，这既便于掩护身份，也有利于沙文汉了解日本运输方面的情况。在搜集情报的过程中，沙文汉还认真阅读了日文版的《资本论》和其他一些马克思主义文献，写了不少读书笔记。

抗战岁月

为与国内党组织接上联系，1935 年 10 月，沙文汉与陈修良回到上海，第一件事是寻找党的组织，但此时上海党组织已被国民党破坏殆尽，无法找到。鉴于当时日本军国主义正在制造华北事变，中华民族面临更严重的危机，沙、陈两人决定自行在上海开展抗日文化宣传活动。1936 年 2 月起，沙文汉用"叔温""元阳""叔起"

等笔名，投书进步报刊宣传抗日，如在《世界知识》《东方杂志》发表了《外蒙问题的告急》《日本战斗力的估计》《日本对外侵略中所加深的内部矛盾》《中国景气论》等文章，分析国际形势、重要事件，以及中国财政经济等问题。这些文章巧妙而又深刻地向读者宣传了抗日救亡的可能性和重要性，从而"希望大家在知己知彼的条件下，确定我们的救亡大计"，取得了广泛而良好的社会效果。也正是因为这些文章引起了幸存的情报系统同志的注意。1936 年 9 月，中共中央上海局特科的季明和高原通过《东方杂志》编辑与沙文汉、陈修良接上组织关系。10 月，上海局特科即派沙文汉到全国各界救国联合会任组织干事，参与了鲁迅葬礼和营救"七君子"等工作。

1936 年 12 月，中共中央决定建立上海临时工委，简称三人小组，由王尧山、沙文汉、林枫参加。三人小组工作是整理上海地下党的各级组织，为重建上海地下党组织做准备。沙文汉负责宣传工作，并化名"张登"。

八一三事变发生以后，上海沦陷，日本侵略者迫于当时的国际形势，一时不敢进入上海的公共租界，因此上海租界一时成为四周都是日本侵略者包围的"孤岛"。根据这种形势，在上海地下党的领导下，抗日救亡运动掀起新高潮，群众抗日热情空前高涨，为加强和统一对群众工作的领导，加紧整理恢复地下党组织，负责重建上海党组织的刘晓建议成立群众工作委员会。"群委"建立以后，王尧山任书记，沙文汉、林枫、陈修良等任委员，分别联系工人、职员、学生、妇女和上海各界救亡协会中的党组织。当时沙文汉身体不好，但仍坚持参加工作，特别是宣传、文化工作，并与八路军上海办事处秘书长刘少文等时常见面。"群委"的工作主要是帮助各界救国会打开局面，在"群委"的领导下，救国会出现了轰轰烈烈的局面，许多知名人士都团结在党的周围。

1937 年 11 月，经中共中央批准，正式成立了江苏省委，负责上海和江苏两地党的工作，刘晓为书记，刘长胜为副书记，张爱萍为军委书记，王尧山为组织部长，沙文汉化名张登为宣传部长，分管学生工作委员会和文化工作委员会。11 月 19 日，江苏省委做出了《关于上海陷落后上海党的任务决议》，提出"继续巩固与发扬群众抗日斗争情绪，发动与组织群众日常反日斗争，一直到反日的游击骚动"的基本方针，旨在"孤岛"的特

殊环境中，充分利用一切矛盾，调整策略方针，改变斗争方法，有效组织群众，加强统一战线，争取抗战胜利。

沙文汉任江苏省委宣传部长期间，依照上述方针，领导"孤岛"时期上海文化界和学生界的抗日运动，组织开展一系列工作，首先是亲自主编省委机关刊物《真理》《党的生活》。党刊除刊登省委负责同志的文稿和各系统工作经验介绍外，还连载共产党员的基本知识等文章，刊物发行到党的基层组织，对党的建设和党员教育发挥了一定作用。刊物出了三十多期，直到1941年才停刊。

在文化工作委员会方面，沙文汉请经济学家孙冶方任书记，考虑到顾准能写会算，与救国会关系密切，请他当副书记，另一位副书记是曹荻秋。为冲破敌伪的文化封锁，他领导文委先创办《先报》，以翻译外文报纸为名宣传抗日，但因锋芒太露很快停刊。又借用洋商招牌继续出版刊物，进行抗日宣传，如《每日译报》《导报》和《上海周刊》《译报周刊》等。在日伪禁止一切进步刊物出刊的情况下，利用合法途径主编出版了《求知文丛》，坚持文化抗日。在他的指导下，"文委"与留在"孤岛"的一批进步文化人，通过以复社名义出版译著《西行漫记》和《鲁迅全集》，还出版了马克思的《资本论》

一、二、三卷等一批重要译作，产生了重大的社会影响。

他领导过文化界救亡协会活动，团结大批各党派爱国人士，主办《立报》《国民周刊》《文化战线》等刊物，也在戏剧、电影、音乐等领域开展活动，扩大党的统战队伍，组织团结大批进步文艺人士，形成文化战线的骨干。他代表江苏省委与八路军办事处刘少文、潘汉年等负责人秘密联络磋商，配合"八办"进行抗日统战工作。

其间，沙文汉还担任过为时三年的军事领导工作。江苏省委于1937年底军委书记张爱萍离任后，成立了党的外县工作委员会，领导京、沪、杭一带的党的工作和抗日武装斗争，由沙文汉任书记。三年中，外县工作委员会在浦东、浦西、苏南东路，以及苏北南通、如皋、启东、海门地区开辟了好几个抗日游击区。

在对新四军的支持方面。1938年7月，刘晓和沙文汉在云岭见到了新四军副军长项英，了解了新四军的处境和困难。此后，上海地下党对新四军支持和配合就更多了。1939年9月，沙文汉又陪同刘晓过金华到皖南屯溪新四军驻地，他的侄女婿张令杭还为他们办过国民党机关的通行证。

鉴于沙文汉工作太繁忙，1938年秋江苏省委决定派

陈修良去领导学委，以分担沙文汉的工作，但省委分工仍由沙文汉负责。1940年初，刘晓、刘长胜去重庆向南方局报告工作时，省委又决定由沙文汉代理省委书记。沙文汉虽然身体极度虚弱，但仍旧勤奋工作，斗志昂扬。

日本帝国主义于1942年占领租界以后，上海秘密工作环境越来越恶劣，针对这种情况，中央决定江苏省委同志全部撤至淮南根据地。沙文汉是1942年初随江苏省委撤离上海，到淮南抗日根据地的，同行的有潘汉年、刘晓、王尧山等人，陈修良也于1942年1月到了淮南。

1943年初，中共中央决定撤销江苏省委，成立华中局城工部，领导敌占区工作，沙文汉被派往浙东。后因工作需要，又把他调回，任华中局党校教务长，领导高干整风。次年2月，沙文汉又被调到新四军直属队，参加整风审干工作。1944年8月，调任淮南区党委宣传部长，次年4月，调为城工部长。

1945年8月14日日本宣布投降后，沙文汉曾受新四军军部急召，以政委的身份率先遣队直抵南京城郊，策应伪军起义，若起义失败，则与新四军其他部队以武力接管南京。出发前，沙文汉曾作诗一首表达此时的豪情："雨中进军，倏然霹雳破山鸣，闪闪刀光掠野明；

敌垒不摧壮士志，岂云大雨阻吾行！夜渡长江，月黑天低浪势汹，健儿待战兴方浓，百舟一令齐飞渡，十里长江驰怒龙！"此时，中央得到情报，日本方面与国民党勾结，"万一中共攻打南京，日方将固守或反攻"，"国军正源源不断从后方开来京沪杭地区，准备接收此地，把长江以南的新四军截住"。中央反复权衡后改变了抗战胜利后立即占领京、沪的方案。沙文汉与已抵南京城郊两天的先遣队奉命北撤。

地下斗争

抗战胜利后，1945 年 9 月 1 日，华中局改组为中共中央华东局，留在华中的党委机关改为华中分局。1945 年 11 月间，分局组建城工部，由沙文汉任城工部长，下辖有一个南京工作部，部长陈修良，由陈隔江领导和整顿南京城内的党员工作。南京工作部于 1946 年 4 月改建为中共南京市委，陈修良任书记。沙文汉在送妻子去南京时，作诗一首送行："男儿一世重横行，巾帼岂无翻海鲸？欲得虎儿须入穴，如今虎穴是金陵。"他还在陈修良挑行李的扁担上写了一句成语：不入虎穴，焉得虎子。除了为时不长的工作接触外，沙文汉、陈修良

夫妇，一个在上海、一个在南京，共同从事着最为惊险的地下工作。

1946年10月，沙文汉率华中分局城工部，由苏北入上海。1947年5月6日，中共中央决定将华中分局城工部并入上海分局，原南方局领导的北平、天津、重庆、成都、武汉、长沙、昆明等城市的党组织也并入上海分局，组成中共中央上海局，实际领导半个国统区的地下工作。上海局书记刘晓，沙文汉任宣传部长兼文化、工商、统战委员会副书记。沙文汉除分工负责南京、杭州、无锡、苏州等城市地下工作外，还要直接领导上海市文化界、教育界、工商界和上层统战工作。沙文汉在国民党政府封查严厉的情况下，以丰富的地下斗争经验，强调严格的隐蔽政策，使一批进步报刊和杂志得以灵活地生存下来，如《文汇报》《文萃丛刊》《时代日报》《世界知识》等。这一时期，他也参与了影剧界的领导工作，建立外围组织，开展上层统战工作，为上海解放做了大量舆论和干部队伍的准备工作。期间，他作为中共中央上海局的一名主要干部，代表上海局起草过许多重要文件，如《京沪一般形势的特点及当前的基本方针与我们的具体工作》就出自沙文汉之手。

1947 年上海局的一项重要工作是在党中央的领导下，放手发动群众，进行反美反蒋，开辟第二战线。著名的五二零运动，就是在刘晓领导下，由沙文汉和陈修良等组织的。4 月间，上海分局根据中央指示，决定发动一次大规模的"反饥饿、反内战、反迫害"的学生运动，并召开秘密会议进行讨论。这次会议是在上海沙文汉的住处举行的，参加会议的有刘晓、刘长胜、沙文汉和陈修良。会议决定由南京市委先行发动。5 月上旬开始，在南京市委的领导下，进步力量串联成立了南京区大专学校争取公费待遇联合会（简称南京学联），并决定在 5 月 20 日国民参政会四届三次大会召开那天举行联合示威游行，同时通电全国各地高校，采取统一行动或来宁请愿。在沙文汉等的组织下，上海局领导下的沪、杭、苏地区有 16 名大专院校学生代表迅速汇集南京。5 月 20 日爆发了有 5000 名学生参加的挽救教育危机联合大游行，反饥饿、反内战、挽救教育危机的口号响彻云霄。毛泽东对五二零运动评价很高，指出："中国境内已有了两条战线。蒋介石进犯军和人民解放军的战争，这是第一条战线。现在又出现了第二条战线，这就是伟大的正义的学生运动和蒋介石反动政府之间的尖锐斗

争。""学生运动的高涨，不可避免地要促进整个人民
运动的高涨。"

1948 年秋，上海局专门成立策反委员会，书记张执
一，副书记沙文汉。1949 年 3 月，张执一调离工作，策
反工作全部移交给沙文汉。沙文汉和陈修良等一起，领
导并取得了情报、策反工作的重大胜利，为顺利解放南
京、上海做出了重大贡献。

在沙文汉的指导下，中共南京市委的情报人员先后
打入了国民党的国防部、海军、空军、美驻华使馆等几
十个关键部门，获取了大量极有价值的军事、政治情报，
并先后策动了国民党空军八大队俞渤机组起义，首都警
卫部队 97 师起义，以及江宁要塞、南京大校场机场塔、
431 电台起义，国民党中将张权起义等。这对于瓦解敌
军阵营，加速国民党政权垮台具有重要的作用。

"重庆号"起义是在沙文汉、张执一等直接领导下
取得成功的。该舰于 1948 年 10 月到葫芦岛参加内战，
11 月回上海维修，对渡江战役威胁极大。我党的策反
部门分别派党员、地下工作者打入"重庆号"，直接或
间接联系，争取舰上官兵起义。在中共上海局、上海市
委、南京市委长期的秘密教育、策反下，舰上的共产党

员、进步官兵和士兵委员会决定发动起义。舰长邓兆祥，原有一定思想基础，经郑重考虑，毅然加入起义行列。1949年2月25日凌晨，"重庆号"在吴淞口举行武装起义，26日胜利驶抵解放区烟台港。在上海局策反委员会的积极工作下，国民党伞兵三团二千余人宣布起义；被蒋介石视为子弟兵的国防部预备干部训练团第一训练总队四大队三千多名干部学员也英勇起义；空军有二十多架飞机飞往解放区。

策动汤恩伯起义，但未成功。1949年5月12日，人民解放军主力发动了淞沪战役，上海局的工作是配合解放军的进攻，加紧策反国民党军队，最大限度地减少战争和敌人的破坏。当时国民党汤恩伯的部队有25万多人在淞沪地区，加之其他武装力量，势力不可轻视。为此，策动国民党部队起义成为地下党首当其冲的任务。5月14日，上海地下党在息村马公馆召开秘密会议，到会的有吴克坚、沙文汉、王亚文、郭春涛等人，会上详细分析了策动国民党陆海空军三军起义的情况汇报，经仔细研究，定于5月16日上午10时起义。沙文汉还从陆久之手中获得了汤恩伯所建防御工事之详细蓝图。最后由于接头过程中的孙耀东（原系破产资本家，曾经有

进步要求）被敌人收买，策反没有成功。

1948 年 12 月，沙文汉还代表上海局到南京检查指导工作，停留了两天，传达了上海局的一些指示，为南京地下党迎接解放做了重要的工作布置。沙文汉主要谈了形势和准备解放，他说："估计春末夏初在南京会战，但要等华北问题基本上解决。我军后方交通补给有了充分准备后，可以集中优势兵力大规模渡江，一举占领京沪敌人心脏地区，取得决定性的胜利。根据形势分析，我们估计南京的解放战还需要几个月的艰苦奋斗时间。"

根据沙文汉的指导，南京市委着手准备城市解放前的工作，尽可能使解放军顺利占领南京。首要的是加强策反工作，准备里应外合，同时防止敌人溃败前的有组织破坏和迁移人力、物资去台湾；考虑解放后的接管工作，以便解放军顺利接管城市，恢复生产。1949 年 1 月，由沙文汉起草的《京沪一般形势的特点及当前的基本方针和我们的具体工作》指示，确立了"为彻底解放京沪与具体准备对京沪的接收与管理而奋斗"的方针。根据这一方针，中共上海局和上海市委发动应变斗争，护厂、护校，反搬迁、反破坏，调查收集上海各方面的资料、情况，开展政治宣传攻势，扩大影响，分化敌人。

出任省长

1949年5月3日，杭州解放。6日，中共浙江省委员会宣布建立，省委委员有谭震林、谭启龙、王建安、姬鹏飞（吉洛）、杨思一、张登（沙文汉）、林枫、龙跃，书记谭震林，副书记谭启龙。5月28日，中国人民解放军宁波市军事管制委员会成立，沙文汉被任命为第一副主任，但未赴任。9月，省委下设办公厅、组织部、宣传教育部（宣传部）、统一战线工作部、社会部、职工部、农村工作部、妇女部、省委党校等办事机构和浙江日报社。沙文汉于当年秋从上海调到浙江工作，任省委宣传部长、统战部长兼教育厅长。1950年8月，经中共中央华东局批准，浙江省委建立了常务委员会，沙文汉为省委常委。但不久，他又被调到上海，任华东局台湾工作委员会副书记。

1951年1月14日，中央人民政府委员会任命谭震林为浙江省人民政府委员会主席，谭启龙、周建人、沙文汉、包达三为副主席，但沙文汉尚在上海。9月，沙文汉到浙江第二次赴任，为省人民政府委员会副主席、教育厅长兼浙江大学校长、省委常委兼省委统战部长。但时隔不久，中央调沙文汉去外交部，准备出使印尼，后因肺气肿严重，

不能远涉重洋，回上海养病。1954 年 3 月，任华东局宣传部副部长，分管上海市高等学校工作。

1954 年 8 月 13 日，浙江省第一届人民代表大会第一次会议在杭州隆重召开，沙文汉参加了大会并以省人民政府委员会副主席的身份做了《中华人民共和国宪法草案基本内容的报告》，大会做出了《关于拥护中华人民共和国宪法草案的决议》。1954 年 12 月，实行省长制，沙文汉任浙江省第一任省长，在 1955 年 1 月召开的省第一届人民代表大会第二次会议上，又当选为省长。这时，他一方面系统地学习马列主义政治理论，另一方面在工作上努力取得公开政权下具体而有系统的实际经验。

他主要负责建立各级政权机构，对政权建设十分重视。此前，沙文汉鉴于各级党组织有包办行政机关事务，存在以党代政现象，对毛泽东在《井冈山的斗争》中关于政权部分的内容进行了研究，并研究了列宁关于苏维埃政权的理论，联系实际，提出了党政分工的见解。1956 年 7 月，他在浙江省第二次党的代表大会上就健全党的生活制度、发挥国家机关在党委领导下的作用等问题做了发言。关于健全党的生活制度，他提出要"健全我们党的生活制度——民主集中制，发扬我们党内的民主生活"，认为"我们的马列主义水平不高，这确实也是我们过去犯错误的原因，但如果我们党有健全的民主生活，能够充分地交流意见，反复研究党的方针政策和浙江的具体情况，很好地发挥集体智慧，那么在中央正确领导下，我们的缺点和错误可以大大减少的"。关于发挥国家机关在党委领导下的作用问题，沙文汉批评当时浙江省"各级人民委员会多数都很不健康，很形式的，甚至连它应该怎样在党领导下工作的问题，都没有得到解决"；"至于人民委员会所属各厅、局，工作是不少的，但几乎所有的事情都非请示党委的有关各部不行，稍大的事还得由党委或书记来决定，工作中很少有独立思考的余地……不但使党委应该做什么，政府应该做什么的责任界线不清楚，更加严重的是：使党委行政事务过多，在日常行政事务的压迫下，不能不放松政治思想的领导；使行政机关对党委不能不存等待、依赖心理，不能充分发挥他们的积极性，而人民委员会只能成了空架子，没有事情可以认真讨论，敢做决定"。"怎样体现人民民主专政，让它具有宪法所规定的完整形式和内容，使能按照党的意志和方法去动员领导人民，进行社会主义建设与对反动势力的斗争；另一方面是党怎样去

运用政府机关发挥这个庞大的机器的作用，从而使党委本身能在政治思想和重大方针政策、工作步骤上的领导有所加强。"沙文汉认为这个问题是"当前对政权机关的观念和实际工作上最根本、最需要解决的问题"，他又提出自己的建议"政府机关应有独立的形式和自己平行统一的领导组织，这是否是闹独立分散，妨碍党委工作，可以进行认真的研究和讨论"。他以上级的规定为依据，提出"党委各部门应按中组部规定的四条，即党委对政府工作提出方针、政策、政治思想、监督等，党政同种性质的部门负责人，应尽可能不两面兼职。党委与政府部门的关系如何摆法，并使之少重复，少扯皮，而能各尽其职责，发挥他们的作用。还有成立党组问题"。这个观点在当时就得到不少同志的赞同，如省委常委、副省长杨思一，省委常委、省人民检察院检察长彭端林，省委委员、省委财贸部长孙章禄等。

他关心和爱护知识分子，高度重视统战工作，对于各民主党派和各界知名人士，都给予精心安排。在全国人大代表和政协委员中，浙江提供的名额较多，罗致人才的面较广。著名的科学家钱学森、钱三强、童弟周、茅以升等都是沙文汉向中央统战部推荐的。他同党外人士真诚相交，许多民主人士都喜欢同他讲心里话。

在文化工作领域，认真贯彻双百方针，注意调动作家、艺术家的创作积极性。1955年春，沙文汉找到时任省委宣传部副部长兼文化局长的黄源，说："田汉同志向我提出，要昆苏剧团到北京去演出，我已答允了，你要为他们准备剧目。"黄源选定了《十五贯》，认为"剧中过于执犯的是主观武断，是主观主义的错误，毛主席把主观主义视为大敌；况钟工作作风严肃认真，倾听下情，进行调查研究，正确判断案情，这是毛主席提倡的实事求是的态度，这戏通过艺术表现强烈地反映着这两种对立的思想和作风，是非常难得的"。沙文汉竭力支持黄源的意见，昆剧《十五贯》是沙文汉审批后公演的，关于该剧的新闻稿也是由沙文汉批准后发表于党报的。《十五贯》演到北京，拍成电影，红遍全国。1956年4月，毛泽东同志观看该剧后很满意，并指示要推广。

正当他满怀信心地准备为党和人民贡献自己的一切的时候，不幸却接踵而来。1955年3月，潘汉年、杨帆被逮捕后，浙江省委召开过一次高干会议，传达这件案情。一位领导同志说，"浙江也有一个潘汉年"，暗指沙文汉。1956年省党代表大会时，浙江省委领导人公开

宣布："沙文汉有政治历史问题，正在审查。"期间沙文汉被长期审查所谓的"历史问题"，工作上明显地不予信任，但他还是表现出一种大将风度，认为只要把事实真相搞清楚，这种误会自然会消除。为了澄清问题，沙文汉于 1956 年写了申请书给省委，要求重新审查历史，并找到了有关历史的证明人。9 月，赴北京参加全国人大期间，中央组织部长安子文找他谈话，告知他的历史问题中央已经查清楚，党对他是信任的。

不幸遭诬

一波未平，一波又起，并且来得更加凶猛。1957 年 6 月 8 日，中共中央发出反击右派的指示，一场全国性急风暴雨式的反右派运动猛烈地开展起来。浙江自 6 月中下旬开始，在全省范围内陆续开始反右派。全国反右派斗争严重扩大化，浙江也不例外，全省有 13563 名知识分子和党政干部被划为右派。在这场运动中，沙文汉未能幸免。1957 年 12 月中共浙江省第二届代表大会第二次会议上，他被指控为"叛徒""内奸"。12 月 23 日通过了关于开除沙文汉党籍的决议，并撤销其一切职务。"罪状"："沙文汉和杨思一已经完全堕落成为资产阶级在党内的代理人。在去年全省党代表大会期间，他们互相配合向党进攻，沙文汉在那次大会上公然宣扬资产阶级的政权观点，鼓吹政权独立的资产阶级反动思想，污蔑我国人民民主制度是形式主义，公开反对党对政权工作的领导"；"沙、杨、彭、孙四人一直进行公开的、秘密的反党活动，省第二次党代表大会期间他们合在一起，向党恶毒进攻"；"沙文汉支持以黄源为首的浙江文艺界反集团的资产阶级文艺路线"；"积极支持右派分子宋云彬、李士豪等对党猖狂进攻"。沙文汉是当时党内职务最高的右派之一，浙江省这么多的领导一下子被打成右派，引起全国的关注。批判沙文汉的长篇报告登载于 1957 年 12 月 28 日的《人民日报》，各省市党报全文转载。《人民日报》于 12 月 29 日还发表了社论《一次收获巨大的省党代表大会》，作为全国反右斗争的重大典型，广为宣传。

受到错误打击后，沙文汉虽然肺气肿非常严重，日常生活不能自理，但他没有沮丧，表示要顽强地活下去。他在这期间写过一首诗，可以感受到他不幸遭诬后依旧顽强生活，努力工作的精神状态。"莫说沉疴久未愈，但看形影日枯衰。孤灯夜永油将尽，老马路遥力不支。

梦里少年犹意气，望中功业岂狂痴。人生得失毋须计，
毕竟事成总有期。"

沙文汉被打成右派后，渴求继续为党、为人民做点
事情，曾打报告要求编《浙江地方志》，但组织上已
经不可能再给他安排什么工作了。在这种困境中，他
决定研究中国历史，但只能研究中国古代史，因为如此
严酷的政治环境已不允许他研究他所熟悉的中国近现代
史。在 1959 年 5 月 30 日写给妻子陈修良的信中他说：
"我已经不能参加任何政治活动，只好去研究死人的政
治——历史"，"要弄清楚中国社会发展的历史和特点，
则也算是'春蚕到死丝方尽'，良心上可以稍稍对得起
党和人民了。"他于 7 月 14 日给四弟史永写的一封信
说得很明白。"如果组织上要我长期休息了，我应该这
样来运用我这块'废料'能替中国社会主义事业多少做
一些有益的工作。""自然，我不知道我去研究历史究
竟能得到什么成就，但无论如何，矢志努力做下去，总
多少会有一些成就的吧。苟能如此，则也完成了我一些
初心，为中国的社会主义革命尽了一分微力了。"沙文
汉选择的研究方向是中国奴隶制度，为此他还专门向大
哥沙孟海学习了甲骨文。他于 1960 年 1 月 12 日写给陈

修良的一封信，可以看出他研究的投入和艰辛。"为着弄清楚中国的古代社会为什么发展得这样子（所谓东方式的），它的原因究竟是什么，同时它发展所遵循的途径又是什么，这三星期来，连日连夜，简直像发疯一样进行持续的'苦斗'，总算前天晚上基本解决了这个长期不能解决的'大结'，好像通五关一样，把所有主要问题都通开了。稍稍休息一下之后，再把马克思和恩格斯等有关经典著作系统地看一遍，对证一下我的观点是不是和他们所指出的原则有相矛盾的地方……"经过四年多不懈的努力，1963 年 6 月，沙文汉终于写出了长达 8 万字的《中国奴隶社会的探讨》一书，还给省委统战部写了一封信，说将这篇文章作为给党的生日的礼物。该书直到 1983 年 5 月由《浙江学刊》刊发，1984 年由上海社会科学院出版社出版单行本。

在史学研究中，沙文汉试图解决奴隶制和封建制的分期问题，并提出了与郭沫若和苏联的大百科辞书对中国奴隶制问题的不同观点。他认为：中国的奴隶制度是建立在国有土地基础上的国有奴隶制，与人们所熟知的西方古典世界的那种奴隶制度亦即希腊、罗马式的从土地私有制基础上发展起来的奴隶制度很不相同，不但在

奴隶制的表现形式上各具特点，而且它们的发展与崩溃过程也各不相同。因此他认为，中国古代奴隶制度是与世界并行的一种形式的奴隶制度，它符合于人类社会历史发展的普遍规律。这种观点前所未有。

1958年春起，妻子陈修良在嘉兴农村下放劳动，生活非常艰苦，沙文汉在杭州的物资供应也不足，家中有二嫂和外甥，自己又得了浮肿病，但他每月总要省下五斤粮票给陈修良寄去。女儿沙尚之在大学读书，则要求她不要写信，把政治和感情分开，以免影响政治前途。

1963年冬，政协浙江省委员会开会，沙文汉作为政协委员前去参加，由于他抱病冒着严寒，每天早上步行去会场，因此患了重感冒，后转为肺炎。妻子陈修良曾劝他住在有暖气的会议所在地大华饭店，但他执意不肯，说右派分子住旅馆开会，影响不好，还是不住的好，坚持每天回到寒冷的宝石新村宿舍，终于得了肺炎。当陈修良发现他病倒在床时，急送医院，却已是病危，并逐渐神志不清。省委统战部以长途电话请示周恩来总理，提请为沙文汉摘去右派帽子，当即获得批准。当一位副部长来医院对他说"中央已批准你摘去右派帽子"时，他说话已不清楚，只说了一句"谢谢"。两天后，即

1964 年 1 月 2 日晨，沙文汉病逝于浙江医院。

沙文汉逝世以后，只开了一个规模很小的追悼会，遗体安葬在南山公墓，沙孟海题写了墓碑"沙文汉同志之墓"。"文化大革命"中，他的墓碑被打掉，说是右派分子不可以称为"同志"。

十一届三中全会以后，陈修良、史永（沙文威）等人多次向中央和省委写信，要求为沙文汉平反。直到 1982 年 11 月 7 日，《浙江日报》终于刊出一条消息："经中共浙江省委复查，党中央批准，原中共浙江省委常委、省长沙文汉同志错划为右派分子的问题已得到彻底改正，恢复党籍，恢复政治名誉。"至此，蒙冤长达 25 年的沙文汉终于平反。

1998 年，妻子陈修良等为其编成《沙文汉诗文选集》一书，由上海社会科学院出版社出版。全书共分三大部分，第一部分为 1926 年至 1960 年间所作的 50 首诗词，第二部分为 1935 年至 1963 年间的论著和重要讲话 20 篇，第三部分是在整风审干时所写的自传和 1928 年至 1963 年间的书信 18 封。

怀念朱枫与陈修良

2011 年 7 月，朱枫烈士的骨灰归葬故乡镇海。媒体的报道让我们再次把目光投注到解放前后在隐蔽战线战斗的共产党人。革命年代，他们不能公开自己的真实身份，而革命胜利以后，他们还是"无名英雄"，长期不能得到应有的关注与重视。今天，英雄终于得到应有的褒扬，被人们缅怀。

在这斗智斗勇的隐蔽战线和情报策反工作中，有两位宁波籍女英雄同样应该被后人所关注、所追忆、所敬仰，那就是朱枫与陈修良。由于地下党组织实行的是单线联系，她们之间没有直接的情报联系，但是在她们的革命生涯中，却有着许多的共同点与密切的联系。

朱枫于 1905 年 11 月生于镇海县城的一个富商之家。陈修良于 1907 年 8 月生于宁波城内的呼童巷，家境也比较富裕。在这两个富裕的家庭中，却分别走出了革命女性。特别让人钦佩的是陈修良的母亲陈馥（原名袁玉英），她同情和支持革命，曾长期资助地下党。她在上海的居所被称为地下党的指挥部，而她则被大家亲切地称为"众家姆妈"。

朱枫与陈修良自小相识，同于1921年考入宁波女子师范学校（即今宁波二中），两位同窗好友，相处融洽，又同时被选为班长。1924年军阀混战之时，陈修良还到镇海朱枫家中住了一个月，研讨诗文，朝夕相处。1983年，陈修良还专程到镇海朱家花园寻访，追忆故人，朱家小楼依旧保存，但此时烈士的遗骨还不知在何处。

鄞县沙氏一家，也是一个革命家庭，大哥沙文若（孟海），二弟沙文求，三弟沙文汉，四弟文威（史永），幼弟沙季同。朱枫、陈修良与沙氏一家关系密切。1922年，陈修良随沙孟海学习书法，沙孟海对这位女弟子十分赏识，为她取名"道希"。1926年，她随沙文求到广州中山大学学习。1932年，陈修良与沙文汉结婚。在20世纪40年代的地下党工作中，她又与沙文汉、沙文威等并肩战斗。1926年，朱枫与陈修良在上海重逢，也拜在沙孟海门下学习书法，沙孟海为原名朱贻荫的朱枫改名，名"谌之"，字"弥明"，朱枫在很长一段时间内都是使用朱谌之这个姓名。有意思的是，他们的女师同学包稚颐嫁给了沙孟海。

1945年，正是徐雪寒（慈溪人）与沙文威的介绍，朱枫加入了中国共产党。这一年，沙文威领着朱枫到陈馥家中，老太太对这位朱家四小姐印象颇深，朱枫见这个地下党的指挥部家具简陋，还赠送了一套红木家具。1946年11月，朱枫与陈修良在分别20年后重逢。

陈修良比朱枫小2岁，但比朱枫更早走上革命道路。早在学生时代，陈修良就是一个学运的积极分子。1927年担任了向警予的秘书，并转为中共党员。她还在莫斯科中山大学学习了4年。1937年后一直在上海、南京等地从事地下党工作。特别是1946年后担任南京地下党市委书记，单线领导情报策反工作，取得了丰硕战果。在她的领导下，国民党空军八大队飞行员俞渤机组起义，国民党陆军97师师长王晏清率部起义，南京大校场机场431电台起义等。同时，打入国民党军队和党、政、特、警的地下党员获得和传递了许多重要情报，为南京解放和全国胜利做了贡献。

朱枫参加革命相对较晚，她22岁时远嫁东北，成为镇海籍陈绥卿的继室。九一八事变后回到故乡镇海，不久丈夫病逝。在度过几年旧式家庭的主妇生活后，在家庭中年轻人的影响下，毅然投身到革命洪流之中。这一时期，她与比她小 11 岁的朱晓光相恋。朱晓光兄弟三人自号"松、竹、梅"，朱晓光以"梅"为号，朱谌之也就改名为朱枫。从 1938 年起，与朱晓光一起加入新知书店，并出资相助。新知书店是中国共产党领导的革命出版机构。她与朱晓光转战武汉、金华、桂林、重庆等，朱晓光还在皖内事变中被俘。1945 年入党后，她调离书店，到华东局在上海的贸易部门和情报部门工作。1948 年奉命到华东局下属的香港合众贸易股份有限公司任职，在港从事秘密交通工作。解放战争后期，对台情报策反工作显得更加重要，1949 年底，她奉命到台湾与担任"国防部参谋次长"的吴石中将联络，吴石是共产党打入国民党内部的最高情报官。朱枫的另一联系人是中共台湾工委负责人蔡孝乾，因蔡被捕后叛变，供出朱枫等人。1950 年 2 月 18 日，刚从台湾回到舟山（尚未解放）不久的朱枫被捕，并押回台湾。被押期间，朱枫试图吞金自杀未果。1950 年 6 月 10 日下午在台北被害，同时被害的还有吴石将军等人。

不知道是幸运还是不幸。新中国成立后，政治运动不断。为革命牺牲的英雄没有得到应有的褒扬，活着的革命者也忍受着不白之冤，不但他们的革命功绩避而不

附
录

谈，而且还被戴上右派或反革命的帽子。陈修良被打成右派，直到 1979 年才被平反，沙文汉也被打成右派，更是到 1982 年才平反。朱枫烈士牺牲后，虽于 1950 年 7 月被批准为革命烈士，但长期遇到的是"公开纪念她是不相宜的历史条件"，直到 1983 年，中央调查部才有一个《关于朱枫同志的组织结论》。1990 年，朱枫烈士牺牲 40 周年座谈在京举行。1997 年，陈修良写了一篇文章《她牺牲在台湾——忆朱枫烈士》，怀念自己的同学。说是幸运，陈修良老人终于见到了历史的公正评价，1998 年 11 月以 91 岁高龄去世，并与沙文汉合葬于故乡鄞县。说是幸运，正是在海峡两岸的热心人士共同关心下，终于 2010 年 5 月在台北南郊富德公墓的纳骨室内，找到了朱枫的骨灰，并最终归葬故乡镇海。

刘少奇同志说过"好在历史是人民写的"，那些曾经为革命做出贡献的人们，始终会被人民所怀念。朱枫与陈修良等在隐蔽战线上做出过突出贡献的英雄，也将活在人们心中，永垂青史。

参考文献

[1] 陈修良.一代宗师,爱国书法家沙孟海先生 [M].上海:上海社会科学出版社,1999.

[2] 陈修良.陈修良文集 [M].上海:上海社会科学出版社,1999.

[3] 姜铎.礼赞沙文汉陈修良夫妇 [M].宁波:宁波出版社,1999.

[4] 泰栋,亚平.沙文汉与陈修良 [M].宁波:宁波出版社,1999.

[5] 卓恺泽之子卓华山回忆,卓悌元采访整理。

[6] 黄仁柯.沙孟海和他的 CP 兄弟 [M].北京:作家出版社,1996.

[7] 王尧山.追念老战友沙文汉 [J].上海党史资料通讯,1986(12).

[8] 魏东,玉科.抗战胜利之际一份紧急拍发延安的战略情报 [J].税收与社会,1995(9).

[9] 毛泽东.毛泽东选集·第四卷 [M].北京:人民出版

社，1991.

[10] 戴安儒，唐剑平．深入虎穴出生入死——记郭春涛
在上海策反的传奇故事[J].中国统一战线,1999(10).

[11] 史永给中央组织部的信，1979 年 2 月 20 日。

[12] 黄源．昆曲《十五贯》编演始末 [J].新文化史料，
1995（1）.

[13] 史永给陈云同志的信，1979 年 8 月 20 日。

后　记

　　这本书的出版是长期以来对宁波区域文化关注和"宁波帮"精神研究的成果，也是陈正良教授长期对我指导、教诲的成果。我在担任宁波大学宣传部副部长、党办副主任等职期间，因工作需要与个人兴趣，陆续整理和撰写了与"宁波帮"相关文章，累积起来也有20多万字。编入本书的文章，其中《传承"宁波帮"精神与践行社会主义核心价值观》选自宁波市文明办编写，本人执笔撰写的《道德讲义——社会主义核心价值观普及读本》（宁波出版社出版）一书；《镇海"厚德"之源：沈焕的生平与思想》由本人撰写，是陈正良、汪盛科、曲蓉合作撰写的《构筑区域社会发展的文明台基："厚德镇海"实践为蓝本》一书中的内容；其他文章只刊发在内部刊物如《宁波帮》《甬商》《上海甬商》《宁波大学报》等。这些文章编入本书时，又做了修改与校对。

　　需要说明的是，《严信厚：近代"宁波帮"的开山

鼻祖》《邵逸夫：影视大王的创业之路》由崔雨老师编
写，《刘鸿生：实业大王的创业之路》由崔雨老师与我
合作编写，经现任宁波卫生职业技术学院宣传部副部长
的崔雨老师同意，也一并编入本书。

　　在此，特别感谢时任宁波大学马克思主义学院院长
陈正良教授，他亲自审阅了本书的初稿，并以宁波大学
软实力与中国精神研究中心的经费资助出版。感谢宁波
市文明办、镇海区委宣传部支持我们从事相关研究，并
同意有关内容编入本书。感谢时任宁波大学党委宣传部
部长的王国荣老师和当时宣传部的崔雨、胡斌、王湖清
等同事。